本书由教育部人文社会科学研究青年基金项目"我国东北地区与俄罗斯远东地区经济联系测度及空间发展路径研究"（17YJC790099）、国家社会科学基金一般项目"未来3-5年共建'一带一路'在欧亚地区面临的风险及应对机制建设研究"（20BGJ069）资助

"一带一路"倡议下中俄区域经济合作模式、机制及路径研究

Research on the Mode, Mechanism and Path of Sino-Russian Regional Economic Cooperation in the context of the Belt and Road Initiative

刘彦君 著

中国财经出版传媒集团
经济科学出版社
Economic Science Press

图书在版编目（CIP）数据

"一带一路"倡议下中俄区域经济合作模式、机制及路径研究 / 刘彦君著． --北京：经济科学出版社，2023.5

ISBN 978 - 7 - 5218 - 4773 - 4

Ⅰ.①一… Ⅱ.①刘… Ⅲ.①区域经济合作 - 国际合作 - 研究 - 中国、俄罗斯 Ⅳ.①F125.4②F151.254

中国国家版本馆 CIP 数据核字（2023）第 085106 号

责任编辑：杨　洋　卢玥丞
责任校对：徐　昕
责任印制：范　艳

"一带一路"倡议下中俄区域经济合作模式、机制及路径研究
刘彦君　著
经济科学出版社出版、发行　新华书店经销
社址：北京市海淀区阜成路甲 28 号　邮编：100142
总编部电话：010 - 88191217　发行部电话：010 - 88191522
网址：www.esp.com.cn
电子邮箱：esp@esp.com.cn
天猫网店：经济科学出版社旗舰店
网址：http://jjkxcbs.tmall.com
北京季蜂印刷有限公司印装
710×1000　16 开　14.25 印张　210000 字
2023 年 5 月第 1 版　2023 年 5 月第 1 次印刷
ISBN 978 - 7 - 5218 - 4773 - 4　定价：46.00 元
(图书出现印装问题，本社负责调换。电话：010 - 88191545)
(版权所有　侵权必究　打击盗版　举报热线：010 - 88191661
QQ：2242791300　营销中心电话：010 - 88191537
电子邮箱：dbts@esp.com.cn)

前言

当今世界正面临着百年未有之大变局,国际经济形势与政治局势发生复杂深刻的变化。2008年国际金融危机深层次影响显现,在2020年新冠疫情的叠加影响下,世界总体需求持续疲软,国际资本异动和汇率波动加剧,国际市场大宗商品价格下行,国际贸易和跨国投资增长疲弱,全球经济增长动力不足。欧债危机尚未根本解决,2018年以来美国强力推行单边主义、贸易保护主义,主要国家深层次结构性矛盾凸显,世界经济的不确定性风险明显增加。2015年5月中俄两国元首共同签署了《中华人民共和国与俄罗斯联邦关于丝绸之路经济带建设和欧亚经济联盟建设对接合作的联合声明》,这一战略性突破开启了"一带一路"建设与欧亚经济联盟对接合作进程。2018年中国与欧亚经济联盟签署经贸合作协定,推动了中俄"一带一盟"①对接合作取得重要阶段性成果。"一带一盟"对接合作必将推进两国区域发展和区域经济一体化进程。丝绸之路经济带并非要建立某种形式的组织联盟,而是旨在构建开放、包容,功能性合作为主的经济协作模式,旨在推动沿线各

---

① "一带一盟"主要是指"一带"与"一盟"对接合作。"一带"是指习近平总书记提出的"丝绸之路经济带";"一盟"是指"欧亚经济联盟"。2015年5月8日中俄两国联合签署并发表了《中华人民共和国与俄罗斯联邦关于丝绸之路经济带建设与欧亚经济联盟建设对接合作的联合声明》,"一带一盟"进入国际视野。参考中华人民共和国与俄罗斯联邦关于丝绸之路经济带建设和欧亚经济联盟建设对接合作的联合声明(全文)[EB/OL].中央政府门户网站,2015-05-09.

国经济密切联系和政策协调发展以开展更加广阔深入的区域经济合作，符合各国的根本利益。中俄作为"一带一路"沿线的重要大国，两国加强政策沟通与战略对接，深化区域经济合作，不仅有利于两国实现政治经济利益融合，而且有利于带动沿线国家和地区共同繁荣与发展。因此，"一带一路"倡议为深化中俄区域经济合作提供了新的动力支撑。

目前，中俄区域经济合作水平总体上滞后于国际经济发展大趋势，更未充分发挥两国经济合作的巨大潜力。这意味着在"一带一路"倡议下中俄两国首先必须拓展区域经济合作的范围和深度。当然，"一带一路"的开放性，决定了中俄区域经济合作已不再局限于中俄两国之间，而是涉及到中俄与沿线相关国家开展更大范围的有效协作。从目前沿线国家的经济基础差异性及经济协调的复杂性来看，中俄与沿线国家的区域经济合作不可能在短期内达成大范围的多边合作，而应该首选周边国家，尤其是在"一带一路"和欧亚经济联盟对接合作框架下实施中俄共同推进的跨国次区域经济合作，更具现实意义。事实上，中俄跨国次区域经济合作正在如火如荼地发展，尤其是中国东北地区与俄罗斯远东地区经济合作已经上升到中俄两国的国家经济发展战略高度并且积极开展深入的互动对接合作。那么，在"一带一路"倡议下中俄区域经济合作有哪些新趋势？探索何种创新性的合作模式推进中俄区域经济合作？采取何种机制实现互动合作？这些问题的深入研究对于扩大中俄区域经济合作的国际影响力和竞争力，以及推动中俄与沿线国家的区域经济合作快速发展具有现实意义和决策参考价值。本书主要运用经济地理学、空间经济学、国际经济学、计量经济学的相关理论与研究成果，通过构建跨国次区域城市经济联系测度模型分析我国东北地区与俄罗斯远东地区城市经济联系空间优化路径，通过深入分析我国西北地区与俄罗斯西西伯利亚地区、中俄"长江—伏尔加河"地区等毗邻和非毗邻中俄跨国次区域经济合作面临的机遇与挑战，从贸易、投资、产业、金融支持等方面探讨"一带一路"倡议下中俄跨国次区域经济合作发展的新路径。

本书共分为八章，具体内容如下：

第一章是绪论。本章主要阐明选题背景与研究意义，国内外文献研究现状及述评，并简明概括研究思路、基本框架、研究方法、主要创新点及不足之处。

第二章是相关概念与理论基础。本章主要阐述相关概念，系统归纳与梳理区域相互依赖及竞合理论、区域空间相互作用理论、区域空间结构相关理论、区域空间组织相关理论、区域经济合作相关理论等，为中俄区域经济合作研究提供理论依据。

第三章是中俄区域经济合作发展现状与评价。本章主要从贸易合作、投资合作角度分析中俄区域经济合作发展现状，深入挖掘地缘政治、经济利益、社会文化及制度等合作影响因素。基于此，构建中俄区域经济融合定量评价模型，研判中俄区域经济融合发展程度，为中俄区域经济合作研究提供现实基础。

第四章是"一带一路"倡议下中俄区域经济合作发展趋势和目标。本章从跨国次区域经济合作是推进"一带一路"的核心力量、构建自由贸易区网络是一体化建设方向、中国东北与西北地区依然是实践中俄合作的主要区域、城市间联系的加强成为中俄区域经济合作的重要趋势、构建跨境交通经济带将拓展中俄区域经济合作新空间等方面，深入分析"一带一路"倡议下中俄区域经济合作发展趋势。在此基础上，合理制定中俄区域经济合作的近中期目标。

第五章是"一带一路"倡议下中俄区域经济合作的主要模式。本章从国内外代表性跨国次区域经济合作实践经验中，总结跨国次区域经济合作主要模式及特征。基于此，从合作空间布局、合作具体领域、合作主导力量、合作基础载体等不同角度探索"一带一路"倡议下中俄区域经济合作模式，并明晰多翼轴带式区域经济合作模式、主辅式复合型国际产业合作模式、政府与市场联合促进经济合作模式等不同模式的特点、路径及对策。

第六章是"一带一路"倡议下中俄区域经济合作的机制及路径。

本章系统梳理中俄区域经济合作机制化建设现状，重点从纵向发展和横向拓展两个方向探讨"一带一路"倡议下中俄区域经济合作机制构建。基于此，从加强贸易合作以稳固中俄区域经济合作的核心、拓展投资合作以提升中俄区域经济合作的重点、共同推动全球治理引领中俄区域合作走深走实、提升文化认同以夯实中俄区域经济合作的基础等方面探索新形势下中俄区域经济合作新路径。

第七章是"一带一路"倡议下中俄跨国次区域经济合作的实践。本章以中国东北与俄远东跨国次区域经济合作为例，利用引力模型评估城市经济联系强度，利用社会网络理论揭示经济空间结构演进，据此提出经济空间格局优化策略。以中国西北地区与俄罗斯西西伯利亚地区经济合作为例，挖掘中俄"两西"特殊地区经济合作潜力。以中俄"长江—伏尔加河"地区经济合作为例，探索推进中俄非毗邻地区实现互利共赢发展的新路径。

第八章是研究结论。本章对全篇进行总结和归纳，提炼"一带一路"倡议下中俄区域经济合作模式、机制及路径研究中的基本结论，并展望该领域未来研究方向。

本书为教育部人文社会科学研究青年基金项目"我国东北地区与俄罗斯远东地区经济联系测度及空间发展路径研究"（17YJC790099）的研究成果。本书同时受到黄冈师范学院地理与旅游学院及"大别山地质资源保护与开发研究"学科团队支持。在写作过程中，本书参考了国内外大量专家与学者文献，在此一并表示诚挚谢意。由于本人治学方浅，疏漏之处在所难免，恳请各位专家和读者给予批评指正。

刘彦君

2023 年 1 月

第一章 绪论 / *001*

第一节 选题背景与研究意义 / 001

第二节 国内外研究综述 / 003

第三节 研究思路与研究内容 / 009

第四节 研究方法与技术路线 / 011

第五节 主要创新点与不足之处 / 014

第二章 相关概念与理论基础 / *016*

第一节 相关概念 / 016

第二节 理论基础 / 019

第三章 中俄区域经济合作的发展现状与评价 / *030*

第一节 中俄区域经济合作的发展现状 / 030

第二节 中俄区域经济融合测度与评价 / 051

第四章 "一带一路"倡议下中俄区域经济合作发展趋势和目标 / *060*

第一节 "一带一路"倡议下中俄区域经济合作发展趋势 / *061*

第二节 "一带一路"倡议下中俄区域经济合作发展目标 / *067*

第五章 "一带一路"倡议下中俄区域经济合作的主要模式 / *069*

第一节 跨国次区域经济合作的经验分析及模式选择 / *070*

第二节 "一带一路"倡议下中俄区域经济合作模式 / *075*

第六章 "一带一路"倡议下中俄区域经济合作的机制及路径 / *121*

第一节 中俄区域经济合作的机制化建设现状分析 / *121*

第二节 "一带一路"倡议下中俄区域经济合作机制构建 / *126*

第三节 "一带一路"倡议下中俄区域经济合作路径选择 / *132*

第七章 "一带一路"倡议下中俄跨国次区域经济合作的实践 / *137*

第一节 中国东北地区与俄罗斯远东地区的城市经济合作 / *137*

第二节 中国西北地区与俄罗斯西西伯利亚地区的经济合作 / *171*

第三节 中俄"长江—伏尔加河"地区的经济合作 / *178*

第八章 研究结论 / *197*

参考文献 / *204*

后记 / *221*

第一章 绪 论

第一节 选题背景与研究意义

一、选题背景

当今世界经济形势与政治局势正在发生复杂深刻的变化,这成为推动中俄区域经济合作深化的重要外部因素。一方面,2008 年国际金融危机引发了世界性经济衰退,至今仍处在曲折缓慢的复苏过程中。在 2020 年全球爆发新冠疫情的叠加影响下,世界总体需求持续疲软,国际资本异动和汇率波动加剧,国际市场大宗商品价格趋于下滑,国际贸易和跨国投资增长疲弱,全球经济复苏动力不足。欧洲债务危机尚未根本解决,2018 年以来美国强力推行单边主义、贸易保护主义,主要国家深层次结构性矛盾凸显,如发达国家面临经济低速增长、政府债务率不断攀升、整体失业率居高不下、人口老龄化问题;而新兴市场和发展中国家则面临国际收支逆差、基础设施建设滞后、资源依赖等复杂问题。世界经济的不确定性风险明显增加。因此,面对不容乐观的世界经济发展形势,中俄两国只有加强区域经济合作，才能共同应对后危机时期经济复苏的困境，规避两国长期依赖发达国家市场的弊端，拓宽对外贸易和投资渠道，推进经济结构尤其是增长方式调整，促进两国经济可持续发展。另一方面，国际政治局势瞬息万变。2015年5月中俄两国共同签署了《中华人民共和国与俄罗斯联邦关于丝绸之路经济带建设和欧亚经济联盟建设对接合作的联合声明》，标志着两国对共建"一带一路"达成共识，开启了"一带一路"建设与欧亚经济联盟对接合作进程。2018年中国与欧亚经济联盟签署经贸合作协定，推动了中俄"一带一盟"对接合作取得重要阶段性成果。"一带一盟"对接合作必将推进两国区域发展和区域经济一体化进程。丝绸之路经济带并非要建立某种形式的组织联盟，而是旨在构建开放、包容，以功能性合作为主的经济协作模式，旨在推动沿线各国经济密切联系和政策协调发展，以开展更加广阔深入的区域经济合作，符合各国的根本利益。因此，"一带一路"倡议为中俄及其与沿线国家的区域经济合作提供了新的动力支撑。中俄作为"一带一路"沿线的两个重要大国，应加强政策沟通与战略对接，积极推进区域经济合作深化，有利于带动沿线国家和地区共同繁荣与发展。

目前，中俄区域经济合作水平总体上滞后于国际经济发展大趋势，更未充分发挥两国经济合作的巨大潜力。这意味着在"一带一路"倡议下，中俄两国必须率先拓展区域经济合作的范围和深度。当然，"一带一路"倡议的开放性，决定了中俄区域经济合作已不再局限于中俄两国之间，而是涉及中俄与沿线相关国家开展更大范围的有效协作。从目前沿线国家的经济基础差异性及经济协调的复杂性来看，中俄与沿线国家的区域经济合作不可能在短期内达成大范围的多边合作，而应该首选周边国家，尤其是在"一带一路"和欧亚经济联盟对接合作框架下实施中俄共同推进的跨国次区域经济合作，更具现实意义。如今，中俄跨国次区域经济合作正在发展中，尤其是中国东北地区与俄罗斯远东地区经济合作已经上升到中俄两国的国家经济发展高度并且积极开展深入的互动对接合作。

基于上述背景，本书对"一带一路"倡议下中俄区域经济合作进行深入研究，试图揭示"一带一路"倡议下中俄区域经济合作的新趋势，探索区域经济合作的新模式、实现互动合作机制及发展路径等问题。

二、研究意义

（一）理论意义

"一带一路"倡议大背景下，中俄区域经济合作已经拓展到以中俄为主并与沿线国家开展更大范围的协作合作。因此，如何在新时期建立中俄经济合作的新模式，特别是如何加强与蒙古国等中亚国家的跨国次区域经济政策协调，成为深化中俄区域经济合作所面临的重要任务和长期课题，也是今后相关理论和学术界重点研究与探索的重要问题。本书为中俄区域经济合作提供一个必要的度量手段和理论框架。目前学术界对中俄区域经济合作的定量研究仍十分薄弱，运用经济地理学和区域经济学成熟的评价方法，并结合中俄区域经济合作的实践，科学判断中俄区域经济融合程度和跨国次区域城市经济联系强度，为中俄区域经济合作提供一个必要的度量手段；从区域空间结构理论出发，为中俄区域经济合作模式的创新提供新的研究思路。

（二）实践意义

在共建"一带一路"的视角下研究中俄区域经济合作模式与机制，这对于深化中俄经济合作空间、扩大中俄区域经济合作的国际影响力和竞争力，以及推动中俄与沿线国家的区域经济合作快速发展，都具有现实意义和决策参考价值。

第二节 国内外研究综述

中俄关系经过多年的发展，已经从最初的"相互视为友好国家"过渡到"建设性伙伴关系"，从"战略协作伙伴关系"发展到"全面战略协作伙伴关系",再到 2019 年发展为"新时代全面战略协作伙伴关系"。与此同时,国内外学者对中俄区域经济合作问题的研究,从早期的合作必要性和一般贸易关系问题的探讨逐步深入到两国的协调机制、合作模式,合作领域深层次规划设计,同时根据不同时期出现的新情况深入挖掘影响两国经济合作的因素,并提出相应的对策。

一、中俄区域经济合作存在的问题、影响因素及前景研究

黄宝玲（2004）、田革（2010）、田春生和陆南泉（2011）、王海运（2017）、刘清才（2019）、邢广程（2021）认为必须不断提高中俄两国之间经济利益的依存度,这是两国最紧迫的战略任务。俄罗斯科学院哈扎诺夫（2010）指出中俄贸易结构是不健康的,经济合作缺乏大的贸易集团支持；李新、曲文轶等强调双边贸易结构不平衡根源在于两国经济结构的不同。对于中俄经济合作未来发展前景,俄罗斯著名学者雅科夫列夫（А. Г. Яковлев，2007）①和波尔雅科夫（В. Портяков，2010）都认为中俄不断强化区域经济合作才能共同应对世界经济新形势；俄罗斯科学院库列绍夫院士（2010）研究指出中俄经济合作未来面临诸多挑战,需要中俄放眼长远,加强战略合作②；阿夫沙罗夫（Авшаров А Г.，2012）在其著作中指出俄罗斯应该与中国加强经济和外交互动,以促进中俄贸易结构健康发展；巴扎诺夫（Бажанов，2015）研究了当前中俄两国经济合作制约因素和相互协作有利条件,对两国未来经济合作的前景充满期待。国内学者如王海运（2014）和刘爽（2021）认为未来构建利益共同体才是中俄区域合作重要推动力量；唐朱昌（2011）、焦方义（2019）、董锁成（2019）认为中国要实现对俄罗斯经贸合作战略转型,重点方向之一就是要深化中俄地区合作,尤其是中国东北地区与俄罗斯远东地区及东西伯利亚地区之间的合作；李建民（2013）、杜娟（2018）

---

① ［俄］雅科夫列夫. 俄罗斯中国与世界［M］. 北京：社会科学文献出版社，2007.

② Кулешов В. В. Российско-китайское сотрудничество：перспективные направления и подводные камни［M］. Наука в Сибири，2010.

认为中俄开展东北地区与远东地区合作有利于双方及全球经济发展。

二、中俄区域经济合作实施机制、路径及模式的相关研究

（一）关于市场开放方式选择

我国学者乔光汉（2001）、宿丰林（2002）较早提出在中国黑龙江与俄罗斯远东地区组建自由贸易区构想；赵传君（2009，2010）系统研究中俄自由贸易区经济与战略效应。2015年，随着"一带一路"倡议进入实施阶段，中国社科院李培林建议，中俄两国在条件成熟时共建自由贸易区。与此同时，俄罗斯科学院远东研究所着手研究建立中国东北三省与俄罗斯远东地区的自由贸易区有关构想。奥斯特洛夫斯基（2014）认为丝绸之路经济带将促使沿线的俄罗斯城市基础设施完善且拉动其经济、贸易及产业迅速发展，形成了这些城市构建自由贸易区的有利条件。刁莉（2016）及王生金、张婧悦（2021）论证了中俄蒙自贸区的可行性。刘锋、李勇慧、倪月菊等（2019）研究了俄罗斯远东超前发展区和自由港的市场开发投资。更多俄罗斯主流学者提出向中国开放市场，俄罗斯学者塔拉修克（2007）提出建设中俄毗邻地区统一的经济空间，今后可逐步弱化和取消资本、服务、技术、劳动力流动的限制，实现交通和能源体系的一体化。俄罗斯远东研究所副所长波尔加科夫及库列绍夫（2014）认为，俄罗斯只有采取向中国开放市场的方式才能使远东地区的自然资源开采计划获得实际经济利益[①]。卢兹亚宁（С. Г. Лузянин，2016）从"一带一盟"对接合作出发探索了中俄在西伯利亚地区的经济合作空间。

（二）关于中俄合作的具体模式与机制化建设

国内学者郭连成（2007，2014，2017）、郭力（2007，2015）、李传勋（2008）、李建民（2013）、曹英伟（2011）、胡仁霞（2011，2014）、

---

① B. B. 库列绍夫. 西伯利亚经济：当代经济和地缘政治形势下面临的机遇与风险[J]. 西伯利亚研究，2014（4）：19-21.

张弛（2013）、陈雪婷、陈才、徐淑梅（2012）、曾向红（2021）等研究了我国东北地区与俄罗斯远东地区合作战略升级机制及发展模式，提出了诸如战略合作模式、东西两翼合作模式、"伞"型模式、网络经济合作模式、边境地区+中心城市+大项目合作模式、政府主导模式、政府与企业互助模式、空间极核辐射模式、大型国有企业合作模式和民营企业境外拓展模式等。吴淼、杨兆萍、张小云（2010）等通过对中国西北地区与俄罗斯西西伯利亚地区之间区域经济合作的研究，提出打造新—西跨境经济合作区，促进我国新疆地区与俄罗斯西西伯利亚区域经济合作。"一带一路"倡议提出后，李向阳（2014，2021）重点研究了丝绸之路多元化、开放性合作机制，提出了以建设中蒙俄朝跨国次区域合作重点突破东北亚地区的经济合作。李建民（2014）认为丝绸之路经济带要注重与俄罗斯共同推进沿线区域经济合作，采取国际能源合作示范区、跨境经贸合作区和开发区等务实灵活的合作形式。2015年5月中俄两国元首签署丝绸之路经济带与欧亚经济联盟对接的联合声明后，俄罗斯著名学者如拉林和尤吉娜从理论上探讨了"丝绸之路经济带"与欧亚经济联盟的对接，提出国际大通道合作模式。此外，还有学者研究中俄区域经济合作在多边框架下的机制化建设，如潘大渭、余建华（2010）、王海燕（2014）、王树春（2018）、郭连成（2019）建议中俄两国加强在G20、金砖国家及上海合作组织框架下的合作机制建设，以多边合作推动双边合作的发展。国外学者如诺林、斯旺斯特罗姆（Norling N. & Swanstrom N.，2007）深入分析了上合组织框架下的中俄经贸关系；B·卡布斯金（2014）梳理了俄罗斯与上合组织成员国之间经贸合作的特点，认为中俄应共同发展与中亚国家的区域经济合作；威尔逊（Wilson J.，2015）研究了苏联解体后的中俄关系，指出中俄两国应该加强上合组织框架下的政治经济合作。

三、中俄能源、科技、金融、投资、旅游等合作领域研究

（一）能源合作方面

国内代表性成果如宋魁主编的《跨世纪中俄资源合作》（1999年）

中，从经济转轨和中俄战略协作伙伴关系视角做了系统研究①；郑羽和庞昌伟所著的《俄罗斯能源外交与中俄油气合作》②是国内较早从能源外交视域研究中俄油气合作与竞争的博弈关系；田春生（2014）、孙永祥（2012）、王海运（2011）、郭力等（2005～2014）对中俄能源合作现状、问题及其前景做了阶段性研究。国外学者的研究成果，如派克和杰伍克（Paik & Keun-Wook，2012）研究了1990～2000年中俄油气合作的问题与矛盾；В. Д. 卡拉什尼科夫（2008）认为中俄能源合作是两国合作的重要战略方向；巴克拉诺夫（2008）认为俄罗斯远东应发挥自然资源优势，加快推进中俄能源合作；米洛夫（2008）认为中俄能源合作要取得更好的效果，需要建立跨国能源合作机制；亨利·伯格萨格（Henrik Bergsager，2012）则进一步研究了未来中国与俄罗斯、中亚之间的能源合作路径。

（二）科技合作方面

戚文海（2009）探讨了强化中俄科技合作战略性安排；郭力（2010）、吴大辉和石靖（2020）、高际香（2021）研究了中俄科技合作升级模式与路径选择；史春阳（2013）提出"新普京时代"给中俄科技合作带来新机遇，提出两国应该加快制定长期合作战略；俄罗斯学者科尔茹巴耶夫（2008）分析了俄罗斯西伯利亚与中国东北地区的科技合作现状与前景；戈利琴科（O. Golichenko，2006）认为俄罗斯需要在创新战略指导下深化中俄科技合作；德日娜、伊琳娜·根纳季耶夫娜（Дежина, Ирина Геннадиевна, 2015）在分析金砖国家的科技合作现状基础上，指出中国的科技部门较为完善，中俄应在新材料、光电、生物医药、信息技术等优先领域紧密合作。

（三）投资和金融合作方面

国内有价值的研究成果，如王兵银（2007）、赵传君（2009）从中俄

---

① 宋魁. 跨世纪中俄资源合作 [M]. 黑龙江：哈尔滨出版社，1999.
② 郑羽，庞昌伟. 俄罗斯能源外交与中俄油气合作 [M]. 北京：世界知识出版社，2003.

投资与贸易关系视角进行研究，提出深化中俄贸易投资一体化才能为双边经贸合作开拓广阔的空间。张远军（2011）围绕中俄金融合作热点问题展开系统研究。刘军梅（2010）提出后危机时代可以围绕共建合资银行、开发能源金融、协调货币政策、深化资本市场合作等方面拓展中俄金融合作空间。米军（2019）、王晓泉（2021）提出了加强人民币供给促进中俄金融合作路径。梁雪秋（2021）主要探索中俄金融信息资源共享、创新支持企业发展金融产品等合作策略。俄罗斯学者季塔连科（2009）指出，中俄两国应加强金融信贷和银行领域合作以共同应对国际金融危机。彼得罗夫、普利塞茨基（Петров М., Плисецкий Д., 2010）以当前俄罗斯金融政策为基础，对中俄货币合作前景进行展望。

（四）农业合作方面

佟光霁、智建伟（2013）研究了中俄农业合作政府政策问题。李建民（2015）认为中俄两国农业合作互补性明显，当前两国正步入以项目投资、产业升级为特点的快速发展新时期。傅国华、吕卉（2017）及姜振军、赵彤宇（2021）探讨了粮食安全方面深化中俄农业合作对策。张红侠（2020）、任育锋、董渤、李哲敏（2021）在中美贸易摩擦背景下，郭鸿鹏、吴頔（2018）及李新瑜、张永庆（2020）在"一带一盟"视阈下对中俄农业合作发展研究中俄农业合作发展进行研究。韦格林纳（Wegrena，2015）分析了俄罗斯转向亚太地区进入亚太农产品市场的前景，指出应该吸引亚太国家尤其是中国对远东地区的农业生产投资。

（五）文化旅游物流等方面

杨立华（2013）认为文化认同是影响中俄经济合作深化的重要因素，必须重视中俄文化交流与合作。苗吉（2022）探索了欧亚战略空间下的中俄文化合作。白晓光（2014）提出中俄两国政府应建立文化交流长效机制、引导高校开展互访交流合作、鼓励文化企业打造品牌"走出去"等建议。俄罗斯学者阿布拉莫娃（Абрамова Н. А., 2010）分析了中俄文化合作空间。阿列克谢耶夫（Alexseev A. M., 2001）认为中国移民增长有利于中俄在远东地区的旅游合作发展。奥夫恰洛夫（Ovcharov A. A, 2008）分析了俄罗斯旅游业的发展趋势与风险，提出应加强与中国的合作。齐普拉科夫（2009）在分析近年来中俄经贸关系基础上，提出两国应加强边境物流合作，建立跨界物流中心和货物加工中心。

综上所述，国内外学者关于中俄区域经济合作的研究已经积累了一定的成果，其主要观点认为，中俄两国无论是从各自经济发展的角度，还是从地缘政治利益的角度，都必须充分利用自身的优势推动区域经济合作的深入发展。研究的重点包括：中俄区域经济合作现状与问题；如何消除障碍，大力推进并深化中俄区域经济合作关系，将其提升到一个新的水平；如何完善中俄毗邻地区的区域经济合作机制，推动双方合作的互动发展。但已有研究存在不足：首先，在研究内容和方法上，主要集中在中俄合作的宏观对策或具体合作领域方面，大部分属于描述和案例分析性质，多为定性研究；其次，在研究视角上，从高质量共建"一带一路"高度来系统审视中俄区域经济合作的新趋势和模式研究不足。国内外研究为本书的研究提供了有益的借鉴，明确了未来深化研究的方向所在。为此，本书将立足于服务国家"一带一路"建设发展的需要，在学术研究上弥补国内外研究的不足，深入探讨"一带一路"倡议下中俄区域经济合作模式、机制及路径。

第三节　研究思路与研究内容

一、研究思路

（一）概念化及分析框架确立

梳理区域相互依赖及竞合理论、区域空间相互作用理论、区域空间结构相关理论、区域空间组织相关理论等，为中俄区域经济合作夯实理论基础。总结国内外相关文献研究成果，基于中俄区域经济合作实践明确分析框架。

（二）具体化及论证分析

构建中俄区域经济融合测度模型，深度评价中俄区域经济合作发展现状，为中俄区域经济合作奠定现实基础。揭示"一带一路"倡议下中俄区域经济合作的新趋势，为中俄区域经济合作指明新方向。基于此提出中俄区域经济合作发展目标。通过上述分析与研究，本书将重点探讨"一带一路"倡议下中俄区域经济合作模式，提出中俄区域经济合作的制度安排及优化路径。

（三）实证研究与应用化

以中国东北地区与俄远东地区、中国西北地区与俄罗斯西西伯利亚地区、中俄"长江—伏尔加河"地区为视角，分别从城市经济联系空间结构优化，以及从贸易、投资、产业、金融支持等方面，探索包括毗邻和非毗邻地区在内的"一带一路"倡议下中俄跨国次区域经济合作的新路径。总结"一带一路"倡议下中俄区域经济合作研究的主要结论，并展望研究前景。

二、研究内容

（一）中俄区域经济合作发展现状与评价

从贸易合作、投资合作角度分析中俄区域经济合作发展现状并挖掘合作影响因素。构建中俄区域经济融合定量评价模型，研判中俄区域经济融合发展程度。

（二）"一带一路"倡议下中俄区域经济合作发展趋势和目标

从跨国次区域经济合作是推进"一带一路"的核心力量、构建自由贸易区网络是一体化建设方向、中国东北与西北地区依然是实践中俄合作的主要区域、城市间联系的加强成为中俄区域经济合作的重要趋势、构建跨境交通经济带将拓展中俄区域经济合作新空间等方面，揭示"一带一路"倡议下中俄区域经济合作发展趋势，合理制定中俄区域经济合作的近中期目标。

（三）"一带一路"倡议下中俄区域经济合作的主要模式

总结国内外代表性跨国次区域经济合作实践经验，归纳跨国次区域经济合作主要模式及特征。从合作空间布局、具体领域、主导力量、基础载体等不同角度探索"一带一路"倡议下中俄区域经济合作模式及其特点、实现路径及对策。

（四）"一带一路"倡议下中俄区域经济合作的机制及路径

梳理中俄区域经济合作机制化建设现状，从纵向发展和横向拓展两个方向探讨"一带一路"倡议下中俄区域经济合作机制构建。从加强贸易合作以稳固中俄区域经济合作的核心、拓展投资合作以提升中俄区域经济合作的重点、共同推动全球治理引领中俄区域合作走深走实、提升文化认同以夯实中俄区域经济合作的基础等方面探索新形势下中俄区域经济合作新路径。

（五）"一带一路"倡议下中俄跨国次区域城市经济合作的实践

以中国东北地区与俄罗斯远东跨国次区域经济合作为例，探索中俄跨国次区域城市经济联系空间格局优化策略。以中国西北地区与俄罗斯西西伯利亚地区经济合作为例，挖掘中俄"两西"特殊地区经济合作潜力。以中俄"长江—伏尔加河"地区经济合作为例，探索推进中俄非毗邻地区实现互利共赢发展的新路径。

第四节　研究方法与技术路线

一、研究方法

（一）多学科交叉研究的方法

本书研究所涉及的学科领域包括经济地理学、空间经济学和区域经济学、国际政治经济学等，跨学科研究是其中一大特色。

（二）理论与实证研究相结合的方法

本书采用区域经济学、经济地理学、空间经济学等相关理论研究中俄区域经济合作模式及发展路径，同时实证研究中俄跨国次区域经济合作进行，力求理论与实际相结合。

（三）文献分析与实地调研相结合的方法

本书全面梳理已有研究文献资料，并对世界银行、国际货币基金组织、世界贸易组织、俄罗斯联邦统计局、中国国家统计局及商务部等官方机构相关统计数据进行计量加工。在此基础上，注重对中国东北地区及中俄边境地区进行实地调研，从而确保研究成果的科学性、可靠性和可行性。

（四）定性与定量研究相结合的方法

本书在定性分析中俄区域经济合作发展现状的基础上，通过构建中俄区域经济融合测度模型，以定量研究手段深入评析中俄区域经济合作融合发展程度。利用引力模型、社会网络分析等定量研究方法，对中国东北与俄远东跨国次区域城市经济联系进行测度，定性研究两地区城市经济联系的演变过程和空间结构特征。

二、技术路线

本书根据区域相互依赖及竞合、区域空间相互作用、区域空间结构、区域空间组织、区域经济合作等相关理论，结合研究背景对"一带一路"倡议下中俄区域经济合作发展现状进行分析，归纳中俄区域经济合作发展趋势目标。总结国内外区域经济合作模式经验，提出中俄区域经济合作的主要模式。基于此，探索中俄区域经济合作的机制及路径。最后分别对中国东北地区与俄罗斯远东地区、中国西北地区与俄罗斯西西伯利亚、中俄"长江—伏尔加河"地区的经济合作进行实证分析。本书的研究技术路线图如图 1-1 所示。

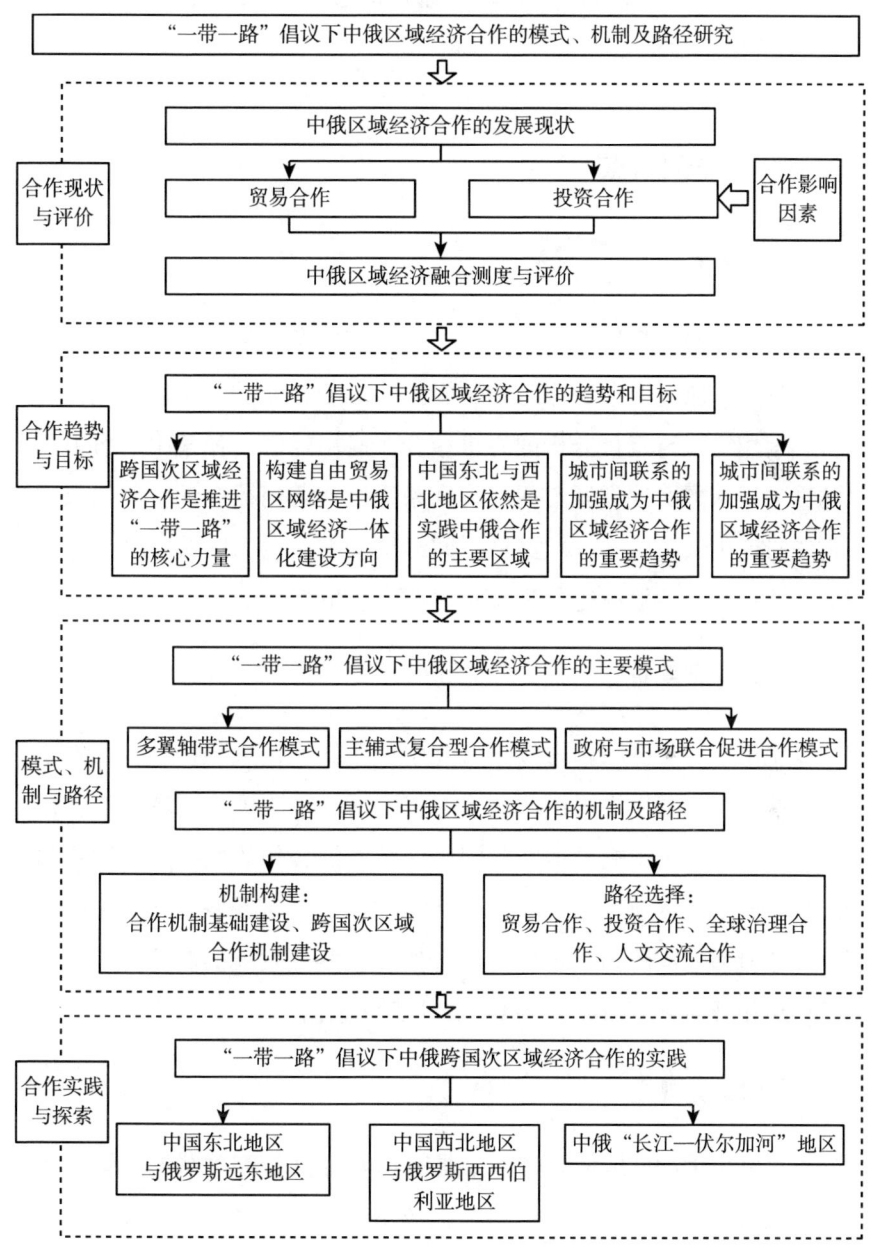

图 1-1 本书研究技术路线

第五节　主要创新点与不足之处

一、主要创新点

(一) 研究方法

国内已有研究仅提出宏观合作理念或回答某些局部问题，难以深入揭示问题的本质。本书通过跨学科多方法综合，尝试对中俄区域经济合作研究采用定性与定量分析的有机结合，运用经济地理学中的引力模型来测算中俄跨国次区域城市间经济联系强度；运用社会学中的社会网络分析法研究中俄跨国次区域经济空间结构演变；运用区域经济合作理论中的经济融合度指数构建中俄区域经济融合测度模型。

(二) 研究视角

以城市空间经济联系为视角研究中俄跨国次区域经济合作，处于国内领先地位。本书以中国东北地区与俄罗斯远东跨国次区域经济合作为例，深入分析了中俄毗邻地区跨国次区域经济合作的城市经济联系强度和经济空间结构演进。以"长江—伏尔加河"地区经济合作为例，探索了中俄非毗邻地区跨国次区域经济合作实现共赢发展的新路径，这为有针对性地拓展对俄罗斯经济合作提供了科学依据。

(三) 研究观点

本书将中俄相邻区域看作一个具有内在经济依存关系的跨国经济区进行产业布局。提出"一带一路"倡议下中俄区域经济合作模式应重点构建"梯形"国际化产业集群布局理念，积极发挥中俄两地区内空间联系强度高的次区域经济合作优势，同时充分发掘空间联系强度较弱的次区域的合作潜力，还提出了互补性合作向战略性合作转变等观点。

二、不足之处

（一）从多边角度对中俄跨国次区域经济合作的模式研究不足

本书对中俄共同推进的跨国次区域经济合作模式是以宏观视角为主，主要是对中俄双边合作框架下对跨国次区域经济合作进行研究，仅涉及中俄东北地区、中俄"两西"地区及中俄"长江—伏尔加河"地区合作，而对于中俄兼及蒙古国、中亚国家范围的跨国次区域经济合作，尤其是跨境交通经济带建设及跨国跨区域产业协同创新合作等如何具体落实等问题，仍然有待进一步深入研究。

（二）从企业角度对中俄跨国次区域经济合作的微观研究不足

本书对中俄跨国次区域经济合作的定量研究主要是从城市角度，凭借地区生产总值、全社会固定资产投资额、人口数、对外贸易总额及外贸依存度、教育经费投入、交通便利程度等数据进行城市经济联系及其空间结构变化的分析。缺少从企业的角度，获取微观经济数据来定量评价中俄跨国次区域经济合作与企业共生的绩效。

第二章 相关概念与理论基础

Chapter 2

第一节 相关概念

一、跨国区域经济合作与次区域经济合作

跨国区域经济合作与次区域经济合作性质的界定,是研究中俄区域经济合作的基本出发点。目前,国内外学者以所研究的具体案例为依据,从不同视角来定义区域与次区域经济合作的概念,并形成了一系列观点。区域经济合作是"二战"以后在经济全球化日益加深背景下兴起于世界范围内的经济现象,学界对其内涵已形成一定共识,认为区域经济合作是以实现区域经济一体化为最终目标,是两个及以上国家或地区建立区域经济组织扩大经贸往来共同谋求的经济社会利益,促进商品和要素跨区域自由流动和优化配置。次区域经济合作是20世纪80年代末出现在东亚地区的经济现象,尚处在成长阶段,目前并没有公认的概念界定。相关学者依据次区域经济合作实践的研究,对次区域经济合作加以定义。

吴作栋（1989）倡议在新加坡、马来西亚的柔佛州、印度尼西亚的廖内群岛之间的三角地带建立国际经济开发区，称之为"增长三角"。1993年亚洲开发银行将次区域经济合作等同于"经济增长三角"，并定义为在相邻三个及以上国家的边界地区，相邻国家实行对外开放，共同参与、协调一致促进经济增长的跨国经济区（或局部经济区）。1993年亚洲开发银行对上述定义总结后指出，次区域经济合作是包括三个或三个以上国家的、精心界定的、地理毗邻的跨国经济区，通过利用成员国之间生产要素禀赋的不同来促进外向型的贸易和投资[①]。这一定义具体是指图们江地区、澜沧江—湄公河地区、东盟北部及东部地区等地的区域经济合作行为。总的来说，2000年以来的相关研究已经将"次区域经济合作"作为通用术语取代了"增长三角"，但是根据研究案例、内容、视角及方法等的不同，研究者对这一概念的定义仍然存在差异。本书综合前人研究成果，认为区域经济合作与次区域经济合作既有联系又存在区别。一方面，次区域经济合作是区域经济合作的重要内容和组成部分，是区域经济合作的低层次发展阶段和合作方式。另一方面，次区域经济合作是国家所辖地区之间的合作，以实现跨国次区域经济融合为目标；跨国区域经济合作是以国家整体作为参与主体开展合作，将最终迈向区域经济一体化。在此基础上，本书尝试对跨国区域及次区域经济合作概念进行界定。"跨国次区域经济合作"定义为，在地理位置相邻的两个及以上国家，包括毗邻地区及联系紧密的非毗邻地区之间开展的跨国经济合作，随着合作不断深化会产生经济溢出效应，向其他合作领域和相邻地域扩展。"跨国区域经济合作"定义为，不同主权国家或地区之间通过协商签订协议建立一定合作机制，逐步取消关税和非关税壁垒以改善贸易和投资环境，推进区域内要素和资源自由流动和优化组合，促进合作领域不断拓展和层次不断加深，协调成员间的社会经济政策，逐渐形成统一经济区域的过程。

---

① 丁斗. 东亚地区的次区域经济合作 [M]. 北京：北京大学出版社，2001.

二、跨国区域经济融合与次区域经济融合

经济融合（economic convergence）是在研究区域经济一体化过程中所产生的一种经济现象。西方经济学界对经济融合的研究经历一个不断深化和发展的过程，目前并没有形成公认的概念界定。巴罗和萨拉（Barro & Sala Martin，1991）认为经济融合体现在人均GDP水平的不断拉近。巴蒂兹和罗莫尔（Rivera Batiz & Romer，1991）在内部增长模型的基础上揭示出经济融合与经济增长之间是相互联系和相互补充的关系。安德顿（Anderton，1991）指出经济融合应该表现为经济体制和政策及产业结构的趋同性，人均GDP差距的缩小、通货膨胀率的降低及汇率波动的减少等。布拉格大学NEWTNO研究所宏观经济分析研究小组将经济融合定义为是区域经济发展水平、制造业竞争力、居民生活水平及人均GDP的差距缩小和矛盾消除的过程[1]。米军、刘彦君、黄轩雯等（2014）认为，中俄的经济融合就是包括贸易、金融和人际交往等多种要素在广度和深度上不断融合的过程。综合上述对经济融合的研究成果，本书认为区域经济融合是指不同国家或地区之间通过缩小和消除经济差距和矛盾，推动彼此之间形成相互交融、渗透和依赖的经济关系，最终达到地区经济一体化的过程。区域经济融合所涉及的内容非常广泛，包括经济体制、经济政策、社会政策的完善与趋同，也包括生产要素流动自由、社会文化交流积极、产业互动协调发展、人际交往频繁、居民生活水平拉近、劳动生产效率提高等。

本书所研究的"一带一路"倡议下中俄区域经济合作是以实现中俄全面经济融合为最终目标，但是在近期主要合作定位是重点推进中俄双边、多边跨国次区域经济合作并以实现中俄跨国次区域经济融合为目标。

---

[1] "Convergence process of Central and Eastern European Countries toward the EU as Measured by Macoroeconomic Teragons", Research Projects of "Convergence of the Czech Economy and Other Transitive Countries toward the Level of the EU Member Countries-Current Development and Prospects", Grant Agency of the Czech Republic, grant No. 402/99/0501, May, 2002.

本书将重点研究中国东北与俄远东跨国次区域经济融合进展情况。中国东北地区与俄远东地区毗邻，其经济合作作为中俄跨国次区域合作有着非常重要的意义，不仅能有效促进中俄区域经济融合，还能推动整个东北亚区域经济一体化进程。

第二节 理论基础

一、区域相互依赖及竞合理论

区域经济相互依赖理论是专门研究世界各国在经济上互相联系、彼此依赖有关问题的经济理论，它产生于20世纪50年代末60年代初，西方经济学家对"南北""南南"之间的经济相互依赖关系做了大量研究。其中，美国学者理查德·库柏（Richard Cooper）在1968年出版的《相互依赖经济学：大西洋社会的经济政策》是该理论的最早代表作。库柏认为，区域经济相互依赖是指不同国家或地区之间通过经济活动产生双向的、相互的作用和影响。近年来随着经济全球化不断深化，研究者又重新关注区域相互依赖理论[①]。总结西方学者对区域经济相互依赖理论的研究得出：一是世界上任何国家或地区之间都是相互依存、彼此关联的，只是存在相互依赖的程度差异；二是各国或地区之间存在双向传递和影响，应该积极开展经济合作以谋求共同发展；三是区域经济相互依赖的内容不断扩展，随着各国间贸易、投资等活动不断深入，经济贸易结构、政策及目标等都将呈现相互依赖的特点；四是区域经济相互依赖的程度不断变化，学者们常常通过构建数学模型对此进行定量的研究和分析。区域经济相互依赖理论对区域经济合作具有一定的指导意义。区域经济相互依赖使得不同国家或地区之间在许多领域拥有共同利益，而相互依赖所体现的区域关系实质就是合作。所以，在处理区域经济关系中构建

[①] 陈宪，石士钧，陈信华，等. 国际经济学教程[M]. 上海：立信会计出版社，2003.

区域协调机制显得非常重要，可以设立各种区域性协调组织、政府协作组织及各种非政府组织等①。

美国哈佛大学教授亚当·布兰登勃格（Adam M. Brandanburger）和耶鲁大学教授拜瑞·内勒巴夫（Barry J. Nalebuff）在1996年合著出版的《竞合策略》中，利用博弈论的方法分析不同经济主体之间既竞争又合作的关系，提出了"竞合"理论（co-opetition）。此后，意大利学者迪格里尼和布杜拉提出了企业间共同创造价值的"竞合优势"概念②。乔尔·布利克（Jole Bleeke）和戴维·厄恩斯特（David Ernst）在合著的《协作型竞争》中指出，未来的企业将日益以合作竞争为企业长期发展战略③。根据合作博弈与竞合理论的主要观点，在区域经济合作中，不同区域由于合作目标差异会产生利益一致与相互冲突并存的现象，这需要合作各方相互协调、相互让步而共同获取更大收益。

二、区域空间相互作用理论

（一）空间相互作用理论

美国地理学家乌尔曼（E. L. Ullman）在1956年提出空间相互作用理论，总结出互补性、可达性和中介机会是空间相互作用的三个基本特性，且三者共同影响空间相互作用。其中，互补性是相关区域之间存在自然、人文和经济资源差异，在商品、技术、资金、信息或劳动力等要素方面出现供求关系，进而产生经济联系而实现相互作用；可达性是在空间距离和运输时间、传输客体的可运输性、区域间交通联系状况及来自不同区域之间政治经济与社会文化等方面影响下，资源要素在两地区之间传输的可能性，它与区域之间的空间相互作用是呈正向关联的；中介干扰机会是相关地区之间相互作用的可能性受到其他地区干扰的影响，

---

① 彭荣胜. 区域经济协调发展的内涵、机制与评价研究［D］. 开封：河南大学，2007.
② 龙灿. 我国区域经济发展中地方政府间竞合关系研究［D］. 长沙：湖南大学，2009.
③ 乔尔·布利克，戴维·厄恩斯特. 协作型竞争［M］. 北京：中国大百科全书出版社，1998.

区域之间的互补性是多向的，只有互补性强度越大则发生相互作用的可能性及程度才越大。由此可见，区域之间存在互补性、可达性好及干扰机会少甚至不存在，才会发生空间相互作用。空间相互作用对区域之间经济关系发展产生重要影响，既会促进区域之间联系的加强及发展空间的拓展，又会引起区域之间加剧资源要素及发展机会等的竞争，结果导致区域分工组织产生。总之，城市和区域都不是孤立存在的空间实体，在社会经济发展过程中，城市内部之间、不同城市之间、城市与区域之间及不同区域之间总在相互作用，不断地进行资源要素的交换。

（二）空间相互作用引力模型

区域之间的空间相互作用程度可以引入物理学的引力法则，将其应用于经济学领域，通过引力模型来测度社会经济现象的空间相互作用。早在17世纪，牛顿就提出了著名的万有引力模型。1880年英国学者雷文茨将牛顿的引力模型用于人口分析。1931年美国学者赖利（W. J. Reilly）提出零售引力模型，认为两个城市之间零售额的相对份额与两城市的规模大小成正比、与距离远近成反比。自此，引力模型在各学科中得到广泛应用。丁伯根（Tinbergen, 1962）和波伊赫能（Poyhonen, 1963）在经济学领域进行发展和延伸，提出了贸易引力模型，认为两国之间贸易额与两国经济规模成正比，而与国家间距离成反比。在地理学领域，学者们也对引力模型进行修正，应用于区域经济联系的研究当中。1999年美国普林斯顿大学的保罗·克鲁格曼（Paul R. Krugman）、日本京都大学的藤田昌久（Masahisa Fujita）和英国伦敦政治经济学院的安东尼·J.维纳伯尔斯（Anthony J. Venables）出版了《空间经济：城市、区域和国际贸易》，开辟了空间经济学科的研究，通过引入引力模型，为空间经济学协调城市区域间经济联系与合作及实现经济一体化和协同发展，提供了理论支持与决策依据[1]。

---

[1] 藤田昌久，保罗·克鲁格曼，安东尼·J.维纳布尔斯著，梁琦译. 空间经济学——城市、区域与国际贸易 [M]. 北京：中国人民大学出版社，2005.

三、区域空间结构相关理论

(一) 增长极理论

增长极理论最初是由法国学者佩鲁(F. Perroux)在20世纪50年代提出,他认为经济增长在不同地区、行业或部门以不同速度发展而呈现不平衡增长,首先会集中在具备创新能力的行业或部门,随着它们在一定的地域空间上集聚而形成了增长极[1]。在区域经济发展过程中,城市作为一个带动周边区域发展的增长极,通过支配效应、乘数效应、极化与扩散效应产生作用,经济增长则从一个或多个增长极逐渐向其他城市区域传导,最终实现城市区域共同发展。其中极化和扩散效应比较重要,增长极吸引区域内优势资源和生产要素表现为极化效应,增长极推动自身优势资源和生产要素流向其他区域表现为扩散效应,两者之间相互作用、此消彼长导致城市区域经济发展处在不同水平。随着增长极的形成,区域经济空间的平衡状态将日渐被打破。随着增长极的成长,区域经济空间的不平衡状态将日渐加剧,导致区域经济发展出现差异,通过连接不同规模等级的增长极将形成区域经济空间结构的主体框架。在许多学者的推动下,增长极理论被引入区域经济理论中并得到进一步发展,如法国经济学家布代维尔(J. B. Boudeville)、美国经济学家弗里德曼(J. Friedman)、瑞典经济学家缪尔达尔(Gunnar Myrdal)等将增长极理论作为城市区域发展的重要理论进行研究。[2]

(二) 点轴理论

点轴理论最早由波兰经济学家萨伦巴(Piotr Zaremba)和马利士(Bolestam Malisz)提出,它是增长极理论的延伸,随着区域经济的发展,增长极作为点轴开发模式的点由一个逐渐扩展为多个,点与点通过交通

---

[1] F. Perroux. Note Sur La Notion de Pole Croissance [J]. Economic Applique, 1955, 7: 317.
[2] 张忠国. 城市成长管理的空间策略研究 [M]. 南京:东南大学出版社, 2006.

线路、能源供应线等连接起来以实现生产要素交换，从而形成了为增长极服务的轴线。这种轴线又会吸引人口、产业向两侧集聚而产生新的点，通过点轴贯通而构成点轴系统。点轴开发模式是通过空间线性推进方式，从发达区域的增长点沿着轴线向不发达区域纵深发展。

我国学者陆大道（1984）在吸收前人研究成果基础上，进一步发展了点轴理论，提出了点轴渐进式扩散理论，并结合我国实际构建了T型空间发展战略。他认为：随着生产力水平不断向前发展，区域中心城市即经济增长点不断形成，点与点之间的轴线也不断发展，沿发展轴线又形成了次级增长点并延伸出次级发展轴线，按照这种生产力地域组织模式不断演进，将形成由不同等级城市和发展轴线构成的点轴状空间结构。他还提出，将我国东部沿海地带和长江沿岸地带作为国家一级重点开发轴，在两地带构成的T型区域进行点轴布局以实现最佳空间组合。

（三）网络开发理论

网络开发理论是基于点轴理论发展起来的，认为当某一区域的经济发展到一定水平，该区域内将形成由不同等级的增长极和发展轴构成的点轴等级体系，各级增长极主导腹地经济发展，将推动城乡一体化进程；各级发展轴不断扩大影响范围，在较大区域内形成商品、资金、技术、信息、劳动力等生产要素的流动或传递网络，将促进区域一体化进程。随着网络不断向外延伸，与区外其他区域经济网络联系加强，将在更大的空间范围内实现更多的生产要素合理配置和优化组合，促进更大区域内的经济一体化发展。网络开发模式的空间结构具备节点、域面、网络三大要素，其中，节点是各等级城市，域面是城市节点影响和辐射所及的地域范围，网络是资金、技术、信息、劳动力等生产要素的流动网，网络结构是在一定区域内城市节点与节点之间及各等级轴线之间相互交错而发展形成的点、线、面统一体[①]。

比较上述三个理论可知，增长极理论和点轴理论都强调先重点发展

---

① 张建军. 区域网络开发模式的理论研究与实践探索 [J]. 西安文理学院学报, 2006 (2): 49.

某地区，这必然会导致一定时期内地区之间发展差距扩大，而网络开发理论则有利于促进地区之间均衡发展。网络开发理论主张推动增长极和发展轴向外均衡扩散，传统的增长区向外转移扩散，以点轴模式全面开发新的增长区，实现区域经济平衡布局，在新旧点轴不断扩散和经纬交织下，逐渐形成区域经济空间的网络结构。

(四) 核心—边缘理论

美国著名学者弗里德曼（J. Friedman）在1966年提出核心—边缘理论，认为区域之间发展的不平衡导致优先发展起来的区域成为核心区，而发展相对缓慢的区域逐渐演变成为边缘区，两者共同构成了完整的空间经济系统①。在社会经济发展的不同阶段，在集聚与扩散效应的影响下，区域经济空间结构发生变化。前工业化时期，区域间经济发展水平相当，彼此大多孤立而缺乏经济联系，从而表现为低水平均衡的区域经济空间状态。工业化初期，核心区对边缘区产生集聚作用，吸引边缘区的资源和生产要素流入，依靠供给关系、市场作用等支配边缘区的发展，促进核心区的中心地位增强，从而打破了区域经济空间的均衡状态。工业化时期，核心区的资源和生产要素开始向边缘区扩散，核心区与边缘区联系得到强化，加速形成了次级的核心区，从而导致区域经济空间的不均衡进一步深化，由不同等级的核心区及边缘区组合形成了区域中心体系。后工业化时期，核心区对边缘区的扩散作用进一步加强，边缘区又强有力地支撑着核心区的发展，促使核心区与边缘区逐渐形成相互依存的一体化区域，从而演变成高水平均衡的经济空间结构体系②。

(五) 圈层理论

圈层理论源于德国农业经济学家杜能（Johan Heinrich von Thunen）

---

① Friedman J. R. Regional Development Policy: A Case Study of Venzuela [M]. Cambridge, Mass: MIT Press, 1966.

② Friedman J., Wolff G. World City Formation: An Agenda for Research and Action [J]. International Journal of Urban and Regional Research, 1982, 6: 334.

提出的农业区位论,他认为城市经济空间表现由核心向外围沿着交通线延伸的向心层次分化圈层结构,内圈层是城市核心区,以发展第三产业为主;中圈层是城市边缘区,以发展工业为主;外圈层是城市影响区,以发展农业为主[①]。此后,美国学者赫德(R. M. Hurd)和加比恩(C. J. Garpin)提出从城市中心向外扩散与沿交通线自中心向外推进的城市扩散理论[②]。美国社会学家帕克(R. E. Park)与伯吉斯(E. W. Burgess)在1925年提出按照向心圈层结构来布局城市五大功能区的同心圆模型,即在向心、专门化、分离、离心、向心性离心力五种力量的综合作用下,城市地域形成了中心商业区、过渡带、工人住宅带、良好住宅带、通勤带由内向外五大居住带的城市格局。日本学者狄更生和木内信藏在20世纪50年代提出城市体系地域分异的三圈层学说。此后,学者们深入研究,建立了城市体系的"圈层结构理论"。1957年法国地理学家戈特曼(Gottman)首次提出大都市圈概念,认为它是以一个或多个经济较发达的大城市为核心,以一系列规模等级不同的中小城市为主体,共同构成空间位置相近且功能联系紧密的具有圈层式结构和一体化趋势的区域空间组织,这一理论后来成为城市群空间结构组织理论的核心思想[③]。

四、区域空间组织相关理论

(一) 区域分工理论

区域分工理论与国际贸易学、区域经济学的学科发展密切相关,将传统贸易理论、新贸易理论应用于区域经济学,可称为传统区域分工理论和新区域分工理论[④]。传统的区域分工理论是针对国际分工与贸易而提

[①] 李松志. 鄱阳湖生态经济区产业空间布局政策研究 [M]. 北京:中国科学出版社, 2014.
[②] 孙思远. 城市群集群评价多维逻辑模型研究 [D]. 武汉:武汉理工大学, 2010:6.
[③] 熊剑平, 刘承良. 国外城市群经济联系空间研究进展 [J]. 世界地理研究, 2006 (1): 63-70.
[④] 樊福卓. 区域分工:理论、度量与实证研究 [D]. 上海:上海社会科学院, 2009:12-18.

出的，亚当·斯密（Aadam Smith，1776）提出的绝对优势理论认为分工取决于各国的绝对成本差异；大卫·李嘉图（David Ricardo，1817）提出的比较优势理论认为各国实现专业化分工生产与产业集聚的贸易格局对彼此均有好处，分工取决于机会成本的高低；赫克谢尔（Eli F. Heckscher）和俄林（Bertil Ohlin）提出的要素禀赋理论认为各地区的分工取决于各自的资源禀赋差异，这表明要素资源禀赋的优势互补是区域经济合作的基本前提，区域经济合作的一个重要目的是发挥国家或地区的要素禀赋比较优势，通过国际贸易和国际市场来深化国际分工，促进要素资源在更大的市场和地域空间实现优化配置，从而实现跨国跨区域间的优势产业优势互补，增进相关国家或地区的总体福利水平。20世纪80年代以保罗·克鲁格曼（Paul Krugman）为代表的新国际贸易理论使得区域分工理论得到进一步完善和发展，该理论提出国际分工涉及货物、资本、服务在国家之间的转移，各国地理区位差异影响国际转移成本，进而在很大程度上影响国际分工的空间布局。上述理论均强调一体化市场的存在是分工模式产生的关键。

（二）产业集群理论

产业集群理论是20世纪90年代由美国学者迈克尔·波特（Michael E. Porter）创立并提出的。波特在著作《国家竞争优势》中明确将产业集群（Industrial Cluster）定义为：在一个特定区域的特别领域中，集聚着一组相互关联的、彼此竞合的企业、供应商、关联产业及专门化的组织机构，通过地理上的集聚形成有效的市场竞争，构建出专业化生产要素聚集地，并形成区域集聚效应、规模效应、外部效应和区域竞争力[1]。此后，波特又进一步研究了产业集群现象，他在1998年发表的《产业集群与新竞争经济学》中从竞争优势的角度提出了产业集群理论，认为这种由独立的、非正式联系的企业和相关组织之间形成的产业集群所产生的持续竞争优势是来自特定区域内的联系与激励，并将产

---

[1] 迈克尔·波特. 国家竞争优势[M]. 北京：华夏出版社，2002.

集群分为垂直型和水平型,前者由处于产业链上下游、彼此间通过原料采购或者成品销售而联系的企业所组成,后者由生产要素相同、能够共享产品市场而聚集的企业所组成。根据产业集群理论,区域内各类企业合作形成产业集群将有效发挥区域经济规模效应,促进区域经济竞争力提升。

(三) 产业转移理论

产业转移是以企业为主导由于要素供给或商品需求产生变化之后,产业从某一国家或地区向其他国家或地区转移的经济行为和过程,是国家或地区之间产业分工形成的重要因素,也是转移地与承接地之间产业结构调整升级的重要途径[①]。产业转移可以发生在同一国家不同区域之间和不同国家不同区域之间,有关前者较早的研究可以追溯到美国工业化早期,制造业工厂由靠近原料到靠近市场的政策转变促使工业由东部向西部、由北部向南部发生转移[②];有关后者典型研究是 20 世纪后半期东亚地区的产业转移,并由此形成公认的具有代表性的产业转移理论。其中比较重要的有:日本经济学家赤松要(Akamatus Kaname,1962)通过研究后起工业国尤其是日本的产业发展模式提出了"雁行形态产业发展理论"[③]。该理论所倡导的产业分工实质上属于古典的垂直型分工,不利于处在雁阵低梯级国家的产业发展和结构调整。日本学者小岛清(Kiyoshi Kojima,1978)在赤松要研究基础上提出了"边际产业扩展理论",认为经济发达国家对发展中国家的对外直接投资应该从本国已经处于或即将处于比较劣势产业即边际产业开始,并依次进行转移[④]。此外,美国诺贝尔经济学奖获得者阿瑟·刘易斯(W. Arthur Lewis,1984)从劳动力成本角度分析了产业转移的经济动因,认为劳动密集型产业比较优势的

[①] 陈建军. 产业区域转移与东扩西进战略 [M]. 北京:中华书局,2002.
[②] 张孝锋. 产业转移的理论与实证研究 [D]. 南昌:南昌大学,2006:16.
[③] Akamatus Kaname. A Historical Pattern of Economic Growth in Developing Countries [J]. The Developing Economies, Preliminary Issue, 1962, 80:3 – 25.
[④] Kiyoshi Kojima. Direct Foreign Investment:A Japanese Model of Multinational Business Operations [M]. NewYork:Praeger, 1978.

变化是产业转移的主要原因①。美国学者格里芬（Gary Gereffi）于1994年和2001年先后提出全球商品链和全球价值链等相关产业治理模式，为产业转移和产业链转移提供了新的理论来源②。

五、区域经济合作相关理论

区域经济合作理论的核心是区域经济一体化理论。伴随区域经济一体化实践的日益深入，区域经济一体化理论也不断丰富，学术界已有研究成果表明区域经济一体化从低级到高级大致划分为自由贸易区、关税同盟、共同市场、经济同盟和完全经济一体化五种形式并形成了相应理论研究成果。本书以研究"一带一路"倡议下中俄相关区域经济合作为主，结合中俄与沿线国家的区域经济合作现状，所涉及的理论主要有：关税同盟理论、自由贸易区理论、共同市场理论等。（1）关税同盟理论。主要特征是在对内取消关税和对外统一关税，实现了产品市场一体化，有利于成员方的福利增加。该理论代表人物是美国经济学家雅各布·维纳（Jacob Viner，1950），首次提出了贸易创造效应和贸易转移效应，指出关税同盟的效益取决于两大效应综合结果，认为关税同盟的建立将普遍改变成员方国内市场商品的相对价格，并影响贸易流向、生产和消费③。（2）自由贸易区理论。主要特征是两个及以上国家之间达成协议，相互取消关税及其相同效力的其他措施，最终形成国际区域经济一体化组织，成员方保留关税自主权并采用原产地规则。该理论的代表人物是英国学者彼得·罗布森（Robson，1998）将关税同盟理论运用到自由贸易区理论中，认为自由贸易区建设可能也存在贸易创造效应和贸易转移

---

① ［美］阿瑟·刘易斯著，乔依德译. 国际经济秩序的演变［M］. 北京：商务印书馆，1984.

② G. Gereffi, M. Korzeniewicz, Commodity Chains and Global Capitalism［M］. Social Forces，1995.
Gary Gereffi. Global Value Chains in a Post-Washington Consensus World［J］. Review of International Political Economy，2014，21：9–37.

③ Viner J., Oslington P. The customs union issue［M］. Oxford University Press，2014.

效应,在实际运作中自由贸易区条件下成员方福利水平提高优于关税同盟,外部世界福利水平也将得到提升①。(3)共同市场理论,主要特征是成员方之间开展自由贸易、统一共同对外关税,促进资本、服务、人员和劳动力的自由流动,产品市场和要素市场的一体化均得以实现。该理论的代表人物是西托夫斯基(T. Scitovsky)和德纽(J. F. Deniau),分别从小市场和大市场的角度分析了大市场理论的经济效应,认为建立共同市场后的成员方将获得比关税同盟更大的经济效益,但是不适应原产地规则且权利让渡比关税同盟更多②。

---

① [英]彼得·罗布森著,戴炳然等译. 国际一体化经济学[M]. 上海:上海译文出版社,2001.
② 张彬. 国际区域经济一体化比较研究[M]. 北京:人民出版社,2010.

第三章 中俄区域经济合作的发展现状与评价

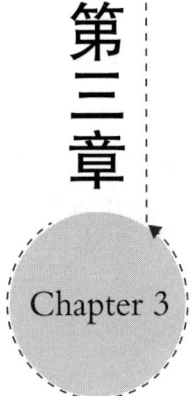

Chapter 3

对中俄区域经济合作的发展现状进行全面、深入地分析,是研究"一带一路"倡议下中俄区域经济合作模式的重要基础。本章将在定性分析中俄区域经济合作发展现状的基础上,构建中俄区域经济融合的定量评价模型,研判中俄区域经济合作融合发展程度。

第一节 中俄区域经济合作的发展现状

本章从贸易和投资合作角度分析中俄区域经济合作的发展现状,同时深入挖掘中俄区域经济合作的影响因素。

一、中俄贸易合作发展现状

(一) 中俄贸易合作历程

自苏联解体之后,中俄两国一直重视加强双边贸易合作,从发展历程看大致可以分为三个阶段，如图 3-1 所示。

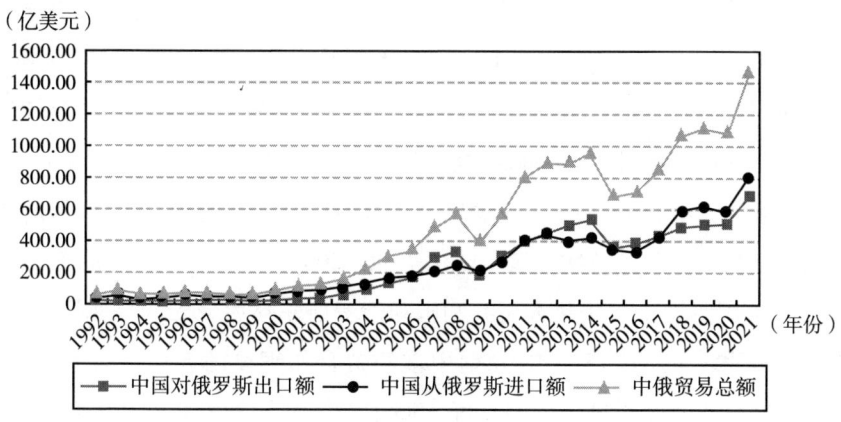

图 3-1 中俄双边贸易额（1992~2021 年）
资料来源：笔者根据 UNCOMTRADE 数据整理得出。

第一阶段，1992~1999 年中俄双边贸易关系处在波动发展时期。其中，1992~1996 年，中俄贸易合作处于自由发展阶段，这也是俄罗斯经济最为混乱的时期，政府频繁更替、社会政治经济动荡、贸易政策法规多变，致使中俄双边贸易处于混乱无序的状态。1992~1993 年中俄双边贸易增长较快，1993 年两国贸易额高达 76.73 亿美元，同比增长 30.88%，中国成为俄罗斯第二大贸易伙伴国。究其原因，是苏联解体致使俄罗斯国内商品生产明显下降，无法满足本国需求，而此时中国对易货贸易实行一系列优惠政策，极大地推动了中俄双边贸易迅速发展。1994 年中俄贸易额开始下降，同比降幅达 33.84%，这与俄方大幅提高进口关税抑制了中国商品出口有很大关系。1995~1996 年中俄贸易额略有增长。尽管如此，由于双边贸易处在由易货贸易向现汇贸易过渡时期，双方企业的资金缺乏在一定程度上限制了中俄贸易水平。1997~1999 年间两国政府积极推动中俄经贸合作。1997 年中俄双方决定建立战略协作伙伴关系，加强双边贸易关系。这一时期，尽管两国边境贸易和地方贸易发展较快，但由于两国大宗商品贸易水平仍然较低，加上经济体制转轨、金融危机等因素影响，1997~1998 年中俄贸易额持续下降，到 1998 年仅为 54.81 亿美元。1999 年中俄贸易额略有回调，同比增加 4.36%。

第二阶段，2000～2008年中俄双边贸易关系处于快速稳定发展时期。在中俄政治关系日渐升温的积极影响下，中俄贸易合作开始进入快速通道。2000年《中俄政府间2001-2005年贸易协定》和2001年《中华人民共和国和俄罗斯联邦睦邻友好合作条约》的签署，为两国贸易合作创造了良好环境，拉开了贸易持续高速增长的序幕。2000年和2001年，中俄贸易额同比增长分别达到39.92%和33.31%，不仅超过了1993年的历史最高纪录，而且还首次突破100亿美元，2001年达到106.69亿美元[①]。2005年两国签署了《中华人民共和国和俄罗斯联邦关于21世纪国际秩序的联合声明》和《关于2010年前中俄经贸合作纲要的备忘录》，将两国睦邻友好合作关系提升到新的高度。同年中俄贸易额提高到291.01亿美元，同比增幅37.1%。2006年和2007年中俄互办"国家年"深化了双方政治互信。2007年中俄贸易额又创新高达到482.18亿美元，并首次实现中国对俄罗斯贸易顺差。2008年双边贸易额已达到569.09亿美元。总的来说，这一时期中俄政治关系高水平发展促进了双边贸易稳步增长，2000～2008年，中俄双边贸易增长了约7倍，年均增长率达到28%，中俄经贸合作发展势头良好且潜力巨大。

第三阶段，2009～2014年中俄双边贸易关系逐步恢复并日益增强。受2008年国际金融危机影响，2009年中俄双边贸易额大幅下滑至387.97亿美元，同比下降31.83%。国际金融危机以来，中俄两国政府都积极采取反危机措施，继续加强政治互信和推进双边经贸合作以促进本国经济恢复增长。2010年《中华人民共和国和俄罗斯联邦关于深化全面战略协作伙伴关系联合声明》和2011年《中华人民共和国和俄罗斯联邦关于当前国际形势和重大国际问题的联合声明》的签订，进一步强化中俄双边关系，为两国经贸合作向更广阔领域发展铺平了道路。2010年以来，随着俄罗斯经济进入恢复发展时期，中俄双边贸易水平大幅回调。2010年中俄双边贸易额恢复至555.26亿美元，同比增长43.12%。此后持续增长，到2014年中俄贸易额增长至952.95亿美元，其中，中国对俄罗斯出

---

① 张红侠. 中俄经贸合作：回顾与展望[J]. 俄罗斯东欧中亚研究，2013 (5)：48-56.

口额达到 536.75 亿美元，中国从俄罗斯进口额达到 416.19 亿美元，同比增长分别为 8.24% 和 4.92%。值得注意的是，2010 年起中国已经连续五年成为俄罗斯第一大贸易伙伴。① 中俄两国政府曾经在 2011 年制定"在 2015 年前实现双边贸易达到 1000 亿美元，到 2020 年达到 2000 亿美元"的目标。2014 年中俄双边贸易额已经超过 900 亿美元。2015 年受国际大宗商品价格大幅下降和全球经济低迷的影响，中俄贸易额下降幅度接近 30%，仅有 642 亿美元。② 相信随着中俄两国经贸合作的进一步深化，必将推动双边经贸合作关系步入崭新阶段。

第四阶段，2015~2021 年，中俄双边贸易关系在复杂多变国际环境中波动增长。2015 年全球经济缓慢增长，卢布危机、美联储加息、欧债问题等问题困扰世界各国。受国际大宗商品价格震荡影响，2015 年中俄双边贸易额大幅下滑 28.6% 降为 680.2 亿美元。2015 年 12 月中俄两国元首会晤共同商定贸易合作具体措施。2016 年中俄双边额扭转下跌的局面，2017 年、2018 年、2019 年连续三年快速增长，到 2019 年底达到 1097.4 亿美元。2020 年受新冠疫情影响，世界经济严重衰退，国际贸易大幅萎缩，中俄双边贸易额为 1077.65 亿美元，同比下降 2.9%。2021 年以来，中俄两国在携手抗疫的同时加紧恢复经济，双边贸易取得突破性增长。2021 年中俄双边贸易额为 1468.9 亿美元，同比增长 35.8%。③

（二）中俄贸易合作规模

近年来，尽管中俄两国双边贸易快速增长，但两国贸易潜力仍未充分发挥出来，贸易合作规模依然偏小且与贸易潜力差距较大。中俄双边贸易额分别在中国和俄罗斯的对外贸易总额中所占比重仍然不高。

从图 3-2 可以看出：（1）从中俄双边贸易额占中国贸易总额比重来

---

① 中国已连续四年成俄罗斯第一大贸易伙伴 [EB/OL]. 中国行业研究网，2014-07-25. 2015 年俄罗斯前十大贸易伙伴国 [EB/OL]. 中国行业研究网，2016-02-14.
② 中俄贸易前景广阔，2015 年将达到 1000 亿美元 [EB/OL]. 人民网，2015-05-11.
③ 资料来源：笔者根据 UNCOMTRADE 数据整理得出。

看，1995~2021年，该指标一直在1.59%~2.42%之间徘徊，2019年和2021年达到最高水平也仅有2.42%。中俄贸易额自2001年突破百亿美元大关之后一直保持稳步增长，虽然在2009年略有回调但总体上增长势头较为强劲，但是即便如此，中俄贸易额在中国对外贸易总额中所占比重并未太大提高，2021年也仅为2.42%。（2）对于中俄双边贸易额占俄罗斯贸易总额比重来说，尽管在报告期间该指标略有波动，但总体仍然呈现上升趋势。1995年该指标处在最低水平仅为3.76%，2020年达到最高水平为19.05%，两者相差15.29个百分点，这说明中俄贸易额占俄罗斯贸易总额比重较快增长。然而，联合国UNCOMTRADE数据显示，2021年俄罗斯对外贸易总额7858.11亿美元，但中俄贸易额仅为1465.21亿美元，两者差距仍然很大。（3）从中俄两国在对方贸易伙伴排名看，2018年中国排在俄罗斯贸易伙伴国首位，而俄罗斯在中国贸易伙伴国排位仅为第6名（见表3-1），这与两国全面战略协作伙伴关系的地位极不相称，也说明未来中俄双边贸易合作发展，仍有进一步提升空间。

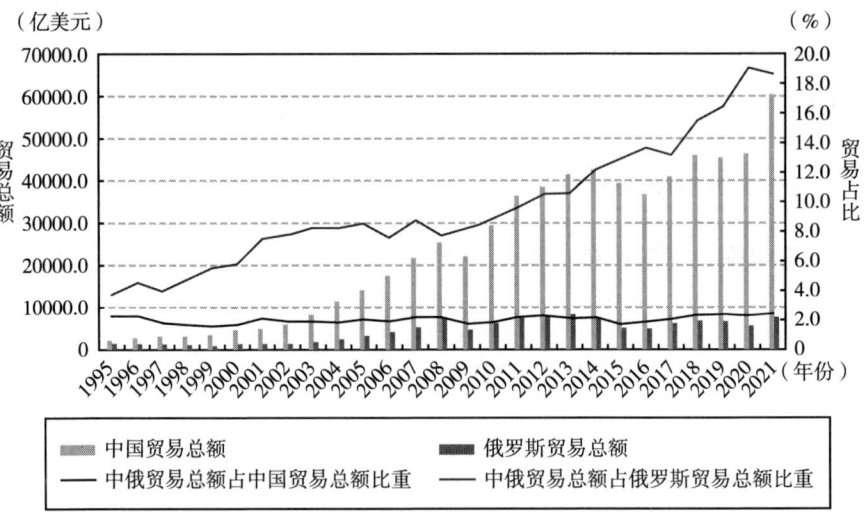

图3-2　中俄双边贸易合作规模比较（1995~2021年）

资料来源：笔者根据UNCOMTRADE数据整理得出。

表 3–1　　2018 年中国和俄罗斯前十位贸易伙伴情况

排序	中国贸易伙伴			俄罗斯贸易伙伴		
	国别（地区）	贸易额（亿美元）	占比（%）	国别（地区）	贸易额（亿美元）	占比（%）
1	美国	6335.2	13.7	中国	1082.8	15.8
2	日本	3276.6	7.1	德国	596.0	8.7
3	韩国	3134.3	6.8	捷克	472.1	6.9
4	德国	1838.8	4.0	白俄罗斯	332.0	4.8
5	澳大利亚	1527.9	3.3	意大利	269.6	3.9
6	俄罗斯	1070.6	2.3	土耳其	256.5	3.7
7	荷兰	851.8	1.8	美国	250.6	3.6
8	新加坡	828.9	1.8	韩国	248.4	3.6
9	英国	804.4	1.7	波兰	214.3	3.1
10	加拿大	635.4	1.4	日本	213.0	3.1

资料来源：笔者根据中国商务部《中国对外贸易形势报告》和《俄罗斯国别贸易报告》整理得出。

（三）中俄贸易商品结构

对外贸易商品结构是指一定时期内一国或地区进出口贸易中各类商品的构成，即某大类或者某种商品在整个对外贸易额中所占的比重，反映了一国或地区的资源禀赋、产业结构和经济技术水平。根据《国际贸易标准分类》第三次修订标准（SITC Rev.3），国际一级贸易产品划分为10大类，商品编码从 SITC0—SITC9[①]。SITC0—SITC4 类归为初级产品；SITC5—SITC8 类归为工业制成品，其中，SITC5 和 SITC7 类归为资本和技术密集型产品，SITC6 和 SITC8 类归为劳动密集型产品；SITC9 归为未分类产品。中俄双边贸易历经多年发展，贸易水平不断提升，贸易结构和贸易质量有所改善。表 3–2 反映了 1995～2021 年中俄双边贸易各大类产

---

① SITC0 表示食品和活动物，SITC1 表示饮料和烟草，SITC2 表示非食用原料（燃料除外），SITC3 表示矿物燃料、润滑油及相关原料，SITC4 表示动植物油、脂与蜡，SITC5 表示化学及相关产品，SITC6 表示主要制造材料（皮革、软木、纸张、钢铁等），SITC7 表示机械与运输设备，SITC8 表示杂项制品。

品所占比重情况。

表3-2　　中俄双边贸易产品分类比重（1995~2021年）　　单位：%

年份	初级产品 SITC0—SITC4 类	资本技术密集型 SITC5 和 SITC7 类	劳动密集型 SITC6 和 SITC8 类	未分类产品 SITC9 类	合计
1995	22.76	32.98	41.43	2.83	100.00
1996	19.67	37.57	41.76	1.00	100.00
1997	24.50	28.16	47.04	0.29	100.00
1998	23.45	33.47	43.08	0.00	100.00
1999	28.70	30.34	40.62	0.34	100.00
2000	39.78	25.99	29.35	4.88	100.00
2001	26.95	36.13	36.16	0.75	100.00
2002	34.45	31.57	32.79	1.19	100.00
2003	33.15	23.37	43.24	0.23	100.00
2004	38.72	19.85	41.36	0.06	100.00
2005	40.62	18.88	40.46	0.04	100.00
2006	45.70	21.46	32.81	0.02	100.00
2007	35.70	24.77	39.51	0.02	100.00
2008	36.36	28.32	35.31	0.01	100.00
2009	41.88	22.28	35.81	0.03	100.00
2010	38.36	27.33	34.29	0.02	100.00
2011	44.85	25.55	29.57	0.03	100.00
2012	45.56	26.19	28.24	0.01	100.00
2013	41.28	25.21	33.49	0.01	100.00
2014	41.25	24.40	34.29	0.06	100.00
2015	42.62	23.68	33.51	0.19	100.00
2016	41.23	27.55	30.82	0.40	100.00
2017	46.06	26.65	26.93	0.36	100.00
2018	52.05	23.97	23.71	0.27	100.00
2019	50.84	24.25	23.83	1.08	100.00
2020	44.32	27.22	27.69	0.77	100.00
2021	47.07	28.37	23.69	0.87	100.00

资料来源：笔者根据 UNCOMTRADE 数据整理得出。

从表3-2可以看出：（1）总体上，报告期内，中俄双边贸易的初级产品（SITC0—SITC4类）所占比重平均为38.07%，特别是自2009年起，该类产品比例基本都提高到40%以上，2012年该类产品所占比重高达45.56%（401.78亿美元），2014年也达到了41.25%（393.06亿美元），2018年最高达到52.05%（557.49亿美元）这说明初级产品仍然长期占据中俄贸易的重要地位。工业制成品（SITC5—SITC8类）所占比重平均为61.34%，尽管该指标总体高于初级产品的份额，但近年来表现并不稳定，高科技含量、高附加值的产品贸易仍有待提高，2014年工业制成品所占比重低于均值仅为58.69%（559.31亿美元）。比较初级产品和工业制品在中俄贸易的变化趋势来看，2000~2003年中国从俄罗斯进口工业制成品较多，2004年起中国从俄罗斯进口初级产品偏多，当年初级产品首次超过工业制成品的贸易额，2014年中国从俄罗斯进口初级产品贸易额为367.96亿美元，占进口贸易额的88.41%。（2）在工业制成品项下：资本技术密集型产品（SITC5和SITC7类）的贸易总体上还处在较低发展水平，该类产品所占比重年均为26.87%，2014年该指标还低于平均水平2.67个百分点，且贸易额为232.53亿美元；2021年该指标高达28.37%，且贸易额为415.68亿美元。劳动密集型产品（SITC6和SITC8类）的贸易所占比重则相对平稳，但在2008年国际金融危机影响下，2009年起该指标水平呈现下调趋势，2009~2021年该类产品所占比重年均为29.68%，2014年中俄劳动密集型产品贸易额为326.78亿美元，所占比重超过近年来均值达到34.29%；2019年该指标降至23.83%。值得注意的是，1995~2021年，中国对俄罗斯出口商品总额中，以服装、鞋靴、家具为代表的SITC8类商品占比总体呈现下降趋势，从2000年的71.18%降至2014年的37.76%，但仍然是中国对俄罗斯出口重要商品；以机电类产品为代表的SITC7类商品占比一直持续上涨年均增长达到9.6%，2012年SITC8类商品占比高达39.82%，并未受到2008年金融危机影响反而逆势增长，这主要得益于中国加入WTO之后加快制造业结构升级，以及俄罗斯经济发展致使居民对该类产品需求增长，一定程度上反映了中俄贸易结构的改善。（3）未分类产品（SITC9类）所占比重一直非常小，平均仅为

0.58%，即使是贸易额最高的2000年该类产品也仅为3.05亿美元，而且还存在个别年份贸易额为零的情况，2014年该类产品贸易额仅达到0.58亿美元，所占比重仅为0.06%。近年来，该指标有上升趋势，2019年所占比重有所突破达到1.08%。

二、中俄投资合作发展现状

（一）中俄投资合作规模

1. 中国对俄罗斯直接投资规模①

自1992年以来，中国对俄罗斯直接投资，虽然总量不大但总体呈上升趋势且增长较快。具体来说：（1）1992~1995年，中国对俄罗斯直接投资流量一直处于直线下降趋势。1992年中国对俄罗斯直接投资为4010.6万美元，到1995年降至历史最低点仅为5万美元，降幅达到99.88%。这主要是由于苏联解体后，过度激进式"休克疗法"严重恶化了经济环境，致使俄罗斯吸引外资大幅下降。（2）1996~2003年，中国对俄罗斯直接投资流量呈现恢复增长趋势。1996年中俄两国建立战略协作伙伴关系且俄罗斯经济也逐渐回暖，促使1997年中国对俄罗斯直接投资出现跳跃式增长，当年投资额达到119.2万美元，同比增幅高达1390%。然而好景不长，1998年中国对俄罗斯投资增速大幅回落，尽管当年投资额仍有小幅增加为250万美元，但实际上同比增幅仅为109.7%，这主要是亚洲金融危机致使俄罗斯经济下滑、投资环境恶化。2000年，俄罗斯经济逐渐复苏，中国对俄罗斯直接投资增速回升，2000年同比增长为265%。尽管2001年以来中国对俄罗斯直接投资增速有所放缓，但投资规模却迅速扩大，2002年和2003年中国对俄罗斯直接投资额分别达到3544.85万美元和3062万美元。（3）2004~2007年，中国对俄罗斯直接投资流量处在大幅增长时期，年均增长率达到83.5%。2004

---

① 资料来源：《中国贸易外经统计年鉴》《中国对外直接投资公报》《中国外资统计》。

年、2005年和2006年中国对俄罗斯直接投资同比增速均超过年均增长速度，分别达到152.5%、163%和122.4%。与此同时，中国对俄罗斯直接投资额也逐年增加，2004年为7731万美元，到2007年上升至4.7761亿美元。这主要得益于这一时期中俄两国政府对投资合作的大力支持。2004年两国制订常设会议机制，决定每年举办中俄投资促进会议，极大地鼓励了中国企业对俄罗斯的投资。（4）2008年至今，中国对俄罗斯直接投资流量在经历两年的收缩后开始快速上涨。2008年中国对俄罗斯直接投资额降至3.95亿美元，同比降幅17.7%，2009年继续下降且降幅为11.9%，这是因为国际金融危机和国际油价下跌致使俄罗斯经济再次陷入低迷。2010年以来，随着全球经济逐渐回暖和国际油价持续上涨，中俄两国经济逐渐恢复增长，中国对俄罗斯直接投资出现快速上涨，2010~2014年投资额年均增长达到20.6%，尤其是2013年同比增速高达518.2%，出现激增势头。2012年中投公司与俄罗斯直接投资基金正式成立"中俄投资基金管理公司"，目前该公司已经在俄罗斯的矿产能源、金融、林业资源等领域开展了一系列规模较大的投资①。2015年、2016年中国对俄罗斯直接投资继续增长，直至2016年投资额更是达到29.6亿美元，成为中国对俄罗斯直接投资20多年来的最高峰。但此后，受到世界经济增长疲软的影响及国际政治不稳定局势，2017年起中俄对外直接投资开始下跌，到2019年接近17亿美元，2020年有所回升达到19.1亿美元。伴随着中国"一带一路"倡议的推进和俄罗斯的积极响应，以及新冠疫情在全球范围内开始好转，未来中俄投资合作前景将非常广阔。

2. 俄罗斯对中国直接投资规模②

从1992年以来，俄罗斯对中国直接投资，总体上规模小且进展缓慢。具体来说：（1）1992~2000年，俄罗斯对中国直接投资一直处在低位波动变化时期。1992年俄罗斯对中国直接投资增长较快，达到1627万美

---

① 高洁，许琛."一带一路"倡议下中俄主权财富基金合作新机遇［N］.中国联合商报，2015-05-18.

② 资料来源：笔者根据《中国贸易外经统计年鉴》《中国对外直接投资公报》《中国外资统计》数据整理得出。

元，1993年同比增长157.8%，并一跃成为中国第四大外资来源地。这主要是因为，1991年俄罗斯独立以来加快了向自由市场经济体制转轨，促使投资要素向外释放，加速了俄罗斯对中国的投资。然而，俄罗斯的转轨方式过于激进猛烈，致使其国民经济长期负增长，人民生活水平质量不断下降。1994年起，俄罗斯对中国直接投资额开始呈现下降趋势并且一直在低位徘徊。1994~2000年，俄罗斯对中国直接投资额年均为2165万美元。直到1998年才开始正增长，这与中俄两国建立面向21世纪战略协作伙伴关系刺激了双方投资合作有很大关系。受1998年金融危机影响，俄罗斯对中国投资增幅又重回下降通道，1999年同比下降0.9%，2000年投资额跌至历史最低点，仅为1623万美元，且降幅达16.9%。(2) 2001~2004年，俄罗斯对中国直接投资处于快速增长时期，投资额年均增长达到61.94%。普京执政以来，俄罗斯经济实现恢复性增长，中俄投资活动开始活跃起来，2001年俄罗斯对中国直接投资额为2976万美元，同比增长83.4%，到了2004年投资额增加到1.26亿美元，同比增幅高达132.7%，超过了平均增速约71个百分点。(3) 2005年至今，俄罗斯对中国直接投资总体呈波动下降趋势。2005~2007年俄罗斯对中国投资一直负增长，2005年投资额同比降幅达到35.1%，2006年和2007年降幅收缩，但是投资规模仍下降，2007年投资额降至5207万美元。虽然2008年俄罗斯企业对中国直接投资额小幅增长，但随着金融危机影响加深，2009年投资额又急剧降至3177万美元，同比降幅高达47%。2010年至今，俄罗斯对中国投资仍处在下降通道，但降速有所放缓。2011年俄罗斯对中国直接投资额为3102万美元，降幅为11.3%；2012年、2013年和2014年继续下降，同比降幅分别为3.6%、26.2%和4.8%。这一时期，欧洲债务危机致使发达经济体经济低迷、新兴经济体增长放缓，国际油价频繁波动下滑和西方制裁致使俄罗斯国际储备下降，据俄罗斯央行数据，截至2014年末，俄罗斯国际储备降至3854.6亿美元，降幅为24.4%①。这

---

① 一周缩水13亿美元，俄罗斯国际储备料两年后暴降73% [EB/OL].凤凰财经，2015-01-30.

些因素都致使俄罗斯对中国直接投资呈持续缩减趋势。2015年以来，俄罗斯对中国直接投资规模仍然非常小，尽管2017年投资额出现2005年以来的第一次大幅提升，金额高达6.04亿美元，但随后又快速下降，到2020年投资额仅为4.21亿美元，下降幅度达到30.29%。从1992~2021年的近30年，俄罗斯对中国直接投资相对较少，投资受到世界政治经济影响而波动较大。

3. 中俄双边投资合作规模比较

近年来，在中俄两国政府的重视和支持下，两国投资合作取得一定的成绩，这一点从前面的分析可以看出来。但是，中俄双边投资合作总体上仍属于起步阶段，合作规模偏小且发展不平衡。

从图3-3可以看出：（1）从中俄双边投资规模与中俄双边贸易规模比较看，前者的规模和水平严重滞后于后者，这与中俄两国经贸合作关系持续升温和战略协作伙伴关系日益紧密是极不协调的。中俄双边投资总额与双边贸易总额差距较大，2014年前者达到最高值也仅是后者的1.38%，2020年前者仅占后者的0.25%。（2）中国对俄罗斯直接投资额

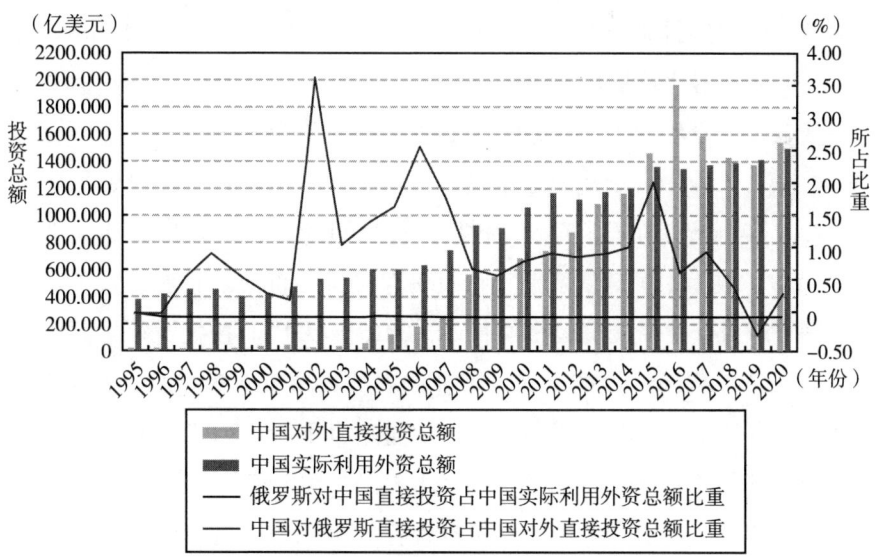

图3-3 中俄双边投资合作规模比较（1995~2021年）

资料来源：笔者根据《中国贸易外经统计年鉴》《中国对外直接投资公报》《中国外资统计》数据整理得出。

与俄罗斯对中国直接投资额相比，前者与后者力量对比变化的分水岭是2005年。在该年份以前，前者一直低于后者的水平，这主要是因为俄罗斯政治经济发展不稳定和投资政策法规多变，导致中国企业对俄罗斯投资望而却步且进展缓慢。2005年以来，中俄两国政府高度重视发展投资合作，中国政府鼓励企业"走出去"对外投资，俄罗斯政府也积极完善投资环境，促使中国对俄罗斯直接投资迅速发展，大幅超过俄罗斯对中国直接投资水平。2005~2020年，中国对俄罗斯直接投资额平均达到8.05亿美元，而俄罗斯对中国直接投资额在这一期间的均值仅为前者的0.52%。(3)中俄相互直接投资分别在中国对外直接投资额和实际利用外资额中所占比重，也反映出两国投资合作水平仍然很低。总体上看，目前中俄两国相互投资上占比过低，严重制约了中俄两国经贸合作水平的深入发展。

(二) 中俄直接投资产业结构

1. 中国对俄罗斯直接投资产业结构

从近年来中国对俄罗斯直接投资产业结构变化来看，2007年以来中国对俄罗斯直接投资存量的第一产业和第三产业所占比重呈下降趋势，而第二产业所占比重呈快速增长趋势。

从表3-3反映的中国对俄罗斯直接投资存量行业分布可以看出：(1)在第二产业中，制造业逐步发展成为中国对俄罗斯直接投资主要行业。2007年制造业在投资存量所占比重仅为11.0%，到2013年迅猛增长至35.1%，成为中国对俄罗斯直接投资存量排在首位的行业。采矿业也是中国企业对俄罗斯投资较多的行业，2016年采矿业在投资存量占比达到最高水平为47.6%。(2)第一产业的农林牧渔业一直占据中国对俄罗斯直接投资的重要地位，近年来所占比重略有下降。2007~2020年农林牧渔业在投资存量所占比重年均为23.2%，2015年的17.6%为最低水平，但仍然排在中国对俄罗斯直接投资存量第二位。这主要是由于中俄两国农业互补性强，该行业投资增长空间仍然较大。(3)在第三产业中，房地产业仍是中国对俄罗斯直接投资重点行业，但所占比重日益减少。2007年房地产业在投资存量所占比重高达29.5%，但从2010年起开始下降，到 2020 年已经降至 2.6%，这已经低于租赁和商务服务业所占比重的 2.7 个百分点，表明中国对俄罗斯房地产业投资前景并不乐观。租赁和商务服务业投资存量增长也比较快，2012 年该行业在投资存量所占比重达到最高水平为 18.3%。此外，批发和零售业及金融业也日益成为中国对俄罗斯投资的热点行业。2007~2020 年批发和零售业在投资存量所占比重年均为 11.5%，2014 年金融业在投资存量占比增长到 8.8% 达到最高水平。值得注意的是，中国对俄罗斯科学研究和技术服务投资流量仅为 90 万美元，占中国对俄罗斯直接投资流量总额的比重可以忽略不计，截至 2013 年的投资存量占比也仅为 0.1%；信息传输、软件和信息技术服务业也大致如此，2013 年投资流量和存量的占比仅分别为 0.1% 和 0.2%。由此可见，中国对俄罗斯直接投资产业结构并不合理，主要集中在资源密集型和低技术产业，对高技术产业投资比重仍然过低，这严重制约中俄投资合作向高水平发展。

表 3-3　中国对俄罗斯直接投资存量的产业结构（2007~2020 年）　　单位：%

年份	第一产业		第二产业				第三产业						总计
	农林牧渔	合计	制造业	采矿业	建筑业	合计	房地产业	租赁和商务服务业	批发和零售业	金融业	其他行业	合计	
2007	25.4	25.4	11.0	9.8	3.1	23.9	29.5	10.4	4.6	3.8	2.4	50.7	100
2008	25.5	25.5	11.2	14.8	3.7	29.7	24.5	9.3	3.8	4.1	3.1	44.8	100
2009	24.6	24.6	12.2	10.1	3.2	25.5	32.1	8.3	3.5	3.4	2.6	49.9	100
2010	26.8	26.8	11.6	9.9	6.9	28.4	17.1	16.8	3.9	2.9	4.1	44.8	100
2011	23.5	23.5	9.5	15.6	5.4	30.5	16.1	14.5	11.6	2.2	1.6	46.0	100
2012	26.2	26.2	12.5	15.5	6.9	34.9	11.2	18.3	4.9	2.8	1.7	38.9	100
2013	22.2	22.2	35.1	10.7	5.0	50.8	7.3	11.4	3.6	3.5	1.2	27.0	100
2014	24.1	24.1	31.6	9.2	3.2	44.0	6.5	11.3	4.3	8.8	1.0	31.9	100
2015	17.6	17.6	22.2	39.9	2.2	64.3	2.6	9.4	3.0	1.6	1.5	18.1	100
2016	23.2	23.2	8.9	47.6	1.8	58.3	2.9	8.6	3.1	2.4	1.5	18.5	100
2017	19.5	19.5	11.3	47.5	2.1	60.9	2.9	6.7	3.5	3.6	2.9	19.6	100
2018	21.3	21.3	12.4	47.0	2.1	61.5	2.8	6.3	3.0	2.9	2.2	16.9	100
2019	22.1	22.1	12.7	42.4	1.8	56.9	2.5	6.8	2.9	4.6	4.2	21.0	100
2020	23.0	23.0	13.0	41.4	2.2	56.6	2.6	5.3	2.7	4.1	5.7	20.4	100

资料来源：笔者根据 2007~2020 年《中国对外直接投资统计公报》整理得出。

2. 俄罗斯对中国直接投资产业结构

中国商务部统计数据显示，2012年俄罗斯对中国的实际投资额为2992万美元，占外资对中国实际投资总额的0.03%。制造业一直是俄罗斯对中国直接投资的主要行业。从表3-4可以看出，2012年俄罗斯对中国制造业投资项目数为18个，占俄罗斯对中国投资项目总数的24.7%，项目个数同比增长38.5%。制造业实际使用俄罗斯外资为1069万美元，尽管同比下降26.3%，但仍占俄罗斯对中国投资总额的35.7%，这说明俄罗斯企业对中国制造业投资仍是重点。值得注意的是，虽然俄罗斯对中国交通运输、仓储和邮政业投资项目数仅为1个，但该行业的投资规模增速最快，2012年实际使用俄罗斯外资金额仅次于制造业，达到887万美元，同比增长487.4%，占俄罗斯对中国投资总额的29.7%；对科学研究、技术服务和地质勘查业投资项目数仅为2个，但该行业的投资额排在第三位，达到682万美元，同比增长113.8%，占俄罗斯对中国投资总额的22.8%。这表明，俄罗斯企业日益重视对交通基础设施和科技研发的投资，如中俄合作在中国烟台、长春、大连、西安等地建立了一批中俄科技园，极大地吸引了俄罗斯企业对中国高新技术投资。此外，2012年俄罗斯对中国批发和零售业投资项目数达34个，占俄罗斯对中国投资项目总数的46.4%，项目个数同比增长21.4%，且实际使用外资金额排在第四位为267万美元。这在一定程度上反映出第三产业将成为俄罗斯企业对中国投资所青睐的重要产业。根据《中国外商投资报告2019》资料显示，2018年俄罗斯在中国新设外商投资企业269家，同比增长27.5%，实际投资金额为0.6亿美元，同比增长138.1%。

表3-4　　　　　　2012年俄罗斯对中国投资的产业结构

产业	行业	外资项目			实际使用外资		
		数目（个）	同比（%）	比重（%）	金额（万美元）	同比（%）	比重（%）
第二产业	制造业	18	38.5	24.7	1069	-26.3	35.7
第三产业	交通运输、仓储和邮政业	1	0	1.4	887	487.4	29.7

续表

产业	行业	外资项目			实际使用外资		
		数目(个)	同比(%)	比重(%)	金额(万美元)	同比(%)	比重(%)
第三产业	科学研究、技术服务和地质勘查业	2	0	2.7	682	113.8	22.8
	批发和零售业	34	21.4	46.4	267	-69.9	8.9
	合计	73	43.1	100.0	2992	-3.5	100.0

资料来源：中国商务部外资统计网站。

（三）中俄投资合作特点

1. 中俄投资合作与贸易合作相互促进

近年来，随着中俄双边关系不断深化，中俄投资和贸易的联系日趋紧密，投资合作与贸易合作相互促进、共同发展。从前文对中俄投资和贸易合作规模的分析来看，2004~2014年，两者总体上均呈现上升趋势。中俄贸易合作的大幅增长极大地促进了双边投资合作快速发展，且贸易和投资呈现良性互动。从中俄投资和贸易合作空间分布来看，中国对俄罗斯直接投资主要集中在俄罗斯欧洲部分的莫斯科、圣彼得堡等大城市及俄罗斯远东和西伯利亚地区主要城市；俄罗斯对中国直接投资主要集中在中国的包括东北地区和东部沿海地区在内的东部地区。2002~2012年中国东部地区累计使用俄罗斯投资5.4亿美元，占俄罗斯对中国投资总额的88.2%。仅2012年，俄罗斯对中国直接投资超过70%流入了中国东部地区，其中，内蒙古、辽宁分别位居俄罗斯对中国投资最多省份的第一和第三位，两省份合计占俄罗斯对中国投资总额的49.7%[①]。中国对俄罗斯开展进出口贸易主要是东北地区和东部沿海地区，仅2010年东北三省一区（黑龙江、吉林、辽宁、内蒙古东部地区）对俄罗斯贸易总额就达到237.64亿美元，占中国对俄罗斯贸易总额的42.79%[②]。由此可见，中俄投资和贸易合作空间大多重叠且联系紧密，尤其是近年来中国东北

---

①② 资料来源：笔者根据中国商务部外资统计得出。

地区和俄罗斯远东地区成为中俄贸易和投资合作的重点地区。

2. 中俄地区之间投资合作前景广阔

中俄毗邻地区凭借区位优势一直是两国投资合作的主要聚集区。一方面，中国东北地区与俄罗斯远东地区合作日益成为中俄投资合作的重中之重。2000年以来，中国东北老工业基地振兴战略和俄罗斯东部大开发战略的实施，为两地区之间的投资合作创造了良好的机遇，特别是两国政府在2009年批准了《中华人民共和国东北地区与俄罗斯联邦远东及东西伯利亚地区合作规划纲要（2009－2018年）》，2018年批准了《中俄在俄罗斯远东地区合作发展规划（2018－2024年）》和《中国东北地区及俄罗斯远东及贝加尔地区农业发展规划》，进一步推进了两地区之间的投资合作。辽宁省2012年实际利用俄罗斯投资额就达到774万美元，占俄罗斯对中国投资总额的23.5%，体现了东北地区吸引俄罗斯企业投资的重要性。黑龙江仅2012年对俄罗斯投资企业数就占中国对俄罗斯投资企业总数的32.7%，东北地区对俄罗斯投资的重要地位可见一斑[①]。与此同时，俄罗斯远东地区经济资源雄厚且科技研发能力强也极大地吸引了来自中国东北地区的投资。而中国西北地区与俄罗斯西西伯利亚地区在中俄投资合作中的地位也日益重要。值得重点关注的是，随着"丝绸之路经济带"建设的不断推进，中俄"两西地区"在能源开发利用、高新技术产业、机械制造等领域的投资合作潜力将不断激发与释放，两地区间投资合作前景非常广阔。

近年来，中俄非毗邻地区之间经济合作日渐兴起，尤其是中国长江中上游地区与俄罗斯伏尔加河沿岸地区成为中俄投资合作的新热点。2013年5月中俄两国启动了长江—伏尔加两河流域合作，意在促进两国地方合作全方位发展。2014年2月中俄两河流域合作会议制订了包含153个投资合作、人文合作优先项目的合作规划。目前一些投资项目正在积极开展，如湖南的远大住工与俄罗斯的基洛夫州就"预制全装配式住宅技术体系"达成初步合作意向，拟投资1000万~1300万美元用作项目前

---

① 资料来源：笔者根据中国商务部外资统计得出。

期开发①。2018~2019 年，中俄两国启动了地方合作交流年，进一步激发了两国地方合作的热情。随着两河流域合作规划不断落实，中俄投资合作必将步入崭新时代。

3. 中俄投资合作产业结构仍不均衡

1992 年至今，中俄投资合作产业结构发展仍然不均衡，第二产业日益成为双边投资合作重点，第一产业双边投资合作比重较大但质量有待提高，第三产业逐渐成为双边投资合作新方向。具体来看：（1）在第一产业，中俄双方投资合作层次较低，以中国对俄罗斯直接投资为主。从前面的分析可以看出，农林牧渔业一直是中国对俄罗斯投资的重点领域。然而，总体上中俄两国政府推动的第一产业投资合作项目不多，大型企业参与相对较少，双边投资合作层次有待提高。近年来，两国开启了农业科技合作，主要以建立中俄农业合作园区为重点。2013 年 9 月逊克中俄农业科技合作园被批准为黑河国家级农业科技园区核心区，目前该园区已经与俄罗斯全俄大豆研究所合作建立了中俄农业科技工作站和科技成果展示厅，与俄远东地区阿穆尔州农业联合体达成战略合作协议②。2015 年两国合作在俄罗斯远东滨海边疆区建立中俄现代农业产业合作区，作为中国首个国家级境外农业产业园，两国欲合力将其打造成俄罗斯有机食品和非转基因粮食生产供应加工基地，以推进农业合作向机械化、科技化、产业化发展③。2019 年以来，以"四川楚瓦什农业园"为代表的四川"境外农业合作示范区"中俄项目全面铺开④。这些有益尝试将促进中俄农业合作转型升级。（2）第二产业是中俄相互投资合作的重点产业。其中，制造业是中俄投资合作最重要的行业，多年来该行业无论是在中国对俄罗斯直接投资还是俄罗斯对中国直接投资的行业排名中稳居前列。中俄相互投资合作增长速度较快且互补明显，这体现在俄罗斯

---

① 李静，谭舒. 中俄合作进一步加强两河流域优势互补合作共赢［J］. 重庆与世界，2014（4）：8-10.
② 于淑鸿. 逊克强力推进中俄农业科技合作园区发展［N］. 黑河日报，2014-12-05.
③ 中国首个国家级境外农业产业园区正式获批［EB/OL］. 中国新闻网，2015-04-28.
④ 四川"境外农业合作示范区"中俄项目全面铺开［EB/OL］. 农业对外合作部际联席会议办公室，2020-11-23.

在航空航天、军工机械等制造行业具有一定竞争优势，中国在鞋帽加工、家具制造及化工等制造业具有比较优势。中俄两国政府对制造业合作的支持将提升两国合作发展空间。但是，建筑业和采矿业主要是中国对俄罗斯投资，而俄罗斯对中国的两个行业投资几乎为零。（3）第三产业是中俄投资合作的新兴方向。其中，租赁和商务服务业的相互投资合作发展较快。2000年以来，随着国际油价上涨，俄罗斯财政收入增长，居民生活水平提高，对该类服务业需求快速增长，吸引了中国企业跨境投资。而且中国经济快速增长积累大量外汇储备，也为中国企业对俄罗斯投资提供了有力的金融支撑。金融业、批发和零售业的相互投资合作也较为重要，但目前仍属起步阶段。科学研究、信息技术服务等行业相互投资合作的潜力巨大，这是因为尽管目前相互投资规模仍然很小但增速较快，而且该行业合作符合中俄两国的国家创新发展战略。

三、中俄区域经济合作影响因素

（一）地缘政治因素

中俄两国地理位置邻近，拥有长达约4300多公里边境线[①]，在东段和西段边境线上分布着多个贸易口岸，尤其是中国东北地区与俄罗斯远东地区还有相互连接的交通通道，这为中俄区域经济合作提供了极大的便利。而稳定的政治环境和良好的政治关系又为中俄区域经济合作提供了有力保障。自俄罗斯独立以来，"中俄关系"经历了从"中苏关系"平稳过渡并成为互为友好国家，到1994年睦邻友好建设性伙伴关系，再到1996年建立战略协作伙伴关系。2000年中俄关系又再上新台阶，中俄关系全面快速发展。2014年两国发表了《中华人民共和国与俄罗斯联邦关于全面战略协作伙伴关系新阶段》联合声明。目前中俄双边关系处于历史最好时期，两国政治关系发展达到前所未有的高度，这为两国经济合

---

① 《中俄国界东段补充协定》的签署和生效，标志着4300多公里的中俄边界线走向全部确定。

作创造了最佳机遇。自 2013 年中国提出"一带一路"倡议以来，得到了俄罗斯的积极响应，2015 年中俄元首共同签署了丝绸之路经济带与欧亚经济联盟对接合作的联合声明，2019 年中俄元首决定将两国关系提升为"新时代中俄全面战略协作伙伴关系"。中俄两国在构建新型大国典范关系的基础上加强"一带一盟"对接，必将加快推进两国区域发展和区域经济一体化进程。当然，东北亚地缘政治局势复杂多变，中俄关系仍然存在地缘政治和战略利益的碰撞。因此，未来中俄两国需要进一步扩大开放，加深彼此了解，增强政治互信，为中俄区域经济合作奠定良好政治基础。

（二）经济利益因素

经济利益是中俄区域经济合作的重要推动力。目前，中俄双边贸易和投资合作潜力仍未有效发挥，而且两国还存在经济利益不对称和不稳定性问题。从双边贸易来看，中俄商品贸易结构不平衡，机电产品、矿产品和纺织品及原料是贸易金额最高的三类产品，占中俄贸易总额的比重超过 60%[①]，中俄技术贸易和服务贸易所占比重偏小。目前，由于中俄贸易以产业间贸易为主，主要进出口商品种类重叠度低，两国贸易水平极易受国际大宗商品市场影响，贸易的稳定性较差和可持续性不足。2009 年和 2015 年中俄贸易明显下滑也说明了中俄贸易的不稳定性。从双边投资来看，中俄相互投资比例偏小，投资产业结构不合理，大型投资合作项目不多，投资增长后劲不足的状况尚未根本改变。因此，中俄要优化贸易投资结构，要以互补性为合作的基点，多维、高层次战略合作才能为深入合作提供持续动力。在继续扩大互补型贸易和投资潜力的同时，实现中俄经济从互补合作向战略合作转变显得尤为重要。中俄战略性合作有助于提升两国产业内贸易水平和凝聚产业融合度，驱动两国向较高的经济水平和贸易发展水平转变，实现双方合作的可持续发展。战略合作强调的是共同发展和未来的动态收益或国家整体利益，这就要求

---

① 资料来源：根据表 3-2 中数据得出。

两国的经贸合作在兼顾眼前利益最大化的同时,更要放眼长远利益,才能实现互利共赢局面。

(三) 社会文化因素

社会文化的认同对中俄区域经济合作有着重要影响。中俄两国都拥有深厚的历史文化积淀,但分属不同文明,社会制度和文化观念也各具特点。俄罗斯横跨欧亚大陆的特殊地理位置,使其兼受东西方两种文明的影响,形成了其独特的文化,这种文化具有矛盾性、复杂性和情绪性特点。中国几千年历史的农耕文明,造就了中庸、保守和稳定的文化价值取向。中国对外经济合作一直主张互利共赢,从不谋求霸主地位。在两种不同文明的熏陶下,中俄社会制度也有所差别,俄罗斯独立后采取激进方式发展自由市场经济,中国则是稳步地发展独具特色的社会主义市场经济。中俄两国在社会文化方面的各种差异,决定了中俄两国要进一步加强人文交流,增进沟通与理解,促进彼此文化认同。

(四) 制度因素

合理的制度安排是中俄区域经济合作的有力支撑。贸易和投资制度不规范直接影响了中俄贸易和投资的扩大。在中俄经贸合作的初期,制度不健全致使合作无序发展,严重阻碍了双边贸易和投资层次及水平的提升。进入21世纪以来,中俄两国加大了规范贸易和投资制度的力度,在贸易和投资的许多领域建立了高效的合作机制,这为两国的积极合作注入了新的动力。自2012年俄罗斯加入世界贸易组织(WTO)以来,中俄双边贸易按照WTO框架体系下的规则与标准展开,贸易秩序不断规范化,两国贸易和投资规模呈现扩大趋势。这表明制度安排对经济合作具有很大促进作用。在目前中俄共建"一带一路"的形势下,诸多大项目或诸如能源、农业、科技、金融、市场一体化等重要领域的合作,尤其需要通过签署双边或多边性经济战略合作协议,为中俄经济战略合作提供制度性保障。这样有助于从全局角度和整体利益角度来审视难点问题,推进中俄区域经济合作的顺利实施。因此,要实现中俄区域经济合作快速发展,两国需要不断研究和积累经验,加快中俄经济合作的机制化建设，通过共同协商建立区域合作对话协调机制、利益保障和信息服务机制及贸易、投资、能源等领域合作支持机制，进一步规范双方各领域合作行为，促进中俄区域经济合作更快更稳地发展。

第二节 中俄区域经济融合测度与评价

一、中俄区域经济融合测度模型

基于国内外学者对经济融合的研究成果，提出经济融合是不同国家或地区之间通过开展贸易和投资等经济活动，促进彼此间经济联系不断强化并推动合作全方位拓展，最终达到区域经济一体化的过程。在此基础上，参考德雷尔（Dreher，2005）和冯芸、吴冲锋（2005）的经济全球化指数构造方法，本书构建了中俄区域经济融合测度模型，即：

$$I_j = \sum_{i=1}^{n} W_{ij} X_{ij} \qquad (3-1)$$

该模型用以评价中俄区域经济融合程度。其中，X_{ij}代表的是各个经济融合度指标，W_{ij}代表的是相应指标的权重系数，i 表示不同经济融合度指标的个数，j 表示年份。拟选取贸易融合、金融融合和人际交往三个维度来综合考察中俄经济融合程度。这里需要说明：其一，不同维度经济融合度指标的计算。贸易融合度指标用每年中俄两国双边贸易总额与两国国内生产总值之和的比重来衡量；金融融合度指标用每年中俄两国相互直接投资的总流量占两国国内生产总值之和的比重来衡量；人际交往指标用中俄两国出境与入境的游客之和占两国总人口的比重来衡量。其二，指标权重反映不同指标在经济融合评价中价值地位的系数，确定指标的权重系数对于经济融合评价最终结果来说非常重要。目前，研究者对经济融合指标权重的确定尚未达成一致，一般包括主观赋权、客观赋权及主客观赋权等三类方法。综合考虑各种方法的特点及限制条件，本书采用客观赋权法中的熵权法来确定指标权重，以反映不同维度指标的重要性。具体计算步骤：（1）对原始指标无量纲化处理。若 X_{ij} 为收益性指标，无量纲化处理结果是 $Y_{ij} = \dfrac{X_{ij} - \min(X_{ij})}{\max(X_{ij}) - \min(X_{ij})}$，若 X_{ij} 为损失性指标，无量纲化结果是 $Y_{ij} = \dfrac{\max(X_{ij}) - X_{ij}}{\max(X_{ij}) - \min(X_{ij})}$，其中，$X_{ij}$ 是第 i 个原始指标在第 j 年的原始数值，Y_{ij} 是第 i 个原始指标在第 j 年的标准化数值。

（2）设 e_i 为第 i 项原始指标熵值，$e_i = -k \sum_{j=1}^{n} P(Y_{ij}) \ln P(Y_{ij})$，其中，$k = 1/\ln n$，$P(Y_{ij}) = Y_{ij} / \sum_{j=1}^{n} Y_{ij}$。（3）计算各原始指标的熵权 W_i，$W_i = \dfrac{1 - e_i}{m - \sum_{i=1}^{m} e_i}$。

二、中俄区域经济融合测度评价

（一）中俄贸易、金融、人际交往关系

1. 中俄贸易关系

这里用贸易融合度指标反映中俄贸易关系，通常贸易融合度用双边贸易依存度来表示。这里对 1995~2014 年中国对俄罗斯贸易依存度、俄罗斯对中国贸易依存度及中俄贸易融合度分别测算，结果如图 3-4 所示。

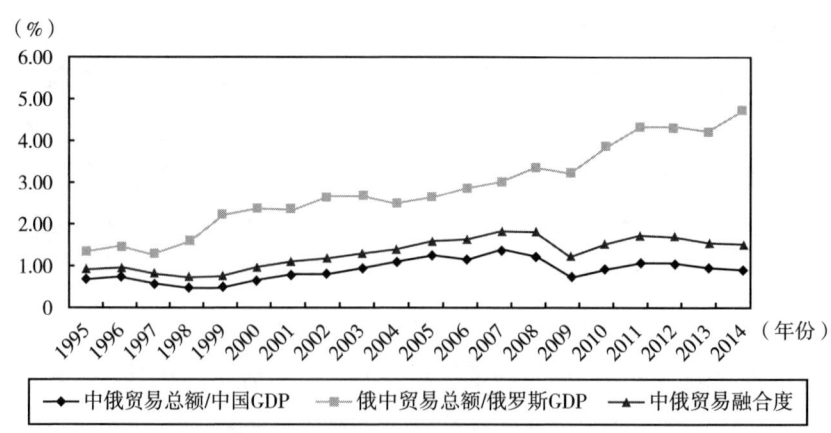

图 3-4　贸易依存度和中俄贸易融合度（1995~2014 年）

资料来源：笔者根据 UNCTAD 数据整理计算得出。

图3-4表明，中国对俄罗斯贸易依存度和俄罗斯对中国贸易依存度总体上都呈上升趋势，这有助于提升中俄两国贸易融合度水平。但是，后者一直处于高于前者的态势且两者之间差距明显，这说明中俄贸易一体化仍处在较低阶段。1995～2014年，中国对俄罗斯贸易依存度一直在0.52%～1.38%水平上变动，而俄罗斯对中国贸易依存度则在1.29%～4.73%水平上变化，2014年两者之间形成最大差距为3.79%。中俄贸易融合度与中国对俄罗斯贸易依存度的变化趋势相似，两者均经历了"小幅下降—稳步增长—锐减后回升"的阶段性变化。这表现在：（1）1995～1999年中俄贸易融合度小幅下降。这一时期，中俄商品贸易总额在50亿～60亿美元水平变化，中俄贸易融合度也一直低于1%。受1997年东南亚金融危机影响，1996～1998年，中俄贸易融合度年均降幅达到9.55%。（2）2000～2007年中俄贸易融合度稳步增长。这一时期，由于中俄两国政府签订了睦邻友好合作条约且积极推进双边经贸合作，中俄商品贸易总额持续增长，2007年增至482.18亿美元，是2000年的6倍之多，中俄贸易融合度水平也随之提高，在2000年突破了1%水平后持续提升到2007年的1.83%，这是自1995年以来的最高水平。（3）2008年至今，中俄贸易融合度锐减后回升。受国际金融危机影响，中俄两国经济增长速度放缓，中俄贸易额降至387.97亿美元，同比下降31.83个百分点；2009年中俄贸易融合度降至1.24%，降幅为0.58%。随着中俄两国经济形势好转和双边贸易额恢复增长，2010年至今中俄贸易融合度逐渐恢复到危机前水平。①

2. 中俄金融关系

本书以金融融合度指标反映中俄金融关系，通常金融融合度用双边资本流动依存度来表示，这里选取双边直接投资来度量。同样，这里分别测算1995～2014年中国对俄罗斯资本流动依存度、俄罗斯对中国资本流动依存度及中俄金融融合度，结果如图3-5所示。

---

① 资料来源：笔者根据 UNCTAD 数据整理得出。

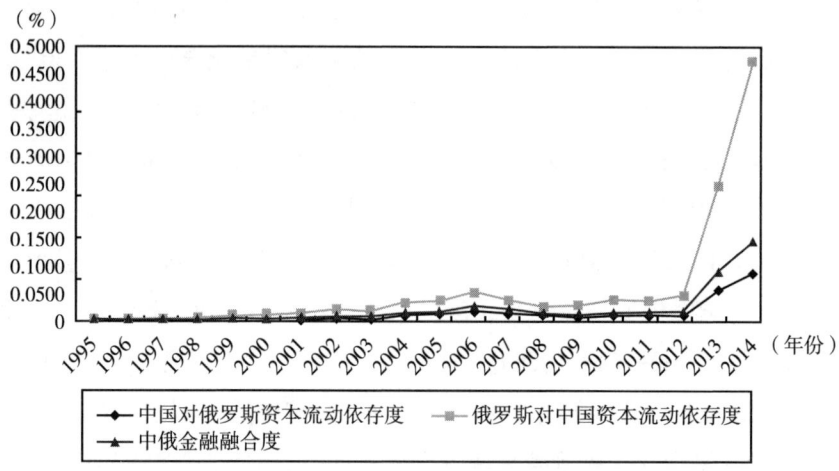

图 3-5　对外资本流动依存度和中俄金融融合度（1995~2014年）
资料来源：笔者根据《中国贸易外经统计年鉴》《中国对外直接投资公报》数据整理得出。

从图 3-5 可见，从中国对俄罗斯资本流动依存度和俄罗斯对中国资本流动依存度来看，两者总体呈上升趋势，这说明中俄两国金融融合度水平有所提高，但是前者长期低于后者且两者之间差距逐渐增大，这说明中俄金融合作有待深化。1995~2014 年，中俄金融融合度也表现为总体上升趋势，从 1995 年的 0.004% 提升至 2014 年的 0.1486%，提高了近 37 倍之多。中俄金融融合度也呈现阶段性的波动变化，这表现为：（1）1995~2000 年，中俄金融融合度一直在低位徘徊。这与俄罗斯经济体制转轨和 1998 年金融危机影响有很大关系，导致中俄相互直接投资规模大幅收缩，中俄金融融合度水平随之在 0.0028%~0.004% 的较低水平间变化。（2）2000~2007 年，中俄金融融合度以较快速度持续增长。这是因为，1998 年危机后俄罗斯经济稳步回升，这一期间俄罗斯 GDP 增长率年均达到 7.17%。2001 年《中华人民共和国和俄罗斯联邦睦邻友好合作条约》的签订为两国相互直接投资提供了稳定的政治经济环境，2004 年《中华人民共和国政府和俄罗斯联邦政府关于促进和相互保护投资协定》的签订极大地增加了中俄投资者进入对方市场的信心，中俄相互直接投资规模稳步增长，中俄金融融合度也随之快速增长，从 2000 年的 0.0041% 提高到 2006 年的最高水平为 0.0275%。（3）2008~2011 年，中俄金融融合度在急剧下滑后开始提升。2008年国际金融危机致使中俄相互投资水平大幅下降，其中：中国对俄罗斯直接投资持续下降，2008年同比下降17.25%，2009年同比下降11.89%；俄罗斯对中国直接投资则波动下降，2008年略有反弹，同比增长15.17%，2009年则大幅下滑同比下降47.02%。与此同时，2009年中俄金融融合度跌至0.0121%。2010年在世界经济复苏大背景下，中俄相互直接投资恢复增长，中俄金融融合度也恢复到2011年的0.0162%。(4) 2012年至今，中俄金融融合度快速提升，2013年增幅高达407.7%。究其原因主要是：其一，近期中俄两国落实了一些重大战略合作项目，如中俄原油和天然气管道项目等，推动了中国对俄罗斯直接投资大幅增长，2013年达到40.8亿美元，同比增长了518.2%。① 其二，中俄地区合作不断深化也极大地促进了两国间投资规模增长。对于俄罗斯远东地区来说，目前中国已经是仅次于日本和韩国的第三大投资国②，中国东北地区与俄罗斯远东地区已经开展了多项投资合作。其三，中俄政府促进相互投资合作的政策，极大激发了企业海外投资的积极性。

3. 中俄人际交往关系

考虑长期居住在对方国家的中俄公民占两国总人口的比重极低，尤其是俄罗斯移民政策对双方劳务交往多有限制，这里仅以国际游客指标反映中俄人际交往关系，用两国出入境旅游量的变化来表示。近年来，中俄两国双边关系稳步提升，两国人文交往日益频繁，如在成功互办"国家年""语言年""旅游年"后，2014年和2015年又合作举办了"中俄青年友好交流年"，两国还互设孔子学院、文化中心和俄语中心等。在此背景下，中俄旅游合作也随之不断扩展。根据世界旅游组织（UNWTO）网站统计数据显示，仅2010年俄罗斯接待中国游客74.76万人次，赴中国的俄罗斯游客达237万人次③。中俄两国政府都高度重视推动旅游业发展。2009年中国出台《关于加快发展旅游业的意见》，提出将旅游业作为国民

---

① 资料来源：笔者根据《中国贸易外经统计年鉴》《中国对外直接投资公报》数据整理得出。
② 中国是俄罗斯远东地区第三大投资国 [EB/OL]. 中研网，2014-10-27.
③ 张丽梅. 俄罗斯旅游业的发展及其对华旅游政策分析 [J]. 俄罗斯中亚东欧市场，2013 (4)：90-98.

经济战略性支柱产业。2010年俄罗斯联邦政府批准《俄罗斯2011—2016年发展旅游业联邦专项纲要构想》，提出以联邦和地方财政大力扶持旅游业与国际同步发展①，加快修建并完善各项旅游基础设施，优化旅游环境以吸引更多中国游客赴俄罗斯旅游。此外，中俄两国之间开通了一系列新航线、对团队旅游实行互免签证政策，为中俄居民赴对方国家旅游提供了更多便利。中俄互办"旅游年"不仅促进了两国旅游合作，还强化了两国在经济和社会文化领域的联系。目前，中国稳居俄罗斯第一大旅游客源国，而俄罗斯已成为中国第三大旅游客源国②。中俄旅游合作已经由边境旅游逐步扩展至双方各地区、各城市之间直接交往，两国旅游合作持续向好，这必将推进中俄人际交往水平持续上升。

（二）中俄区域经济融合度测度结果分析及评价

根据中俄区域经济融合测度模型，本书选择贸易、直接投资、人员流动等要素建立了两个经济融合度指数，中俄区域经济融合度指数Ⅰ仅包括前两个要素，指数Ⅱ则包括了所有要素。受部分年份数据缺失的影响，中俄区域经济融合度指数Ⅰ和指数Ⅱ的时间跨度有所不同。这里以2003年为基期（2003＝100）对数据进行指数化处理，利用模型中的方法测算结果如表3－5所示。

表3－5　　　　中俄区域经济融合度（1995～2014年）

年份	贸易融合度	金融融合度	人际交往	中俄区域经济融合度Ⅰ	中俄区域经济融合度Ⅱ
1995	71.7	48.7	—	53.323	—
1996	74.7	37.9	—	45.297	—
1997	62.3	33.8	—	39.529	—
1998	56.9	40.7	—	43.956	—
1999	59.6	44.1	—	47.216	—

---

① 赵欣然．《俄罗斯2011—2016年发展旅游业联邦专项纲要构想》浅析［J］．西伯利亚研究，2011（20）：24－27．

② 俄拥抱"友好中国"中国稳居俄第一大旅游客源国［EB/OL］．中国新闻网，2016－02－09．

续表

年份	贸易融合度	金融融合度	人际交往	中俄区域经济融合度Ⅰ	中俄区域经济融合度Ⅱ
2000	74.4	50.8	—	55.544	—
2001	84.0	66.1	—	69.698	—
2002	89.5	100.8	—	98.529	—
2003	100.0	100.0	100.0	100.0	100.0
2004	108.4	197.0	125.9	179.191	152.762
2005	123.3	229.4	145.0	208.074	176.634
2006	124.9	337.0	151.6	294.368	226.814
2007	139.2	270.8	177.1	244.348	208.450
2008	138.4	180.1	186.3	171.718	170.464
2009	94.3	148.5	114.7	137.606	124.172
2010	116.4	204.6	144.7	186.872	163.630
2011	133.8	205.6	153.7	191.168	171.363
2012	130.6	221.6	—	203.309	—
2013	120.2	1125.9	—	923.754	—
2014	117.2	1820.6	—	1478.217	—

资料来源：笔者根据 UNCTAD、《中国对外直接投资公报》《中国旅游业统计公报》俄联邦旅游局和俄联邦中央银行的数据整理得出，其中 1995~2014 年中俄贸易数据来自 UNCTAD。

从表 3-5 可见，无论是中俄区域经济融合度指数Ⅰ还是指数Ⅱ，都呈现出增长趋势，前者从 1995 年的 53.323 提高到 2014 年的 1478.217；后者从 2003 年的 100 增长到 2011 年的 171.363。但是，两个经济融合度指数都是波动性的增长。本书采用熵权法分别计算了 1995~2011 年和 1995~2014 年这两个时期的中俄经济融合度指数Ⅰ中贸易融合度和金融融合度的权重系数，它们分别是 0.381 与 0.619、0.201 和 0.799。这说明中俄两国金融融合水平的提升更多地带动和促进了中俄区域经济融合度指数Ⅰ大幅增长，尤其是 2012~2014 年金融关系的加入，使得金融权重由 0.619 提升到 0.799，才导致金融对经济融合度的贡献非常显著。这主要得益于两国政府投资合作协定的签订和中俄投资合作机制的不断完善，如修订《俄罗斯联邦外国投资法》、签署《中华人民共和国政府和俄罗斯联邦政府关于促进和相互保护投资协定》、制定中俄促进投资会议机制等，尤其是 2012～2014 年中俄一些重大投资项目的落实，都对中俄经济融合水平的提升发挥了重大作用。虽然从占两国国内生产总值（GDP）总量的比重来看，中俄双边贸易额远远高于中俄相互直接投资，但在促进中俄经济融合方面，相较于中俄双边贸易，两国相互直接投资无疑起到较大的推动作用。同样，中俄经济融合度指数Ⅱ在 2003～2011 年的变化趋势与中俄经济融合度指数Ⅰ在该期间的变化趋势相同，且每年前者数值低于后者数值，但近年来两者差距较以往明显缩小，呈现出逐渐趋近的趋势。这主要是由于在中俄经济融合度指数Ⅱ中加入了人际交往指标且该指标的带动效应日趋增强。另外，利用熵权法我们计算出 2003～2011 年中俄经济融合度指数Ⅱ中贸易融合度的权重系数为 0.273、金融融合度为 0.445 和人际交往指标为 0.282，这进一步说明人际交往指标的加入虽然某种程度上降低了中俄经济融合度，但从促进中俄经济融合的地位上来看，该指标的重要性日趋提高（见图 3-6）。未来中俄需要在产业投资和人际交往上提升合作力度，这必将进一步深化中俄经济融合水平。

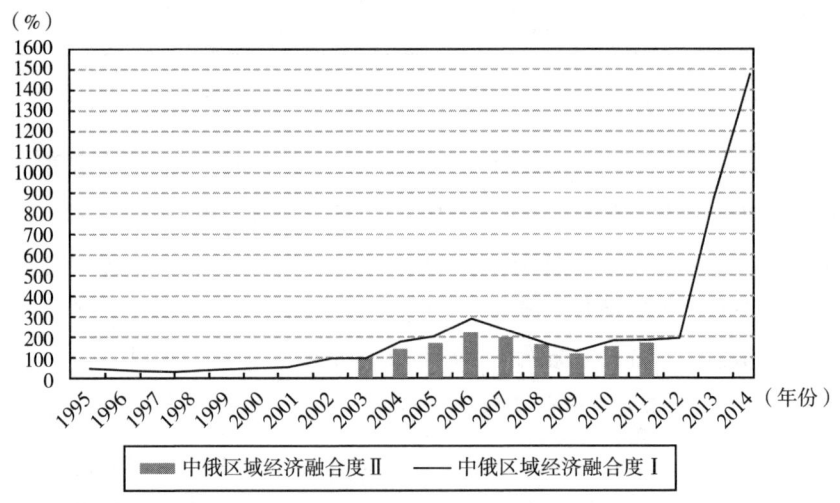

图 3-6　中俄区域经济融合度Ⅰ和Ⅱ比较

从中俄区域经济融合模型测算结果来看，在过去的 20 年，中俄区域融合水平总体上保持增长态势，主要得益于双边贸易、直接投资和人际交往等因素的综合带动效应。然而，这种以两国自然资源禀赋为基础的互补性合作，存在一定的内在缺陷，长期发展的稳定性不足且可持续性差，这从中俄区域经济融合指数Ⅰ和指数Ⅱ的波动变化可以看出。2009年中俄贸易水平下跌明显，甚至超过了中国外贸的整体跌幅，体现出中俄贸易存在不稳定性。现阶段，中俄相互投资所占比重仍然很小，直接投资规模不大，金融类投资占比微不足道，致使两国投资合作进展相对于贸易合作来说显得过于缓慢。这种状况持续下去必然会限制中俄区域经济融合水平的深化。"一带一路"倡议下，中俄区域经济融合将是更广阔范围的两国共同推进的跨国区域经济融合，中俄两国必须发挥带动和引领效应。为此，中俄两国要率先推进贸易和投资结构不断优化，要以经济互补性合作为基础，推动多维度、宽领域、高层次的战略性合作，从而为中俄区域经济融合提供持续的动力支持。战略性合作有利于驱动中俄两国经贸合作向更高水平迈进。事实上，近年来中俄贸易和投资合作动力正在不断加强，尤其是目前中国对外投资的意愿、能力、金融和政策支持都处在快速上升期，只要两国政府加强战略性合作，对投资行业和方向加以引导和扶持，必然有助于双方投资合作结构优化升级。中俄战略性合作以两国共同发展和互利共赢为重点，要求两国经贸合作不仅要关注近期利益，更要放眼长远和未来的动态利益。因此，中俄区域经济融合的进一步深化，仅靠推进管理制度改革和促进政策完善，还不足以解决两国合作的深层次问题，而需要从国家战略层面做出调整，需要中俄两国以更加开放包容、兼容并蓄的合作心态，制定科学的国际合作战略和策略，促进国家战略合作升级以实现中俄区域经济融合共赢。

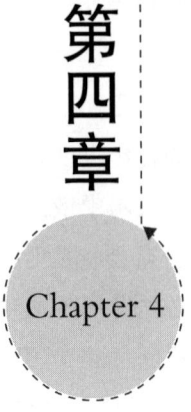

第四章

"一带一路"倡议下中俄区域经济合作发展趋势和目标

2013年9月7日,国家主席习近平在哈萨克斯坦纳扎尔巴耶夫大学发表题为《弘扬人民友谊 共创美好未来》的重要演讲,提出共建"丝绸之路经济带"倡议①。10月3日,习近平在印度尼西亚国会发表题为《携手建设中国—东盟命运共同体》的重要演讲,提出共同建设"21世纪海上丝绸之路"②。由此,"一带一路"成为新时期中国对外开放共谋发展的重要力量。"一带一路"倡议秉承开放、包容、均衡、普惠的基本原则,旨在促进沿线国家经济政策协调,推进不同国家和地区的市场深度融合,共同开展范围广、水平高且层次深的区域经济合作。在新的形势下,"一带一路"必将成为中国深化对俄罗斯合作的新引擎。

---

① 习近平在哈萨克斯坦纳扎尔巴耶夫大学的演讲 [EB/OL]. 新华社, 2013 - 09 - 08.
② 习近平在印度尼西亚国会的演讲 [EB/OL]. 新华社, 2013 - 10 - 03.

第一节 "一带一路"倡议下中俄区域经济合作发展趋势

一、跨国次区域经济合作是推进"一带一路"的核心力量

"一带一路"倡议具有跨区域的开放性特征，延伸和拓展的空间非常大，贯穿欧洲和亚洲大陆，连接东亚经济圈和欧洲经济圈，也可以扩展到更加广阔区域。中国和俄罗斯作为"一带一路"沿线的两个最大国家，两国的区域经济合作是推进"一带一路"倡议最为重要的力量。其一，中俄两国在"一带一路"沿线区域的引擎作用日益增强。俄罗斯作为横跨欧亚大陆的大国，其地缘优势在"一带一路"沿线区域发挥重要交通联通作用，更为重要的是，俄罗斯经济发展潜力及国际政治军事影响力在沿线区域不可忽视。例如，丝绸之路经济带的西线必经中亚地区，然而中亚地区是俄罗斯传统势力范围，俄罗斯对该地区拥有重大的政治经济影响力，从1991年主导组建"独联体"，到2001年成立"欧亚经济共同体"，2010年启动"俄白哈关税同盟"，2012年建立"统一经济空间"，再到2014年成立"欧亚经济联盟"，俄罗斯一直致力于重新整合苏联解体后空间并建成政治经济高度一体化组织。因此，中国的"一带一路"项目与独联体有关国家的发展战略对接，离不开俄罗斯的支持。中国经济高速增长不仅成为拉动全球经济发展重要力量，也成为推动地区经济合作的重要力量。目前，中国作为主要力量参与了亚太地区包括东盟"10+3""10+1""10+6""中国—东盟自由贸易区"等在内的重要合作机制。值得一提的是，2014年11月亚太经合组织（APEC）北京峰会正式启动"亚太自由贸易区"进程，2015年6月"中韩自由贸易协定"在韩国首尔正式签署。这不仅体现了东亚甚至整个亚太区域经济一体化的信心和决心，也标志着中国在亚太地区经济影响作用将进一步提升。其二，中俄两国加强区域经济合作，共同推进沿线交通经济带建设，是

顺利实施"一带一路"倡议的有力保障。一方面，中俄两国互为战略支持，共同推进与沿线国家经济合作符合两国战略利益。对于中国来说，俄罗斯是沿线区域最为重要的大国，是中国最为重要的全面战略协作伙伴，中国获得俄罗斯的战略支持，不仅可以有效避免西方国家对中国崛起的过度担忧，而且通过与俄罗斯的经济合作有助于推进"一带一路"倡议的实施；对于俄罗斯来说，获得中国的战略支持，两国共同推进与沿线国家区域经济合作可以强化其大国地位和国际影响力，可以加大其与西方国家对话的砝码，还可以借助中国资金、技术优势支持俄罗斯经济复兴，特别是东部地区大开发战略的实施。另一方面，中俄两国加强经济合作是维护"一带一路"沿线广大发展中国家政治经济利益的重要力量。中俄两国同为联合国安理会常任理事国，两国经济实力和政治影响力都在世界上具有举足轻重的地位，这意味着两国有能力在多边国际合作事务中担负起大国责任。

"一带一路"倡议的有效实施，需要中俄两国发挥核心作用，需要两国相互借重、互为支持，通过优先加强中俄罗斯区域经济合作，必将产生巨大的示范和带动效应，吸引和推进沿线国家和地区积极参与共建"一带一路"。跨国次区域合作往往不需要深层次的制度安排，不涉及相关国家主权让渡问题，参与主体和合作内容都比较广泛，因而在"一带一路"沿线国家和地区经济合作中更加容易推进。因此，跨国次区域经济合作应该成为中俄双边及多边经济合作的战略重点。通过加强中俄合作以推进中俄—东北亚、中俄蒙经济走廊、中俄—中亚等相关地区开展跨国次区域经济合作，应该成为"一带一路"沿线区域共同发展的重要突破口和集中点。

二、构建自由贸易区网络是中俄区域经济一体化建设方向

世界贸易组织（WTO）的多边贸易谈判机制一直是国际区域经济合作的重要手段。近年来，乌拉圭回合谈判结束，多哈回合谈判停滞不前，多边贸易谈判机制进展缓慢，而地区贸易安排日益为世界所关注。地区

贸易协定（RTAs）是两个及以上贸易伙伴通过相互协商谈判达成的互惠贸易协定，通常包括自由贸易协定、关税同盟及经济一体化协定。根据WTO数据显示，截至2015年12月1日，已经收到了619项关于地区贸易协定向GATT/WTO的通报，其中413个协定已经生效①。地区贸易安排已经成为新时期国际区域经济合作的新手段。中国积极推进与亚太国家开展自由贸易协定谈判，并提出加快"丝绸之路经济带"沿线地区自贸区建设战略；俄罗斯与独联体国家相继建立了俄白哈关税同盟及欧亚经济联盟。在对待地区贸易安排问题上两国的态度由平行而行向相向而行转变，这就是2015年中俄两国元首发表了丝绸之路经济带与欧亚经济联盟对接的联合声明。中国官方提出将启动与欧亚经济联盟经贸合作伙伴关系协定谈判，通过建立贸易便利化的制度安排，最终与欧亚经济联盟建立自贸区。俄罗斯则明确提出了欧亚经济联盟对所有邻国开放的发展战略，已有约40个国家表示希望与欧亚经济联盟建立自由贸易区。②③目前，中俄开始组织相关领域的学者联合研究有关自由贸易协定。因此，依托"一带一路"倡议，中俄共同推进和引领沿线国家开展和深化经济合作，积极主动与相关国家签订地区贸易协定。因此，加快推进构建高标准的自由贸易区网络只是时间问题。当然，中俄自由贸易区建设也可以先从边境自由贸易区的建设开始启动，如率先在牡丹江—海参崴边境地区试点实施，待条件成熟时逐步扩大到建设中国东北地区与俄罗斯远东地区更大范围的次区域自由贸易区，最终建设中国—俄罗斯或中俄中亚全域开放的自由贸易区网络。

三、中国东北地区与西北地区依然是实践中俄合作的主要区域

俄罗斯战略东移赋予"一带一路"更丰富的内涵，这使得中国东北

---

① 资料来源：WTO官网。
② 普京：欧亚经济联盟对邻国开放［N］. 经济参考报，2014－12－25.
③ 俄议长：约40国表示希望与欧亚经济联盟建立自贸区［EB/OL］. 俄罗斯卫星通讯社，2014－11－24.

地区和西北地区与俄罗斯西伯利亚及远东地区合作的战略价值凸显。俄罗斯战略东移受内在和外在两方面因素的联合推动。

从内在因素看：其一，俄罗斯战略"东移"是俄罗斯区域经济协调发展的迫切需要。长期以来，俄罗斯经济发展重心一直在欧洲部分，对东部地区经济开发明显不足。俄罗斯东部地区经济总体实力和发展速度都相对滞后于其他地区。以俄罗斯远东联邦区为例，2012 年全俄罗斯总产值为 45265.2 亿卢布，该地区总产值为 2520.8 亿卢布，占全俄罗斯比重仅为 5.57%；即使在 1998～2007 年该地区经济保持高度增长时期，其年均增长率为 27.65%，但是与全俄罗斯达到 32.4% 的平均增速相比，仍然存在差距。① 这显然不利于俄罗斯经济社会的可持续均衡发展。俄罗斯东部地区的产业结构并未明显改善，俄罗斯政府仍然重点发展能源和原材料产业，以能源出口带动经济增长。这种落后的经济增长方式阻碍了其东部地区产业结构调整升级，更使其难以融入全球产业价值链的高端。与此同时，由于经济和产业发展的滞后，东部地区的人口流失非常严重，一些居民主要是有劳动能力的成年人和大批专业技术人才纷纷迁至俄欧洲部分，致使该地区人口大幅萎缩。其二，俄罗斯战略"东移"是融入亚太区域经济一体化的必然选择。亚太地区是当今世界经济最有活力和最具动力的地区，正日渐成为世界政治经济中心。亚太地区集中了美国、日本、中国三大世界经济体，拥有 G20 的半数成员、全球 57% 的人口、占世界 60% 的工业产值和 40% 的投资额。近年来，亚太地区国家对俄罗斯经济的直接投资额翻了一番，达 90 亿美元。② 在此背景下，俄罗斯越来越清醒地认识到，积极参与亚太地区经济合作对其国家发展具有重要意义。此外，俄罗斯将融入亚太视为其经济现代化的重要支撑，这在一定程度上要求俄罗斯东部地区大开发与亚太区域经济一体化进程接轨。与俄罗斯毗邻的中国，就自然而然地成为其重要的合作伙伴。

从外在地缘因素看：受地缘因素的刚性影响，中国东北地区与西北

---

① 资料来源：俄罗斯远东海关统计数据。
② 普京：与亚太国家协作是俄罗斯战略性优先方向 [EB/OL]. 环球网，2014 – 11 – 11.

地区将是中俄区域经济合作的主要地区。中国东北地区与俄罗斯远东地区及东西伯利亚地区毗邻，中国西北地区的新疆与俄罗斯西西伯利亚南部地区毗连。中国东北三省及内蒙古东部地区与俄罗斯远东地区的经贸合作由来已久，近年来东北地区对俄罗斯贸易规模不断扩大，2000年东北地区对俄罗斯贸易总额仅为24.3亿美元，到2012年提高到272.1亿美元，占全国对俄罗斯贸易总额的30.86%。2020年，仅黑龙江省对俄罗斯货物贸易进出口总额就达到973.3亿元。[1] 中俄原油管道起自俄罗斯的泰舍特、斯科沃罗季诺，途经中国黑龙江和内蒙古的12个县市，止于大庆。中俄天然气管道的东线途经俄罗斯的伊尔库茨克、赤塔、布里亚特，进入黑龙江的黑河。足见中国东北地区参与中俄经济合作的重要程度。而在中国西北地区，新疆与俄罗斯西西伯利亚地区相邻。中俄天然气管道西线从俄罗斯的克拉斯诺雅尔斯克、戈尔诺—阿尔泰斯克，进入新疆的轮南，并将沿着丝绸之路的走向最终与中国西气东输管道相连接，该线路开通必将促进中国西北地区经济的快速发展。由此可见，无论是已建成的中俄原油管道，还是在建中的中俄天然气管道西线和东线，都是抵达中国东北地区和西北地区，这就是由地缘刚性[2]所决定的。这表明，中国东北与西北地区是实践中俄跨国次区域经济合作的桥头堡。因此，中俄区域经济合作近中期内的发展重点主要是"一带一路"框架下的跨国次区域经济合作，实际上就是将区域经济合作的范围确定在以中国东北三省、内蒙古东部地区及以新疆为重点包括陕西、甘肃、青海、宁夏在内的西北地区与俄罗斯、蒙古国、中亚等国家相关地区跨国次区域经济合作。

四、城市间联系的加强成为中俄区域经济合作的重要趋势

跨国区域经济合作在很大程度上是依托城市间合作展开的，城市合作是中俄区域经济合作的重要载体。因而，中俄相关区域内的城市联系，

---

[1] 资料来源于2000~2012年黑龙江、吉林、辽宁统计年鉴。
[2] 凌胜利. 地缘文明视角下的中俄关系 [J]. 西伯利亚研究, 2010 (3): 92-95.

尤其是中心城市间及边境城市间联系的不断加强，成为中俄合作的重要趋势。目前，中国东北地区的哈尔滨、长春、沈阳、大连、黑河、牡丹江、佳木斯、珲春、满洲里等城市与俄罗斯远东地区的符拉迪沃斯托克、哈巴罗夫斯克、乌苏里斯克、布拉戈维申斯克、后贝加尔斯克等城市及蒙古国东部主要城市，中国西北地区的乌鲁木齐、克拉玛依、石河子、库尔勒、哈密、西安、兰州、银川、西宁等与俄罗斯西西伯利亚地区的新西伯利亚、托木斯克、鄂木斯克、克麦罗沃、阿尔泰斯克、新库茨涅茨克等城市及中亚国家的阿拉木图等城市，这些城市之间双边关系融洽且多有贸易往来，是中俄联合推进的跨国次区域经贸、投资、社会文化等诸多领域合作重要平台。近年来，随着中俄战略协作伙伴关系深入及中俄与中亚、蒙古国之间双边关系取得重要进展，在相关国家和地方政府大力推动下，中俄合作推进的跨国次区域双边、多边经济联系将更加密切，跨境城市间对接将更加频繁。"一带一路"倡议下，中俄与沿线国家相邻地区的城市间合作必将成为中俄区域经济合作的重点和有力支撑。本书将重点以中国东北地区及俄罗斯远东地区的主要中心城市为依托，从双边城市全域开放的视角来研究中俄跨国次区域全面务实合作，通过整合跨境次区域资源，促进中俄区域经济进一步融合。

五、构建跨境交通经济带将拓展中俄区域经济合作新空间

跨境交通基础设施互联互通是"一带一路"沿线区域经济融合发展的基本条件。随着欧亚大陆经济联系日益紧密，加快完善跨境交通基础设施已成为各国的广泛共识。中俄加强交通基础设施建设，并与沿线国家共同构建跨境交通经济带，必将进一步加快沿线区域互联互通，构建互利共赢经济合作新局面，推进中俄区域经济合作向更广范围、更深层次拓展。其一，跨境交通经济带能够加速沿线区域资源、商品、人员、资金、技术等顺畅和迅捷流动，中俄区域经济合作将获得更多的生产要素和更加广阔的市场，贸易和投资合作的地域范围也将不仅局限于中俄区域经济合作，而是扩展到了整个沿线区域，尤其是在中俄蒙中亚区域形成了中

俄共同推进的跨国区域合作局面。其二，跨境交通经济带的发展将加速各国产业沿交通线大规模集聚和扩散，通过政府协调促进沿线区域产业政策和发展规划有效对接，合理整合区域产业并进行科学布局，促进经济带核心区域与腹地边界开展产业互动合作，提升跨境交通经济带的整体产业竞争力。其三，跨境交通经济带将推动城市群或经济圈沿交通线快速发展。

第二节 "一带一路"倡议下中俄区域经济合作发展目标

基于中俄区域经济合作的现实发展水平，将"一带一路"倡议下中俄区域经济合作的发展最终目标设定为实现中俄全面经济融合。"一带一路"倡议主要是通过与沿线国家地区合作打造共同发展区域，带动周边国家发展的同时扩大中国的经济发展空间，这符合中俄及沿线国家长远利益发展的需要。中俄地理位置相邻，两国拥有漫长的边境线，经济上相互依赖。近年来中俄不断扩大贸易和相互投资，在教育、文化、卫生、科技、旅游等众多领域交流合作并取得丰硕成果，正朝着构建全面经济融合方向努力。然而，实现中俄全面经济融合这一目标仍然存在一些制约因素。首先，中国倡导的"一带一路"引起了世界各国广泛响应，中外专家对"包容开放、和平发展、互利共赢"的合作理念普遍持肯定态度，但是俄罗斯国内仍有学者质疑丝绸之路经济带是中国在中亚经济利益的扩张。中俄两国要想深入开展区域经济合作，必须要在"一带一路"倡议下合理协调两国利益诉求，特别是要加强两国在中亚地区的合作，共同建立避免利益冲突的"安全带"。其次，中俄两国都是转型国家，市场经济体制均不完善，欠发达的市场和不平衡的经济发展会严重阻碍中俄经济融合的发展进程。最后，中俄两国的民族和社会文化差异导致两国间产生一定的距离，这必然会影响中俄两国区域经济合作的进一步加深。

为了有效推进"一带一路"倡议下中俄区域经济合作的发展，可以将中俄全面经济融合的目标分解为近中期目标和远期目标。

一、"一带一路"倡议下中俄区域经济合作的近中期目标

利用"一带一路"倡议创造的合作平台，积极开展中俄联合推进的双边、多边跨国次区域经济合作。重点加强沿线区域基础设施互联互通，促进贸易投资自由化和便利化；拓展沿线区域经济合作广度和深度，推进跨国次区域合作机制化安排；率先在条件成熟的次区域建立自由贸易区，逐步推广至整个沿线区域形成跨国次区域自由贸易区网络。从而实现中俄共同推进的跨国次区域经济融合，切实保障中俄区域经济合作可持续健康发展。

二、"一带一路"倡议下中俄区域经济合作的远期目标

中俄两国积极创造条件并充分发挥优势互补，促进货物、资本、服务、技术、劳动等生产要素跨境自由流动，逐步实现两国产业有效互动、城市与区域对接发展，逐步加强经济、贸易、投资、金融、旅游、产业、社会文化等全方位合作，最终实现中俄全面经济融合发展。

鉴于"一带一路"沿线区域各国经济发展结构和水平的显著差异，要全面均衡地推动中俄与沿线各国经济合作困难重重。因此，可以采取非均衡重点突破方式，优先开展中俄联合推进的中俄蒙中亚诸国范围的跨国次区域经济合作，把握"先易后难"的基本原则；优先选择中国东北地区与俄罗斯远东地区、中国西北地区与中亚俄罗斯相邻区域作为跨国次区域经济合作的突破口，吸引和推动"一带一路"沿线其他跨国次区域经济合作深入发展。这些双边、多边跨国次区域合作的发展定位与理念、合作模式与机制等基本一致，故一旦中俄跨国次区域经济融合取得成效，必将加快"一带一路"沿线其他跨国次区域经济融合进程，中俄区域经济合作也将随之朝着全面融合发展方向。因此，本书第五章所研究的"一带一路"倡议下中俄区域经济合作模式也将重点围绕中俄联合推进的跨国次区域经济合作开展。

第五章 "一带一路"倡议下中俄区域经济合作的主要模式

Chapter 5

对于中俄区域经济合作来说,在相当长的时期内主要还是以发展跨国次区域经济为主要努力方向。次区域作为区域地域范围的一个子集,次区域经济必然具备区域经济的属性,研究次区域经济合作模式问题可以运用区域经济合作的相关理论来解释分析。在第二章中,本书已提到了区域经济合作的相关理论,包括区域相互依赖理论、合作博弈理论、区域空间相互作用理论、区域空间组织理论、区域空间结构理论等。这些理论构成了研究跨国次区域经济合作模式的基本依据。区域相互依赖理论和合作博弈理论构成了跨国次区域经济合作的基础;区域空间相互作用理论、区域劳动分工理论构成了跨国次区域经济合作的动力;产业转移理论、产业集群理论促进了跨国次区域经济合作的深化;区域空间结构理论则为跨国次区域经济合作的空间布局提供了重要依据。

第一节 跨国次区域经济合作的经验分析及模式选择

在借鉴区域经济合作理论的基础上,有必要对国际上现有的跨国次区域经济合作实践进行经验分析,从而以理论与实践相结合的视角,深入剖析中俄跨国次区域经济合作的主要特点及模式选择。

一、跨国次区域经济合作模式的经验

(一)欧盟跨国次区域经济合作模式的实践及经验借鉴

欧盟自成立以来,一直以推进区域经济一体化为目标,通过加强各成员方之间的合作,建立统一的大欧洲。然而,各成员方之间存在明显的经济社会发展差距,极大地阻碍了欧盟经济一体化进程。为此,欧盟根据区域发展差距划分不同地区并给予相应的优惠发展政策,提供政策性扶持基金。这种做法对于"一带一路"倡议下中俄跨国区域经济融合来说值得借鉴。

欧盟在跨国区域整合方面也取得了很多有益的经验。例如,作为欧盟国家跨国合作成功范例之一的"奥胡斯区域合作",是由丹麦、瑞典两国跨境合作,且合作已取得重要成果,边境地区人流和物流大增,边境合作进一步紧密,共同引入和创建了很多企业,已成为斯堪的纳维亚国家引领全球竞争力和吸引外资的"领头羊"。其目标还在于建成欧洲最具功能性整合的跨境大都市区域,推进经济发展、社会福利和环境保护取得全面进步,形成核心区和边缘区互利均衡的多中心发展格局。"奥胡斯"跨国次区域合作模式的启示在于,以跨国区域共同利益为核心,以健全的制度安排为保障,建立国家之间、区域主体之间、地方政府之间的多层次区域合作组织体系,形成政府之间、市场之间和企业之间的多层次合作对话网络。再如，德国、法国、瑞士三国经济发达地区跨境的"上莱茵河地区合作"也是欧盟跨国次区域经济合作的成功典型。目前，其合作领域已经由最初的贸易和交通领域，扩大到边境区全方位经济合作，沿德国、法国、瑞士三国边境形成了巨大的城市聚集体，跨国次区域的城市间经济联系日益紧密。"上莱茵"跨国次区域合作模式的借鉴之处在于：打破了国家边界和行政区划，拥有健全的组织机构、协调机制和法律框架；地区之间形成了合理的专业化产业分工，产业内经济联系逐渐密切，加速了劳动力、资本、技术的跨边界流动，有力地吸引了大量企业集聚于此。

（二）北美跨国次区域经济合作模式的实践及经验借鉴

北美的跨国次区域合作主要包括美国分别与加拿大、墨西哥相邻地区开展的合作，即"美—加"和"美—墨"跨国边境区经济合作。这两种跨国边境区合作都获得了巨大成功，尤其是"美—墨"这种在发达国家与发展中国家之间展开的跨国次区域合作更具典型性。"美—墨"跨国边境区经济合作主要是墨西哥摒弃与美国历史芥蒂而建立良好的周边国家关系基础上开展的。主要依靠墨西哥本国设立边境自由贸易区，不断扩大对外开放与美国边境区加强经贸合作，促进边境区企业集聚，并建立跨国区域合作组织机构，如1992年为管理边界日常事务建立了边界联络委员会等超国家组织；1993年为解决边界地区环境问题签订了《美墨边界环境协定》并成立了边界环境合作委员会和北美开发银行等。[①]"美—墨"跨国次区域合作模式的启示在于美国拥有的资金和技术，以及墨西哥拥有劳动力优势，两国之间的经济互补性有利于促成跨国边境合作；在边境合作区内设立自由贸易区有利于促进跨国区域经济发展；超国家组织（如统一的跨国区域协调管理机构）的建立，有利于降低跨国区域经济政策协调成本，促进跨国次区域经济合作的深化。此外，20世纪90年代北美自由贸易区的成立，通过逐步消除各国之间关税和非关税壁垒，

---

① 马博. 中国沿边地区区域经济一体化研究 [D]. 北京：中央民族大学，2011：79.

极大地提升了美国、加拿大、墨西哥三国之间的经贸水平，特别是有力地推动了墨西哥经济开发开放，由边境地区扩展到整个地区，促进墨西哥整体经济实力的提高。这种成功的经验也对"一带一路"沿线的跨国边境区推进自由贸易区战略，扩大与沿线国家的双边及多边合作有重要的借鉴意义。

（三）东亚跨国次区域经济合作模式的实践及经验借鉴

东亚地区比较成功的跨国次区域经济合作主要有"新—柔—廖增长三角"、大湄公河次区域经济合作及大图们江区域合作，前者是由各国政府提出倡议后企业积极参与的；后两者是由国际组织倡议后各国政府积极参与的跨国次区域经济合作形式。"新—柔—廖增长三角"经济合作是由新加坡提出，得到马来西亚和印度尼西亚的赞同，三国政府于1994年12月17日正式签署《印度尼西亚—马来西亚—新加坡增长三角经济合作多边协议》所确定的，三国共同合作开发柔佛州、苏门答腊沿海的廖内群岛之间的地区，建立国际经济合作开发区。三国之间的合作以新加坡为主导，集中力量发展资本和技术密集型产业，印度尼西亚和马来西亚承接劳动密集型产业转移。在该国际经济合作开发区，新加坡吸引外资后在印度尼西亚和马来西亚建立工业发展区和自由贸易区，共同发展贸易、交通、通信、能源、制造业、旅游业等领域合作。此外，为推动"新—柔—廖增长三角"共同发展，三国政府间还建立相互协调机制并定期召开部长级会议。大湄公河次区域经济合作（GMS）是1992年由亚洲开发银行和湄公河沿岸六国（包括中国、老挝、缅甸、泰国、越南、柬埔寨）共同发起的，建立了大湄公河区域经济合作部长级会议并定期组织开会，以交通、能源、通信、贸易投资、旅游、环境保护、人力资源开发、禁毒等为主要合作领域。目前该区域交通运输走廊网络基本形成，但将其发展成为经济走廊并带动沿线区域经济整体联动发展，成为GMS各国政府共同面临的重点和难点。① 大图们江区域合作最早可以追溯到

---

① 刘稚. 大湄公河次区域经济走廊建设与中国的参与[J]. 当代亚太, 2009 (3): 58 – 65.

1991年联合国开发计划署（UNDP）正式提出"图们江地区开发项目"并成立了图们江地区开发项目管理委员会。1992年UNDP制订并公布了《图们江经济开发地区发展战略》，提出用20年时间投资300亿美元在图们江三角地区兴建一个多国经济技术开发区，这促使该地区迅速进入了竞争开放开发的态势。1995年《关于建立图们江地区开发协调委员会的协定》《关于建立图们江经济开发区及东北亚协调委员会的协定》《关于建立图们江经济开发区及东北亚环境准则谅解备忘录》的签署标志着图们江国际合作开发从研究论证阶段转入到实施阶段。2005年9月签署的《大图们江行动计划》标志着图们江合作转入实质操作阶段。2007年图们江区域发展计划首次将能源、通信、交通、经贸投资、旅游、生态作为合作重点方向。2009年提出的《"大图们江动议"2010—2012旅游实施计划》有力地推动了该区域旅游合作。目前，大图们江跨国次区域经济合作的机制化建设也取得重要进展，已经在UNDP框架下建立了包括图们江区域项目秘书处机制、中俄朝三国协调委员会机制、中俄朝蒙四国协调机制、中俄朝蒙韩五国协商委员会机制、中俄蒙韩日环日本海地方首脑会晤机制在内的多种机制。这促进了相关国家沟通、协调及合作关系更为紧密，为该跨国次区域经济合作深入发展奠定重要基础。[①] 总之，东亚地区跨国次区域经济合作取得了一定的进展。该地区合作模式得到了国际组织、地区组织及各国政府的高度重视，强化了相关区域之间的各领域合作，促进了东亚地区跨国区域经济的发展。但是，东亚地区跨国次区域经济合作也存在不足之处，如跨国次区域的市场制度亟待完善，各国各级政府之间及民间的制度与组织供给缺乏，作为合作重要主体的企业缺乏参与，这些都制约了东亚跨国次区域经济合作发展进程。

二、跨国次区域经济合作模式的选择

从跨国次区域经济合作的实践，可以归纳出跨国次区域经济合作的

---

① 张茁. 图们江区域开发的新机遇［N］. 吉林日报，2012-11-22.

主要特点，即跨国次区域合作是基于地理位置相邻近的国家或地区之间开展的合作。跨国次区域经济合作具有多层次协调性特征，合作主体包括国家、地区、地方各级政府及企业和国际组织、其他非政府机构等众多参与者。跨国次区域经济合作不同于正式的区域经济集团合作，具有松散灵活性和内容广泛性，可以采取制度性或非制度性方式整合，可以根据合作基础条件差异选择国际组织或政府推动合作。不同于传统区域经济集团所具有的排他性，跨国次区域经济合作在实践中实行开放的地区主义，不排斥来自非成员方和国内其他地区的参与，其合作不断深化所产生的辐射和扩散效应，带动区域外和国内其他地区经济发展，将跨国次区域合作所获得的经济收益外溢到国内区外的更大范围。①

同时，结合跨国次区域经济合作的实践，可以从合作空间布局、合作具体领域、合作主导力量、合作基础载体等方面总结出跨国次区域经济合作模式。第一，从合作的空间布局来看，跨国次区域经济合作模式可以分为轴带式和网络式合作模式。轴带式合作模式是指以重点城市作为经济增长极，以交通线为经济发展轴，促进产业布局集中于增长极和发展轴两侧，加速要素资源跨国跨区域流动和交换，逐渐成长为极具潜力的交通经济带，从而实现由点带轴、由轴带面的区域经济合作模式。网络式合作模式是轴带式合作发展的结果，随着增长极之间联系紧密而建立更多路径的联系通道，这些通道纵横交错形成交通网络，有利于进一步深化区域经济的辐射与扩散效应，由此形成跨国区域空间网络经济结构。第二，从合作的具体领域来看，跨国次区域经济合作模式可以分为贸易主导型、资源开发型、复合型产业合作模式。贸易主导型合作模式是一种较为低级的区域合作模式，主要是通过贸易方式实现产品互补，资本流动较少。资源开发型合作模式是基于合作各方资源要素的优势互补，共同开发利用跨国区域内的自然资源。复合型产业合作模式是依托区域比较优势和产业互动的有机结合，逐渐形成相互依赖、互利共赢的

---

① 赵永利，鲁晓东. 中国与周边国家的次区域经济合作 [J]. 国际经济合作，2004（1）：51-54.

跨国产业合作体系。第三，从合作的主导力量来看，跨国次区域经济合作模式可以分为政府主导型、市场主导型、政府与市场联合推动型合作模式。政府主导型合作模式是由相关国家政府倡议和主导下的国家或地区之间的跨国次区域合作，大多以政府为行为主体，注重政府力量对合作的推动。市场主导型合作模式是由市场机制力量推动和影响下的跨国次区域合作，大多以企业为行为主体，注重合作产生的实际效果。政府与市场联合推动型则是由政府和市场共同作用下形成的跨国次区域合作，能够充分结合政府主导型和市场主导型的优点，共同推动跨国区域经济合作。

第二节 "一带一路"倡议下中俄区域经济合作模式

"一带一路"倡议下中俄区域经济合作具有新的时代特征，其合作模式也被赋予了新的内涵，从合作的空间布局、合作的具体领域、合作的主导力量、合作的基础载体来看，中俄区域经济合作呈现出不同的模式。

一、多翼轴带式的区域经济合作模式

（一）多翼轴带式区域经济合作模式的基本构想

"一带一路"涉及"丝绸之路经济带"和"21世纪海上丝绸之路"沿线的六十多个国家，"一带一路"致力于构建全方位、多层次、复合型的国际运输网络，其中涉及中国和俄罗斯区域经济合作的重点线路可以分为四条：一是北向交通经济带，包括沿中国东北三省向俄罗斯远东地区延伸和沿中国内蒙古东部地区经蒙古国辐射至俄罗斯西伯利亚地区。二是西向交通经济带，沿中国江苏省连云港经陇海线、兰新线、北疆铁路通过阿拉山口进入哈萨克斯坦，连接俄罗斯西部地区。三是中部交通

经济带，通过渝新欧铁路物流大通道与俄罗斯连接，主要是中国长江中上游地区与俄罗斯伏尔加河沿岸地区的合作。四是中国东部沿海交通经济带，沿珠三角经济区、海峡西岸经济区、长三角经济区、环渤海经济区的港口经朝鲜、韩国相关港口向俄罗斯东南部、北部港口延伸。基于此，本书立足于中俄毗邻地区地缘优势及非毗邻地区经济互补性，依据中俄两国不同地区之间的经济吸引力和相关地区合作规划，提出"多翼轴带式"区域经济合作模式。这里"多翼"是指中俄区域经济合作涉及的四条重点线路，这些线路之间互为补充、互相支持、共同发展。这里"轴带"是指以交通运输通道为基础发展起来的经济密集带和发展轴，在这些轴带上分布着不同等级的节点城市，这些城市之间通过不断加强经济联系，推动不同国家和地区之间生产要素跨边界高密度流动，促进沿线区域的优势产业互动与合作。"多翼轴带式"是从合作空间布局角度提出的区域经济合作模式，其基本思路是：依托"一带一路"涉及中国相关地区的交通运输网络，由地区中心城市、边境口岸、各类产业园区共同带动辐射周边腹地，与此同时通过跨境交通运输大通道与俄罗斯相关地区直接或间接地实现对接，与相关中心城市及边境口岸积极展开经济联系与互动，进而辐射至俄罗斯内陆经济腹地，实现中俄相关区域经济联动发展。

（二）中俄跨国交通运输通道与交通经济带空间格局

交通基础设施能够有效地促进区域经济联系，这主要表现在交通基础设施的网络性促使各个地理空间有机地连成一体，随着交通基础设施网络逐渐形成及日益完善，必将加快资源生产要素在区域间的自由流动，加速相关区域经济的集聚与扩散。目前，中国与俄罗斯的交通运输网络为两国开展内外经贸活动提供了便利。经过改革开放40多年发展，中国的交通体系日益完善。铁路运输始终居于骨干地位，形成了"三横五纵"的铁路干线布局。沿海港口由于基础设施建设加快促进了集装箱运输及远洋运输的发展，内河航运由于对航道治理及技术装备水平不够重视等原因导致其发展较缓慢。航空运输在中国发展迅速，在国内的省会城市、沿海城市、重要经济城市及边远地区重点城市都已经开通了民航班线，国际航线在"一带一路"倡议提出后得到进一步完善。此外，中国管道运输业迅速发展，西气东输、川气东送、兰郑长成品油管道等工程相继展开，与俄罗斯中亚国家管道运输有不同程度的贯通。俄罗斯横跨欧亚大陆，交通四通八达。铁路运输是俄罗斯最主要的交通方式，其欧洲部分形成了以莫斯科为中心的放射状铁路网，其亚洲部分主要依靠传统的亚欧大陆桥连接东部地区主要城市，进而构成通向亚太国家的运输大动脉。俄罗斯的公路运输主要运送中短途的小批量货物，公路网主要集中在俄罗斯西部地区，广袤的东部地区则公路稀少。俄罗斯有着漫长的海岸线，沿岸分布着众多港口，主要承担外贸运输服务。俄罗斯河流较多，河运干线发展基础较好；航空运输网络发达，国内航线比较完善，能够连接各联邦州区的各级城市，有效解决了边远地区交通不便问题；拥有连通国内外的发达的管道运输。

1. 中俄交通运输大通道的连接情况

到目前为止，中俄两国之间已经形成了包括铁路、公路、水路、航空和管道等多种运输方式在内的交通运输大通道。这些通道的建立，不仅改善了中国通往中亚、俄罗斯、欧洲等国家和地区的交通运输状况，而且进一步促进了"一带一路"沿线交通经济带的快速发展。

（1）铁路通道连接情况。

从铁路通道发展来看，"一带一路"倡议下中俄铁路物流通道分为两条线：一条是中俄西部大通道，以新亚欧大陆桥为主体，东起中国江苏省连云港市，途经中国江苏、山东、河南、安徽、陕西、甘肃、山西、四川、宁夏、青海、新疆11个省（区），由阿拉山口出国境进入哈萨克斯坦；再分为北线、中线连接俄罗斯后，向西连通欧洲铁路网。2012年12月22日中哈霍尔果斯铁路口岸开通，该口岸通过哈萨克斯坦"霍尔果斯—阿勒腾科里"铁路连接中国的精伊霍和兰新铁路，意味着中国向西开放的国际铁路通道又添新军。另一条线是中俄东部大通道，依托东北"T"形铁路网及满洲里、绥芬河、珲春三大铁路口岸，经满洲里铁路口岸出境连接俄罗斯的后贝加尔斯克铁路口岸，经绥芬河铁路口岸出境连接俄罗斯的波格拉尼奇内铁路口岸，经珲春铁路口岸出境连接俄罗斯的马哈林诺铁路口岸，分别连通俄罗斯铁路网。随着中蒙俄经济走廊和黑龙江陆海丝绸之路经济带的提出，中国对俄罗斯经贸合作通道又进一步具体化，包括从北京津冀到内蒙古呼和浩特，再由蒙古国进入俄罗斯，通过建设巴新铁路（从阜新到锡林郭勒盟巴彦乌拉）连接辽宁西部与内蒙古东部后，再由蒙古国乔巴山进入俄罗斯，通过绥满铁路向西经过牡丹江、哈尔滨、齐齐哈尔到满洲里，再延伸至俄罗斯赤塔对接俄亚欧大陆桥、向东延伸至符拉迪沃斯托克对接海上丝绸之路以形成陆海联运大通道。目前，中俄两国已开通"津满欧""苏满欧""粤满欧""沈满欧"等"中俄欧"铁路国际货物班列，并基本实现常态化运营。由此可见，中俄东部铁路通道实际上涉及中国东北与华北两个毗邻地区。一方面基本沿老中东铁路将沈大经济带、长吉图先导区、哈大齐工业走廊等东北经济最活跃区域连接起来，经蒙东地区向俄罗斯开放；另一方面沿着北京—乌兰巴托—莫斯科国际联运线扩大京津冀城市群、环渤海经济圈向西北辐射开放。这不仅有利于促进东北亚地区资源要素的自由流动，推动东北亚地区开发开放进程，还有利于促进东北地区与京津冀地区协同发展，推动京津冀地区向东北地区进行部分产业转移，从而有效地带动东北地区经济再振兴和开发开放[①]。

（2）公路通道连接情况。

从公路通道发展来看，"一带一路"倡议下中俄公路物流通道也分为两条线：一条线是依靠中国新疆地区与中亚国家之间的公路通道间接开展对俄罗斯经贸活动。这是由于目前中国西部与俄罗斯之间仍然缺乏直接贸易口岸，我国新疆地区与俄罗斯经贸往来大部分都是通过哈萨克斯坦公路转运的，这严重影响了新疆地区对俄罗斯贸易巨大潜力的发挥。然而值得期待的是，随着环阿尔泰次区域经济合作不断推进，作为新疆地区对俄罗斯唯一陆路口岸喀纳斯口岸的建设开通也必将提上日程，新疆地区对俄罗斯贸易直通通道和间接通道都将得到快速发展。另一条线

---

① 中蒙俄经济走廊，开辟东北开放新通道 [EB/OL]. 21世纪经济报道，2015-03-26.

是依靠中国东北地区与俄罗斯东部地区间的公路运输通道开展对俄罗斯经济合作。截至目前，中国东北地区有 19 个与俄罗斯东部地区对应的公路口岸，从表 5-1 可知中国东北地区公路口岸与俄罗斯东部地区相应口岸分别所属的城市（区），中俄国际公路运输通道实质上也反映了跨境城市间经济联系。

表 5-1　中国东北地区与俄罗斯东部地区公路运输口岸

中国省区	所属市	公路口岸名称	口岸等级	对外开通使用时间	俄罗斯对应州区	所属区	俄罗斯对应口岸
黑龙江省	大兴安岭地区	漠河	一类口岸	1993 年	阿穆尔州	科沃罗季诺区	加林达
		呼玛	一类口岸	1994 年		施马诺夫斯克区	乌沙科沃
	黑河市	黑河	一类口岸	1982 年恢复		布拉戈维申斯克区	布拉戈维申斯
		孙吴	一类口岸	1994 年		康斯坦丁诺夫卡区	康斯坦丁诺夫卡
		逊克	一类口岸	1990 年		米哈伊洛夫区	波亚尔科沃
	伊春市	嘉荫	一类口岸	1989 年	犹太自治州	奥布卢奇子区	巴斯科沃
	鹤岗市	萝北	一类口岸	1993 年		十月区	阿穆尔泽特
	佳木斯市	同江	一类口岸	1986 年恢复		列宁斯阔耶区	下列宁斯科耶
		抚远	一类口岸	1993 年	哈巴罗夫斯克边疆区	哈巴罗夫斯克市	哈巴罗夫斯克
	双鸭山市	饶河	一类口岸	1993 年		比金区	波克罗夫卡
	鸡西市	密山	一类口岸	1992 年		兴凯区	图里罗格
		虎林	一类口岸	1988 年		列索扎沃茨克区	马尔科沃
	牡丹江市	绥芬河	一类口岸	1990 年	滨海边疆区	波格拉尼奇内区	波格拉尼奇内
		东宁	一类口岸	1990 年		波格拉尼奇内区	波尔塔夫卡
吉林省	珲春市	珲春	一类口岸	1993 年		克拉斯基诺区	克拉斯基诺
内蒙古自治区	满洲里市	满洲里	一类口岸	1989 年	赤塔州	后贝加尔斯克区	后贝加尔斯克
		二卡	二类口岸	未开通		后贝加尔斯克区	阿巴该图
	呼伦贝尔市（额尔古纳）	黑山头	一类口岸	1990 年		普里阿尔贡斯克区	旧粗鲁海图
		室韦	一类口岸	1991 年		涅尔琴斯科扎沃德区	奥洛契

（3）航空通道连接情况。

东北三省及西北新疆作为中国毗邻丝绸之路经济带主要沿线国家的省份，在发展航空物流通道的过程中取得了较大进展。从东北地区来看，哈尔滨、沈阳、大连、长春是对俄罗斯直飞的重要航空口岸，牡丹江、佳木斯、齐齐哈尔等其他航空口岸也有定期或不定期飞往俄罗斯的航线。目前，东北与俄罗斯的主要航线有：哈巴罗夫斯克—沈阳、哈巴罗夫斯克—哈尔滨、哈巴罗夫斯克—佳木斯、符拉迪沃斯托克—长春、符拉迪沃斯托克—哈尔滨、南萨哈林斯克—哈尔滨、伊尔库茨克—沈阳、大连—符拉迪沃斯托克/哈巴罗夫斯克/南萨哈林斯克/伊尔库茨克等。沈阳桃仙国际机场作为中国面向亚太地区的国家级枢纽机场，一直致力于打造东北亚区域航空枢纽。从西北地区来看，新疆的乌鲁木齐和喀什作为两大对外航空口岸，拥有36条国际航线，与包括中亚及俄罗斯等在内的丝绸之路经济带沿线国家之间通航。乌鲁木齐地窝堡国际机场作为中国面向中、西亚地区连接欧亚国家的门户枢纽机场，一直致力于打造中亚区域性航空枢纽。从表5-2可见，俄罗斯航空公司进驻中国东北及西北地区主要国际机场的情况，这也在一定程度上反映了中俄不同地区的相关城市之间的经济联系。

表5-2 俄罗斯航空公司进驻中国东北及西北地区主要国际机场情况

中国机场	航空公司名称	通航城市
哈尔滨太平国际机场	萨哈林航空	南萨哈林斯克
	海参崴航空	符拉迪沃斯托克
	乌拉尔航空	克拉斯诺亚尔斯克，新西伯利亚，车里雅宾斯克，叶卡捷琳堡，莫斯科
	雅库特航空	布拉戈维申斯克，雅库茨克
	伊尔航空	伊尔库茨克
沈阳桃仙国际机场	西伯利亚航空	伊尔库茨克
大连周水子国际机场	海参崴航空	符拉迪沃斯托克
	远东航空	哈巴罗夫斯克
	西伯利亚航空	赤塔，伊尔库茨克，阿巴坎
	雅库特航空	布拉戈维申斯克，雅库茨克
	萨哈林航空	南萨哈林斯克
乌鲁木齐地窝堡国际机场	西伯利亚航空	莫斯科

资料来源：笔者根据哈尔滨、沈阳、大连、乌鲁木齐国际机场网站整理。

(4) 水路通道连接情况。

水路运输主要由内河运输和海洋运输两部分构成。目前中国与俄罗斯之间的水路运输通道主要涉及中国东北地区的相关港口。从内河运输来看，积极发展中俄界河航运将极大地促进沿江地区经济发展和社会进步。中俄两国的界河主要是黑龙江、松花江、乌苏里江。到目前为止，中国东北地区与俄罗斯远东地区之间的界河运输通道有18条，覆盖了中国黑龙江和内蒙古东部地区及俄罗斯远东阿穆尔州、犹太自治州、哈巴罗夫斯克边疆区、赤塔州等地的城市（区）。这些主要通道包括：从大兴安岭地区的漠河到俄加林达再连通西伯利亚大铁路；从黑河市黑河港到布拉戈维申斯克，沿黑龙江下行抵达远东各港口直至日本海沿岸各国港口；从伊春市嘉荫港上行可达黑河、漠河，下行可抵同江、抚远，直至远东港口；从鹤岗市萝北港到阿穆尔泽特，沿黑龙江出海，实现江海联运；从佳木斯港上行可达哈尔滨，下行可达富锦、同江，进入黑龙江后可直达俄罗斯下列宁斯阔耶、哈巴罗夫斯克、共青城等开放港口；从哈尔滨港经松花江、黑龙江水道与俄罗斯哈巴罗夫斯克、共青城、尼古拉耶夫斯克和布拉戈维申斯克等城市港口相通。根据中俄两国协议，中国船舶可经俄罗斯阿穆尔河段由尼古拉耶夫斯克港出海，再通过鞑靼海峡进入日本海，开展国际江海联运业务①。从表5-3可以看到其他通道的具体情况。

表5-3　　中国东北地区与俄罗斯远东地区河运口岸及内河航线

市	河运口岸	俄罗斯对应州	区	俄罗斯对应口岸	内河航线概况
大兴安岭地区	漠河	阿穆尔州	科沃罗季诺区	加林达	两国对应口岸隔江相距1.5千米，加林达是连接西伯利亚大铁路和小贝阿干线的终点站
	呼玛	阿穆尔州	施马诺夫斯克区	乌沙科沃	两国对应口岸隔江相望，明水期船舶运输，冰封期汽车运输（目前尚未正式开通使用）

① 李海涛：推进对俄经贸科技合作战略升级［EB/OL］. 新华网，2006-02-16.

续表

市	河运口岸	俄罗斯对应州	区	俄罗斯对应口岸	内河航线概况
黑河市	黑河	阿穆尔州	布拉戈维申斯克区	布拉戈维申斯	两国对应口岸隔江相望，黑河港下行可达俄罗斯远东各港口，再抵日本海沿岸港口
黑河市	孙吴	阿穆尔州	康斯坦丁诺夫卡区	康斯坦丁诺夫卡	孙吴港上行可抵黑河、布拉戈维申斯克港，下行可抵逊克及波亚尔科沃港
黑河市	逊克	阿穆尔州	米哈伊洛夫区	波亚尔科沃	隔江相距13千米，波亚尔科沃港可连通西伯利亚铁路到俄罗斯各城市。逊克港为江海联运国际航运港口
伊春市	嘉荫	犹太自治州	奥布卢奇子区	巴斯科沃	两国对应口岸隔江相望，嘉荫港上行可达黑河、漠河，下行可抵同江、抚远
鹤岗市	萝北	犹太自治州	十月区	阿穆尔泽特	隔江相距1.5千米，明水期船舶运输，冰封期汽车运输。萝北港沿黑龙江出海，可开展国际江海联运
鹤岗市	绥滨	哈巴罗夫斯克边疆区	哈巴罗夫斯克	哈巴罗夫斯克	绥滨港上行可抵佳木斯、哈尔滨，下行经阿穆尔河，可抵太平洋沿岸港口，开展国际江海联运
佳木斯市	佳木斯港	—	—	—	佳木斯港下行经黑龙江，可达俄罗斯下列宁斯阔耶、共青城、哈巴罗夫斯克等港口，可开展国际江海联运
佳木斯市	同江港	犹太自治州	列宁斯阔耶区	下列宁斯阔耶	同江港上行可达东北其他内河港，下行可达太平洋沿岸港口
佳木斯市	抚远港	哈巴罗夫斯克边疆区	哈巴罗夫斯克市	哈巴罗夫斯克	由抚远港出境后，沿阿穆尔河经哈巴罗夫斯克、共青城、马戈港，抵达日本海沿岸港口
佳木斯市	富锦港	哈巴罗夫斯克边疆区	哈巴罗夫斯克市	哈巴罗夫斯克	富锦港上行可达松花江沿岸，下行可达下列宁斯阔耶、哈巴罗夫斯克、共青城，再抵太平洋沿岸港口
佳木斯市	桦川港	哈巴罗夫斯克边疆区	哈巴罗夫斯克市	哈巴罗夫斯克	桦川港上行可到佳木斯港、哈尔滨港，下行可至绥滨、富锦、同江、抚远港
双鸭山市	饶河港		比金区	波克罗夫卡	两国对应口岸隔江相望，明水期船舶运输，冰封期汽车运输

续表

市	河运口岸	俄罗斯对应州	区	俄罗斯对应口岸	内河航线概况
哈尔滨市	哈尔滨港	—	—	哈巴罗夫斯克	哈尔滨港可与哈巴罗夫斯克、共青城、尼古拉耶夫斯克和布拉戈维申斯克等港口相通开展国际江海联运

资料来源：笔者根据相关政府网站资料整理。

从海洋运输来看：第一条是中国华北及东北主要港口（大连、天津、锦州等）与俄罗斯远东各港口的运输路线，该线路可与北极航线连通，或可到达日本和韩国及美国西海岸。已经开通的大连港到俄罗斯远东符拉迪沃斯托克港和东方港的集装箱班轮直航航线，搭建了一条通往俄罗斯远东及北冰洋地区新的海上通道。第二条是北极航线，一旦开通，该航线将成为连接东亚、北美和西欧新的海上通道，大大缩短欧亚大陆间的航程。未来中俄两国合作开通的北极航线，如"漠河—贾林达—斯科沃罗季诺—滕达—涅柳恩格里—雅库茨克—勒拿河—北方海运—俄罗斯北部和西欧港口"联运航线[①]，或中国东北地区途经萨哈林岛、绕过堪察加半岛、穿越白令海峡、沿俄罗斯北部，经北冰洋抵达欧洲国家的新北冰洋航线，这些线路都将形成新的国际运输走廊，对中俄两国经济意义重大。第三条是中国东部沿海的上海、宁波、温州、广州等重要港口与俄罗斯远东主要港口的连通线路，能够推进中国东南地区与俄罗斯的经贸联系。

（5）管道通道连接情况。

管道运输作为一种特殊的物流通道，在"一带一路"建设中具有重要地位。目前，中国与"一带一路"沿线国家已经连通中俄原油管道、中哈原油管道和中国—中亚天然气管道、中缅天然气管道。这些能源运输管道的连通，不仅为中国进一步加强与"一带一路"沿线国家经济合作奠定基础，还为沿线物流发展提供了良好的运输通道环境。

---

① 杨洪涛.俄罗斯远东海港研究［D］.哈尔滨：黑龙江大学，2013：36.

总之，交通经济带建设的基础在于跨国交通基础设施的互联互通。只有继续改善中俄及相关区域的铁路与公路交通条件，不断提高航空、电信和能源管道等基础设施水平，才能形成高效、便利的陆海空并举的互联互通网络。

2. 重点打造中俄跨境四大交通经济带

"一带一路"倡议下的中俄区域经济合作，不是单纯的两个国家之间的双边合作，而是借助于中俄合作的牵引，引领沿线国家之间开展双边和多边合作，进而实现整个亚太与欧洲区域的经济共同繁荣与发展。"一带一路"涉及中俄区域合作沿线中国、俄罗斯、蒙古国、中亚地区的重要节点城市，这些城市大都是沿线国家的首都或省区首府及重要的中心城市或港口城市，具有自我发展能力强和辐射带动能力大的特点。因此，中俄多翼轴带式区域经济合作模式是以打造跨区域的交通经济带为主要内容的合作，并依托交通经济带进行产业空间布局。

（1）北向交通经济带主要是陆路交通经济带。

该交通经济带由沿中国东北地区、内蒙古东部地区及俄罗斯东部地区铁路或公路干线辐射范围内的区域构成。北向交通经济带的建设，不仅要发挥内蒙古连通俄罗斯、蒙古国的区位优势，还要完善黑龙江对俄罗斯铁路运输通道和区域铁路网，同时构建北京—莫斯科欧亚高速运输走廊，推进中国向北开放[①]。作为"一带一路"建设的重要组成部分，北向交通经济带的发展重点是以中蒙俄经济走廊建设为抓手，实现丝绸之路经济带与俄罗斯跨欧亚发展带及蒙古国草原丝绸之路的对接，进而推动中国东北振兴与俄罗斯远东开发及蒙古国矿业兴国战略的对接。中蒙俄经济走廊是由习近平主席于 2014 年 9 月在上海合作组织杜尚别峰会期间提出的，具有重要的政治和经济战略内涵价值[②]。中蒙俄经济走廊有利于促进贸易升级，实现三国经济共赢；有利于俄罗斯获得中国资金和技术推动经济结构转型升级、发展过境运输、开拓亚太能源市场；有利于

---

① 推进共建丝绸之路经济带和 21 世纪海上丝绸之路的愿景和行动［N］. 人民日报，2015－03－29.

② 李勇慧. 中俄蒙经济走廊的战略内涵和推进思路［J］. 东北亚学刊，2015（4）：10－13.

蒙古国打通跨国陆海通道、扩大和便利矿产资源出口；有利于中国调整国内经济结构、化解富裕产能、保障能源安全；还有利于强化亚洲与欧洲市场的共生关系，促进欧亚经济一体化发展。中蒙俄经济走廊建设的根本在于交通通道的互联互通，发展重点包括三条跨国通道。一是，京津冀—张家口—乌兰察布—二连浩特—蒙古国乌兰巴托—蒙古国苏赫巴托尔—俄罗斯乌兰乌德—西伯利亚大铁路—欧洲；二是，大连—沈阳—长春—哈尔滨—大庆—齐齐哈尔—满洲里—俄罗斯赤塔—西伯利亚大铁路—欧洲；三是，蒙古国乌兰巴托—乔巴山—霍特—中国阿尔山—白城—长春—珲春—俄罗斯扎鲁比诺港。这三条大通道的贯通所产生的经济和贸易效应，必将吸引日本和韩国乃至美国的参与，这无疑将进一步深化东北亚地区经济合作①。为此，三国政府要加紧制定发展和深化合作的"路线图"，以及中蒙俄经济走廊建设纲要，推进三国战略对接的务实合作。尽管中蒙俄经济走廊已成为三国领导人的战略共识，三国之间双边和多边合作关系取得良好进展，但三国依然面临着经济走廊建设的诸多风险。这就需要增强中蒙俄三国之间的政治互信，推动民众之间的往来和了解，让民众认识到中蒙俄经济走廊将极大提高其生活水平和质量。同时，针对俄罗斯的投资政策频繁变动、蒙古国政党轮替引发政策更替的现象，三国要在中蒙俄经济走廊框架下共同加强各国内部政治经济政策的稳定性以保护投资者的利益②。总之，中蒙俄经济走廊的建设要依托三国在人文、贸易、基础设施、能源资源合作开发等领域取得重要成果而继续稳步推进。

（2）西向交通经济带是陆路交通经济带。

该交通经济带由沿中国陇海—兰新—北疆—哈萨克斯坦—俄罗斯西西伯利亚地区铁路干线所辐射区域构成。西向交通经济带是新欧亚大陆桥经济带，相比通过大连—满洲里—蒙古国—俄罗斯铁路通道发往欧洲

---

① 李新. 中俄蒙经济走廊助推东北亚区域经济合作［J］. 俄罗斯东欧中亚研究，2015（4）：25–33.

② 于洪洋，欧德卡，巴殿君. 试论"中蒙俄经济走廊"的基础与障碍［J］. 东北亚论坛，2015（1）：96–106.

的线路（目前因为货物不多，实际推动还是有难度，但具有象征意义）和往北走北冰洋海运到达欧洲的海运通道（目前推动有难度）来说，从连云港—西安—阿拉山—欧洲运货仍有优势，上海、南京的货物等都可以通过欧亚大陆桥的桥头堡连云港运往欧洲。同时，这条经济带也是中国丝绸之路经济带和欧亚经济联盟建设对接合作的核心地带。这实质上就是要促使中俄关系在地区合作层面进一步延伸，共同推进中俄中亚地区合作。只要中俄两国共同合作，就能使丝绸之路经济带与欧亚经济联盟建设找到契合点，中亚国家也自然能从两大战略对接中获得更多利益，从而实现共同发展。事实上，中俄两国一直非常重视两大战略的对接合作，2014年5月两国签署的《中俄关于全面战略协作伙伴关系新阶段的联合声明》就提出双方要寻求丝绸之路经济带与欧亚经济联盟之间合作的可行契合点，2015年5月两国又签署了《关于丝绸之路经济带建设和欧亚经济联盟建设对接合作的联合声明》进一步明确了对接合作的优先领域。具体而言，在丝绸之路经济带与欧亚经济联盟优先对接合作领域，基础设施互联互通对接合作将成为促进区域经济发展的先导；经贸对接合作促进中俄与中亚国家贸易水平的极大提升；产能对接合作有利于解决中国产能过剩问题并通过改善基础设施来助力中亚国家经济发展；能源对接合作作为基石，不仅有利于保障中国能源安全，还有利于发挥俄罗斯及中亚国家能源禀赋优势，维护其能源战略利益，实现能源出口多元化战略①；农业对接合作尤其是农业产业化开发、有机农业等领域合作，将极大地保障区域农产品和粮食安全，并通过国际分工与合作实现农业现代化。

（3）中部交通经济带主要是陆路交通经济带为重点兼及航空联系。

这条交通经济带由沿渝新欧、汉新欧、义新欧等铁路联运及其相关区域的航空联系大通道所辐射区域构成。中部交通经济带的发展重点是加强长江流域地区与俄罗斯伏尔加河沿岸联邦区合作，由此促进中俄主

---

① 吴大辉，祝辉. 丝路经济带与欧亚经济联盟的对接：以能源共同体的构建为基石［J］. 当代世界，2015（6）：25.

导的包括中亚国家在内的地区合作。中国长江流域地区包括重庆、四川、安徽、江西、湖北、湖南、江苏、浙江、上海9省份；伏尔加河沿岸联邦区包括奥伦堡州、奔萨州、基洛夫州、下诺夫哥罗德州、萨马拉州、萨拉托夫州、乌里扬诺夫州、彼尔姆边疆区、摩尔多瓦共和国、鞑靼斯坦共和国、乌德穆尔特共和国、楚瓦什共和国、马里埃尔共和国、巴什科尔托斯坦共和国等14个联邦主体①，两地区在地理位置上拥有相似的区位优势，在工业发展和技术水平上都实力雄厚，装备制造业优势明显，同为农业生产基地。除此之外，两地区还有很强的经济互补性，在资源、市场、资金、技术等方面拥有各自的优势。因此，长江流域地区与俄罗斯伏尔加河沿岸联邦区域合作（以下简称"两河流域合作"）是中俄两国地区合作的一种强强联合，主要开展两国技术密集型产业和商贸物流之间的合作，具有广阔的发展前景和深远的战略意义。事实上，中俄两国政府一直致力于推动地区合作，两国非毗邻地区也开展广泛的合作。2013年5月中俄两国在武汉启动了"长江—伏尔加河"地区合作，这开创了两国非毗邻地区合作新模式，促进了两国地方合作全方位发展。2014年6月长江中上游地区和伏尔加河沿岸联邦区领导人座谈会在俄罗斯萨马拉市举行，双方就继续扩大和深化两地区合作达成重要共识并签署多项合作协议，这标志着中俄两河流域合作进入实质性合作阶段②。在目前阶段，深化中俄两河流域合作，需要加强以下两方面建设：第一，不断完善中俄两河流域合作机制化建设，以地方领导人定期会晤机制的建立为基础，加快地区合作协调推动机制的建立，这样在条件成熟时可以共同拟定类似中国东北地区与俄罗斯远东地区的合作规划纲要，推动两河流域合作提升成为中俄国家战略。当前，要为两河流域建立高效畅通的物流体系，保障其经济、贸易、文化等各领域合作交流的便利。除了加强铁路联运协调机制建设，还要加快两河流域地区之间空中走廊的

---

① 唐纲. 中俄两河流域合作会议在渝举行，共同协商制定两地区投资项目清单和人文领域合作路线图［J］. 重庆与世界，2014（2）：6-7.
② 唐纲. 中俄两河流域领导人座谈会在俄罗斯举行，刘强率团出席提出10大合作倡议［J］. 重庆与世界，2014（8）：12-15.

建设，进一步便利双方的经贸往来。目前，上海、南京、杭州、武汉都与莫斯科开通直飞航线，中俄双方也正在研究建立包括喀山在内的伏尔加河沿岸区与重庆和武汉等重要城市之间的其他直飞航班，这必将促进长江流域地区与俄罗斯伏尔加河沿岸地区经济联系更为紧密。第二，在与伏尔加河沿岸的具体合作中，长江流域地区各省份要尽量结合本地区的实际和特色，实现与外部资源的协同发展。湖北重点开展文化产业、教育产业及基础设施建设合作，如湖北茶叶龙头企业将与彼尔姆市合作建立"湖北茶文化中心"，形成展示、贸易、分装生产的一体化经营，继而扩大投资建立茶叶销售网络。湖南重点加强人文领域合作，如湖南知名高等院校将积极开展对俄高等教育学术交流研讨会和交流。安徽重点在加工制造、旅游、农业等产业与伏尔加河沿岸联邦区加强合作，如安徽海螺集团拟在马里埃尔共和国、乌里扬诺夫斯克州、乌德穆尔特共和国投资建设水泥厂、垃圾处理厂。江西重点加强先进制造业合作创新驱动发展，如江西铜业意在矿产资源综合利用、有色金属深加工等方面与俄方加强合作①。四川重点围绕机电、汽车及零部件、航空、钒钛属、复合材料、农产品加工等领域开展合作。重庆在人文、商贸、制造业方面加强合作，并将在两江新区开展系列合作，包括在两江新区合作直升机制造，并以此为基础打造中俄合作示范工业园，逐步建立包括发动机、桨叶等关键系统在内的全套生产体系，吸引中俄科研机构和高技术企业进驻，围绕新材料加工、电子信息、生物医药、纳米技术等加强合作②。浙江、江苏、上海重点围绕商贸、企业相互投资、人文、制造业方面深入合作。

（4）东部沿海交通经济带。

该交通经济带以中国东部沿岸航线及线路延伸至俄罗斯远东东部及北部沿岸航线及线路为经济带发展轴，以沿线港口及港口城市为经济带内的主要经济增长点，通过便利、廉价的海上运输实现跨国交通经济带的社会文化及政治经济等方面交往，通过港口后方及运输线路实现与中

---

① 瞄准伏尔加河流域商机 [N]. 重庆日报, 2014-02-26.
② 蔡春丽, 刘汪洋. 长江"牵手"伏尔加河 [J]. 今日重庆, 2014 (3): 50-55.

国东部及俄罗斯远东地区广大腹地的双向联系。东部沿海交通经济带的发展重点是对接21世纪海上丝绸之路，畅通中俄跨国陆港通道。党的十八届三中全会通过的《中共中央关于全面深化改革若干重大问题的决定》明确提出"推进丝绸之路经济带、海上丝绸之路建设，形成全方位开放新格局"，海上丝绸之路建设上升为国家对外开放合作战略[1][2]。然而，作为中国陆海紧邻的东北亚地区，古代就与中国有着频繁的海上贸易往来，所形成的古代东北亚地区海上交通网成为开拓21世纪面向东北亚的海上丝绸之路的良好历史基础。因此，在"21世纪海上丝绸之路"的倡导下，中俄之间可以通过共同开辟海上航线，为双方经贸合作提供良好的新通道。中国的商品经由东部沿海港口沿着太平洋北上运至俄罗斯远东海港后，一方面可以选择由西伯利亚大铁路运至俄罗斯内陆或欧洲国家；另一方面可以通过北方航线经过俄罗斯北部港口继续海运至欧洲各国。对于中国来说，尽管2015年国家公布《推动共建丝绸之路经济带和21世纪海上丝绸之路的愿景与行动》明确了15个沿海城市定位，但鉴于新亚欧大陆桥东桥头堡连云港和东北出海口大连港的战略地位的重要性，当前要积极重点推进该行动。目前，作为中国东部沿海与俄罗斯远东地区跨国沿海通道，北冰洋航线的未来竞争优势非常显著，但要实现通道安全畅通还需要中俄两国共同努力。围绕现代化导航设备的安装、破冰船舰队的更新、综合安全系统和岸上地面站的建设加强合作。随着中俄之间海洋领域合作开发项目的增多，创建相关金融机构以提供强有力的资金支撑显得非常必要。鉴于此，中国应该积极创建海洋合作开发银行，提供开发海洋经济的金融政策优惠，发展海洋经济开发资本市场，完善海洋经济开发的金融组织体系，严格履行国际金融秩序下金融规章制度，为中俄合作的东北航道基础设施建设提供资金支持[3]。除此而外，还要加

---

[1] 加强中国—东盟合作建设"21世纪海上丝绸之路"［EB/OL］. 中国社会科学网，2014–10–31.
[2] 十八届三中全会关于若干改革问题的决定（全文）［N］. 北京周报，2013–11–19.
[3] 李靖宇，张晨瑶. 中俄两国合作开拓21世纪东北方向海上丝绸之路的战略构想［J］. 东北亚论坛，2015（3）：82.

强中国东北地区与俄罗斯远东地区的跨境陆、江、海之间的联运通道及经济带建设。例如，针对从牡丹江—绥芬河—俄罗斯符拉迪沃斯托克港的中俄跨国铁海联运通道，加大推广"中—俄—中（或者外国）"的双向跨境运输模式。目前，中国已有企业开展"中—俄—中"运输业务，即从中国东北地区将国内货物运至俄罗斯符拉迪沃斯托克港再运至东南沿海地区（反向亦可）。未来要重点发展"中—俄—外"双向跨境运输，即将中国东北地区的货物运至俄罗斯符拉迪沃斯托克港再运至东北亚其他国家或美洲国家（反向亦可），这必将成为通往世界其他国家的重要跨境运输通道之一。

3. 交通经济带建设的优势产业空间布局

"一带一路"倡议下，要实现中俄合作的交通经济带快速崛起与可持续发展，就必须对沿线所涉及的区域、国家和重要节点城市进行科学化、合理化的产业空间布局。遵循产业布局的理论和原则，立足于各自比较优势并形成合理的梯度分工与协作，实现各国资源禀赋的有效整合，处理好交通经济带整体利益与局部利益之间的关系，处理好优势产业优先与经济带产业之间的协调发展，从而促进中俄经济合作战略升级及沿线国家经济大开发与大开放。

产业空间布局要以交通经济带沿线城市集中协调发展为基础，促使节点城市根据优势产业分工与协作形成城市群或城市带，依托优势产业集群来支撑城市群或城市带的可持续发展，从而打破以往交通经济带沿线地区仅作为贸易通道而存在的现状，带动经济带沿线城市产业发展，实现交通经济带的规模经济效应和辐射效应。目前，"一带一路"涉及与中俄合作相关的沿途各国在进行产业空间布局时，往往以自身资源优势和产业优势为基础，很少从交通经济带全局视角来思考，未能有效实现区域可持续发展。如中亚国家、蒙古国、俄罗斯东部地区大多以油气、采矿、有色金属、装备制造等为主导产业，中国西部地区也依靠自身资源优势以发展石油化工、采矿冶金、机械制造等为主导产业，但是这种资源型开发模式并未给相关国家和地区带来丰厚的社会经济效益，甚至拉大了与发达国家或地区之间的经济发展差距。在"一带一路"倡议支持下，以中俄合作为主要推动力，在继续发挥原有产业优势的基础上，站在全局高度参与沿线各国区域产业空间布局，形成以资源能源的输出和深加工为基础，以高新技术提升装备和机械制造业科技含量为主导，以金融、贸易、旅游、科教等为未来优先发展方向的产业布局模式，能有效解决产业空间布局不当引发的产能过剩和生产效率低下等问题。

可以将"一带一路"涉及中俄合作的沿线重要节点城市根据优势产业整合为城市群或城市带：一是打造以中国东北地区、蒙古国、俄罗斯远东地区及东西伯利亚地区重要节点城市为核心的矿产加工与交易、能源化工、机械制造、交通运输、仓储物流、金融服务、旅游等为一体的产业链和产业集群，形成中俄合作北线的城市带。二是打造以中国西北地区、中亚国家和俄罗斯西部地区重要节点城市为核心的能源加工、交通运输、仓储物流、金融服务、特色旅游等为一体的产业链，形成中俄、中亚合作西线的城市带。三是打造中国长江中上游地区、俄罗斯伏尔加河沿岸地区的重要节点城市以能源化工、矿产加工、现代农业及食品加工、机械制造业等为核心的产业链或产业集群，形成中俄合作中线的城市带。四是打造以中国东部沿海及俄罗斯远东港口城市为核心的商贸物流、信息文化、交通运输、金融服务、船舶制造、汽车制造、成套设备制造及临港产业等为一体的产业链，形成中俄合作东线的城市群。利用川渝经济区的节点城市将西线城市带和中国东南沿海城市带连接起来；利用新疆—河西走廊等节点城市贯通中俄合作的中线城市带。此外，边境城市经济带建设对中俄依然最为现实和紧迫，当前要研究依托边境口岸建立边境自由贸易园区、进出口加工产业园区、国际综合物流园区等各类产业园区。例如，积极推动"哈牡绥东—乌苏里斯克—海参崴"跨境国际合作产业带的形成，以推进境内外资源优势互补和产业有效互动。不仅有助于中俄双方加快口岸城市的功能提升和加强口岸与腹地之间的衔接联系，而且对于实现跨国区域的共同协调发展意义重大。同样，中俄蒙边境的满洲里和二连浩特是中国环渤海港口通往俄罗斯和欧洲最便捷、最重要的陆海联运大通道，要充分发挥其作为战略支点的产业集聚效应，促进中蒙俄经济走廊建设。总之，通过这些城市带或城市群促使更多国家、区域、城市参与中俄区域经济合作，有助于实现交通经济带产业间的优势互补与协调发展，有助于实现"一带一路"沿线各国的城市共同发展。在这一过程中，通过重点发展中俄合作以争取俄罗斯主导的欧亚经济联盟的强有力支持，这不仅能够解决发展面临的资源短缺与市场限制问题，获取沿线国家的丰富能源及原材料和广阔的海外市场，还能吸引外资发展高新技术产业及转移产能已严重过剩的部分产业，从而加快我国产业转型升级进程。俄罗斯通过对接"一带一路"合作，可以加快推进其东部大开发和交通基础设施建设，打通新西伯利亚和远东的能源资源进入东南亚市场的便捷通道。中亚国家及蒙古国重点寻求能源合作，特别是加强与中国合作以获取相对资金和技术优势，并以此为突破来完善各自国家的产业体系。最终形成中俄牵引下的资源、市场、要素互补的跨境合作大通道及交通经济带产业梯度格局。

二、主辅式复合型的国际产业合作模式

（一）主辅式复合型国际产业合作模式内涵

产业合作是中俄区域经济合作的重要内容和最佳切入点。在经济全球化日益深化和全球分工体系不断细化的今天，跨国区域经济合作对各国经济发展的促进作用日益增强。各国相关区域有效地参与国际劳动分工合作，基于各自比较优势合理地进行区域产业定位，通过产业梯度转移和产业辐射扩散等方式，必将促进区域产业重组与优化整合，最终达到区域产业协同发展。在"一带一路"倡议下，中俄主导的跨国区域产业合作是以提升地区共同经济利益为目标，需要充分发挥比较优势，构建高效跨国区域产业链，推动相关区域之间产业互动以实现产业结构优化升级和经济快速增长。尤其是在具体的推进过程中，不应该局限于获取能源资源和转移过剩产能，而是要通过共同的技术进步与创新来推动跨国区域产业协同转型与发展。本书提出的主辅式复合型国际产业合作模式是从中俄跨国区域经济合作的战略需求出发，目的是为厘清相关区

域诸多产业合作领域的主次关系，以期更有效地开展跨国区域之间的务实合作，如图 5-1 所示。

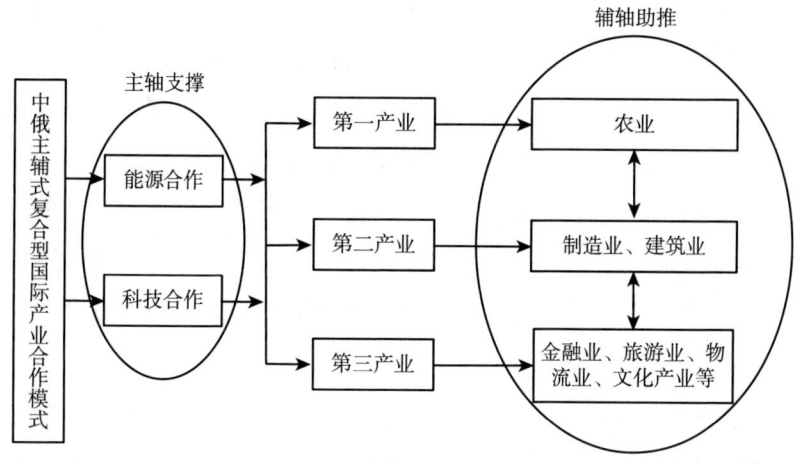

图 5-1 中俄区域合作的主辅式复合型国际产业合作模式

该模式选择能源和科技两大行业合作为主轴，支撑整个中俄区域产业合作，并以此为核心向三大产业辐射扩散，根据辐射带动效应和产业关联度，在三大产业中选择重点推动行业，包括农业、制造业、建筑业、金融业、旅游业、交通物流业、文化产业等，以这些重点辐射行业为辅轴，助推中俄区域经济合作。该模式基于中俄相关区域的比较优势产业，以区域产业互补性为合作基点，以区域产业互动为合作重点，通过贸易、投资、资本流动、技术转让等活动，促使各重点辐射行业之间的横向关联，形成覆盖货物贸易、服务贸易、技术贸易的宽领域、高层次的合作网络。该模式需要说明的是：第一，以能源合作和科技合作为主轴，是因为中俄区域经济合作所涉及的相关区域都拥有丰富的能源资源及该要素禀赋决定的比较优势，这使得能源合作成为开展跨国区域合作的最坚实基础；而产业结构转型升级的关键是实现技术创新与科技进步，这使得科技合作成为推动中俄相关区域产业承接与转型升级的最有效途径。2012 年以来，俄罗斯在注重将能源等传统行业作为俄改革向前推进的突破口的同时，加大对教育和科技的投入以发展高新技术产业，同时确保俄罗斯在化工技术、复合材料、航空航天、信息通信技术、纳米技术和核工业等领域的传统优势。可见，能源和科技是俄罗斯改革与工业化的驱动策略，这与中国当前解决能源缺口瓶颈和产业转型升级的战略任务相契合，因而构成了中俄经济合作的主要推动力。第二，以重点辐射产业合作为辅轴。这既是中俄跨国区域产业互动的另一重要推动力，也是主轴牵引下的相关区域优化资源配置和产业整合，实现经济可持续发展所需要的。第三，主辅式复合型国际产业合作模式，旨在对已有的战略合作理念加以进一步完善。通过构建"梯形"国际化产业集群，以中俄相关区域优势产业集群发展为基础，带动跨国跨区域间产业互动合作全面发展；以两大支撑行业为先导，以重点辐射推动行业为助力，以跨国跨区域大项目的实施为纽带，构筑具有相关区域特色且辐射带动能力强的跨国区域经济综合体，从而推动中俄跨国区域经济增长[①]。该模式有助于促进中俄产业合作由零散化、分块化为主向全方位、多层次为主的深度合作转变，从而最终实现中俄跨国区域产业协同转型与发展，促进跨国区域经济发展水平不断提高。

中俄区域合作的主辅式复合型国际产业合作模式，立足于促进中俄跨国区域产业合作走向宽领域、深层次、多样化和高级化。然而，跨国区域产业协同转型与发展是一个非常复杂的过程，这就需要我们设定阶段性的发展目标。就近中期（2020~2030年）来说，主要是优化自身的产业形态和强化两国相关区域产业互动合作。该模式强调以科技合作为主轴带动产业互动合作，因而对两国的产业发展形态提出了更高的要求。这就意味着中俄相关区域首先要推动各自区域内的产业结构向合理化和高级化转变，积极提升产业的科技含量，培育各自区域内发展潜力大的微观合作主体，推动形成具有竞争优势和示范效应的主导产业集群，促使其成为各自区域内的经济增长极，其次通过极化和扩散效应带动各自区域经济全面发展，并以此为基础加强中俄相关区域之间各自优势产业

---

① 米军，陈菁泉，刘彦君，等. 中俄经济融合水平测度及促进策略 [J]. 经济社会体制比较，2014（2）：152.

互动合作。当然，在自身优势产业培育过程中，可以通过科技合作和贸易合作等多种方式促使两国优势产业间的联系更加密切。在中俄产业互动合作的模式下，俄罗斯远东地区充分发挥资源优势和科技优势，促进能源产业和化工产业链条的横向和纵向延伸；中国东北地区以装备制造业产业集群和汽车制造业产业集群为核心形成产业链向外延伸。中俄两地区通过构建区域之间的利益协调机制，有条件地打破相关合作区域边界限制，推动中俄局部区域形成具有示范效应的"梯形"国际化产业集群。未来，随着"梯形"国际化产业集群的辐射带动作用强化，在示范效应的带动下，中俄跨国区域将有更多产业走向集群式发展，最终形成以国际化产业集群为中心的中俄跨国区域经济综合体。

（二）以主轴支撑引导中俄区域经济合作

1. 能源合作

作为区域经济合作的重点，以能源合作为主轴之一，是因为中俄能源领域合作在两国经济合作中占据绝对重要的地位，也是中俄全面战略协作伙伴关系中最为重要的战略契合点。

中国是能源消费需求大国，目前正处于工业化、城镇化的重要发展阶段，无论是工业生产的能源需求还是居民生活能源消费都逐年攀升。然而，中国的能源资源储量有限、分布不均且开采难度大，致使中国自身的能源供给面临巨大挑战。根据《BP世界能源统计年鉴2014》数据显示，2000~2014年中国煤炭消费占能源消费的比重很高，但从2004年起煤炭产量已经不能满足国内消费；而石油和天然气消费量逐年提高，分别从2000年的224.2百万吨和245亿立方米增加到2014年的520.3百万吨和1855亿立方米，年均增速分别高达10%和16%，高于同期能源消费总量增速的8%和GDP增速的11%，国内供给显然无法满足消费需求。在本国能源供给有限的形势下，中国对外能源依存度总体呈现逐步增加趋势。根据《2014年国内外油气行业发展报告》资料显示，近年来中国油气对外依存度持续增长，其中石油对外依存度在2014年达到了58.8%，已经逼近了"十二五"规划设定的2015年控制在61%的警戒线；天然气对外依存度在2014年也达到了32.2%，相比2012年上升了6.7个百分点。因此，为了确保能源安全，中国亟须推进能源进口市场多元化策略，俄罗斯、中亚地区及蒙古国以其能源资源优势和独特的地缘区位优势必然成为重要合作伙伴。中国在未来一段时间仍将是世界上最大且最稳定的能源消费和进口市场，俄罗斯与中亚国家将成为世界能源主要生产和供给地区，而蒙古国也具备能源生产与出口的巨大潜力，这些都为中俄合作推进的跨区域能源合作提供了牢固基础和强大动力。当前，中俄提出共建丝绸之路经济带，能源合作是加强经济带沿线国家经济联系的重要抓手，也符合各方利益诉求和经济联系基础。

"一带一路"倡议下中俄跨国区域能源合作的总体发展思路是，以新型的能源合作观为指导，以巩固现有能源成果及推进现有合作项目为前提，以跨国区域能源优势互补及合理分工为基础，以提高能源合作质量和层次为重点，促进跨国区域能源产业互动协同发展，进而形成跨国区域能源产业一体化。当前，中俄能源合作重点打造以中俄合作为主并联合蒙古国、中亚国家地区相关区域协同发展的能源产业集群之间的合作关系。为此，要采取多种合作方式夯实能源联系在区域经济合作中的主轴地位。除采取常规的贷款换资源的模式之外，"走出去"与"引进来"相结合的双向互动合作方式、"战略联盟"联合经营的方式、"能源俱乐部"合作方式在能源合作的实践中要加强，这有助于发挥能源资源经济带发展的带动效应。其中，"走出去"与"引进来"相结合，就是要求中国既要鼓励企业积极"走出去"，与俄罗斯能源企业共同合作投资开发，又要积极吸引俄罗斯企业进入中国石油市场，参与国内油气资源下游行业生产和运输合作；"战略联盟"联合经营的方式，就是中国可以采取与俄罗斯及相关区域的中亚国家或蒙古国家石油公司组建战略联盟联合经营，实现共同开发共享利益，这不仅有利于中国获得石油勘探权及份额油，进一步保证海外石油供给来源的稳定性，而且有利于明确投资所在国能源开发的现状及潜力，规避所在国的政治、经济及人文等风险；"能源俱乐部"合作方式，就是要求中俄共同推进的跨国区域能源合作要充分利用上合组织合作框架建立能源俱乐部，构建符合能源进口国、生产国、过境运输国等各方利益的能源供求一体化体系，协调油气管道的过境税和能源关税，通过一系列能源上下游产业项目的合作来捆绑各方利益，逐步形成上合组织框架内的能源合作网络，确保成员方之间能源供求及区域合作的稳定性。

目前，中国与俄罗斯能源合作还处于中低层次，主要集中在能源资源的勘探开采、运输及贸易等，而能源产业深加工合作、能源科技成果转化、能源产品终端市场分销等方面合作则非常少，这极大地制约了中俄跨国区域能源合作巨大经济价值的实现。因此，中俄在建立各自优势能源产业集群的同时，不断推进中俄及相关区域能源产业集群之间联动合作，从而形成能源产业链上、中、下游的全面合作。就中俄能源合作来说，应采取两翼驱动和重点突出相结合的发展路径。

俄罗斯西伯利亚和远东地区具有丰富的能源资源，也拥有能源产业发展所需的科研和科技实力。其中，西西伯利亚地区拥有众多顶尖的科研机构和高科技人才，科技优势较为突出；远东地区能源工业有一定的基础，但能源加工生产发展总体上比较落后，远低于世界标准。这两个地区由于受俄罗斯财力投资的限制，不仅科研优势潜力没有进一步发挥，而且能源开发严重不足，客观上需要吸引外资参与开发。中国资本优势明显，能源及化工产业相对发达，具备与俄罗斯开展能源产业合作的天然条件。因此，中俄推进能源产业链全方位合作、促进能源产业向集群式发展并实现相互联动有着广阔空间。西西伯利亚地区与中国西北地区（甚至中亚地区）相邻，其特殊地理位置有利于各方更快捷地开展能源领域的贸易及投资合作。中国西北地区除了要积极承接东部地区能源类产业转移外，加强对俄罗斯西西伯利亚地区（包括中亚地区）能源勘探开发、炼油加工和油气输送管道建设的合作，努力将西北地区打造成中国新时期的能源产业基地及能源金融中心（特别是加快发展能源高新技术产业和能源金融服务业等新兴产业），增强西北地区的内部集聚效应和外部辐射能力。与此同时，要依托中国东北地区完善的能源工业体系，继续深化中俄双边和多边能源合作。要借助中俄蒙经济走廊已达成的基本共识，积极推进中俄蒙能源合作由传统原料进出口向深加工方向纵深发展，通过能源工业合作引导俄罗斯远东地区能源化工产业向集群式发展。

中国东北地区的油气开采业、油气加工业、煤炭开采和洗选业、化学纤维制造业、运输设备制造业等能源工业相关生产技术已经发展成熟，具备向外部产业转移的条件。对于俄罗斯远东地区来说，能源及其相关产业属于比较优势产业，但其能源勘探开采及加工方面仍然存在技术匮乏、加工能力低、资源有效利用率不高、缺乏专业技术人才等问题。这客观上促使俄罗斯远东地区寻求对外合作，与之相邻的中国东北地区凭借能源产业先进技术自然成为合作的首选对象。因此，应在重视能源贸易基础上，推动中国能源产业向俄转移，促进区域能源合作向勘探、开采、运输、加工、销售等方向延伸。在中俄共建丝绸之路经济带的战略框架下，中国东北地区与俄罗斯远东地区能源合作同样被赋予新的内涵，即建立能源经济走廊以发展一体化合作为目标，这就意味着中国东北地区与俄罗斯远东的能源合作，是以中俄合作为主兼及蒙古国的三方能源产业实现上、中、下游全面合作发展。这种理念下的中俄能源合作，才能为中国东北地区能源产业注入新活力。从能源合作上游领域来看，中国东北地区（或联合国内其他能源公司）积极参与俄罗斯远东地区及蒙古国的能源资源勘探与开发工作。中国政府加大支持力度，鼓励企业"走出去"对外投资以实现联合勘探开发，东北地区能源企业利用已有的勘探技术参与中国有相似地质构造的蒙古国油气开发，并联合国内其他海外油气开发公司参与俄罗斯远东地区油气开发。从能源合作中游领域来看，中国东北地区积极参与俄罗斯远东地区及蒙古国的油气运输管道等基础设施建设和运营管理。油气基础设施建设决定了对外供应线路走向，是确保能源安全的生命保障线。中国能源企业应该充分发挥资金、技术及劳动力等优势，与当地企业共同组建合资企业，参与俄罗斯远东地区及蒙古国的油气管网建设和运营管理，进一步扩大区域能源合作。从能源合作下游领域来看，中国东北地区能源企业（或联合国内其他资金雄厚公司）应该通过参股、合股和换股等方式与俄蒙企业共同建设其能源工业。一方面，积极参与俄罗斯远东地区对现有炼油厂的升级改造工程，以及建设新的现代化炼油厂和油气化工厂等项目。另一方面，积极帮助蒙古国建立采矿中心、炼油厂、化工厂等，促进蒙古国能源工业的快速发展。此外，俄罗斯远东地区及蒙古国作为能源生产地，可逐步进入中国东北地区的能源终端销售及产品加工市场，这有利于能源产地增加收入和巩固市场份额，有利于中国油气企业在能源运输、节能和储备等方面技术水平提高，还有利于促进整个区域能源产业内部一体化合作。

2. 科技合作

目前，中国与俄罗斯都面临着转变经济发展模式的问题，其必由之路是加速科技进步与促进生产技术创新。以科技合作为主轴，能够加快高新技术成果产业化，促进区域产业结构高级化，推动区域产业进步和产业合作层次有效提升。中俄利用已有的科技合作基础，继续深化两国科技合作，将有利于两国经济发展方式从传统的"要素驱动"向通过科技进步实现的"创新驱动"转变。

俄罗斯在军事技术、航空航天技术、重工业技术、新材料技术、生物工程、新能源等领域发展较快且具有一定的竞争优势，而在应用研究、消费工业等领域科技水平有待提高。中国在航空航天、轻工、食品加工、家电、医药等在内的工业技术方面有突出优势。中俄科技发展差异性和互补性为深化两国科技合作创造了广阔空间。中俄加强科技合作将促进双边贸易投资结构优化，也是两国实现经济结构调整和经济发展方式转变的最佳路径选择。中国可以作为俄罗斯科研成果转化和产业转化的基地，从而在对俄罗斯科技合作中获得较先进的技术，对其他行业产生较强的经济溢出效应；与此同时，俄罗斯也能在与中国合作中进一步强化科技竞争力。在"一带一路"倡议下，中俄科技合作同样被赋予新的内涵。"一带一路"首先是要建设跨国交通经济带，这就使得中俄科技合作不单纯是双边合作，也是中俄共同推进的跨国多边合作，而中俄蒙及中亚国家多边合作尤为重要。其次需要中俄加强双边及多边科技合作，采取多种合作方式，有效发挥科技在区域经济合作中的主轴作用。一是实行中方对俄罗斯及蒙古国、中亚国家的技术输出型合作方式。即中方向对方输出先进技术、设备，在对方办厂，以此提高对方国家产品质量并占领对方国家的市场，中方获得技术转让费及产品销售利润。这种方式能够提高我国产品在国外的影响力，合作潜力强、双方互利共赢，合作效益较好，但合作投入力度大，一般基础较好的企业可以选择此种合作方式。二是中方引进俄方设备、材料、核心部件为主并实现产品产业化的合作方式。俄罗斯在制造业方面的许多工艺技术和产品都具有较高水平，由于资金投入限制，技术产业化明显不足。中国应发挥资本优势，推广引进俄方成熟的生产工艺技术及先进的生产技术，实现市场价值。另外，为了产生实用性更强的新生产工艺、制造技术，可以通过二次开发方式以加快俄方科技成果转让和创新速度，有效提高产品科技含量。三是突破传统技术贸易方式向联合开发性科技合作方式转化。这是一种共建研究与开发中心、实验室、建立科技园区、互设研究基地等为内容的紧密研发合作方式。目前，俄罗斯基础科学研究处于世界领先地位，蒙古国及中亚在某些基础科技方面也有突出优势，通过双方或多方进一步联合研发，能够提升合作潜力，具有显著的合作效益和合作创新力，值得广泛推广。例如，中俄在镇江建立"中俄合作研发中心"，在武汉建立"中俄 SHS 技术联合研究中心"，"中俄空间天气联合研究中心"在中国科学院空间中心及俄罗斯科学院西伯利亚分院物理研究所分别设立研究基地等①。为了进一步加强中俄科技经济合作，2014 年 10 月中俄签署了《关于合作开发建设中俄丝绸之路高科技产业园的合作备忘录》，确定在陕西西安西咸新区和莫斯科斯克尔科沃创新中心分别建立一个高科技产业园区。未来"中俄丝路创新园"建成后将极大拉动两国投资合作，成为丝路经济带国家和地区加深科技合作的一个样板。四是大力推广中国、俄罗斯兼及蒙古国、中亚国家的专家互访和引进，实现联合研发。专家互访有助于技术交流，引进对方专家能够稳定合作关系，实现双方联合开发的目的，对双方都能产生一定的合作效益。

当前，在"一带一路"倡议下，为了进一步扩大和深化科技合作，首先要以政府为主导力量来系统地推动制定符合共同战略利益的中长期科技合作规划。在充分发挥已有合作机制的基础上，借鉴国际先进的科

---

① 陆南泉. 基于经济转型的中俄科技合作 [J]. 黑龙江社会科学，2011 (1)：23 – 28.

技合作机制，不断完善区域内的双边、多边合作机制，弥补相关国家合作机制的不足，增强跨国区域内科技合作的凝聚力和影响力。例如：在科技合作的协调机制上，相关国家可以在政府会晤机制框架下建立多个协调分委会，负责各部门科技成果产业化协调工作；在科技合作的市场机制上，相关国家应该根据市场需求引进科技项目，不断建立和完善符合各自国情的市场机制，这是该跨国区域科技合作乃至全面经济合作发展的关键因素。在科技合作的法律机制上，相关国家应该学习先进的国际法律制度，如知识产权保护法等，加快制定和规范各自的科技发展相关法律法规。

其次，完善金融服务功能，为科技合作提供资金支持。应该建立集中央、地方和社会等各类资金共同投入的对外科技合作资金支持体系，包括：依靠中央政府设立专项基金来扶持对外科技合作项目，特别是对一些重点项目给予政策倾斜，提供税收优惠政策和奖励政策；依靠地方政府财政配套对科技合作进行资金补充；吸引国内外各类企事业单位、相关金融机构、国际经济组织等的社会资本投入。尤其是应该充分发挥各国金融机构的作用，扩大对外科技合作的信贷投入，大力培育促进本国高新技术发展的资本市场。与此同时，中俄协调跨国区域内相关国家的金融机构加强合作，有效解决科技合作中的各类资金问题。

最后，完善中介服务体系，为科技合作提供信息服务。拥有专业化技术的中介机构有利于强化相关国家的信息交流，提升区域科技合作规模和水平。中俄应该主导和协调相关国家构建统一的区域科技合作公共信息服务平台，建立政策库、项目库、专家库、成果库等，特别是要注意启动高新技术创新信息平台。此外，加强复合型人才建设也是重要一环。现阶段，中俄及相关区域内的中亚国家和蒙古国所培养的科技人才与实际合作需要仍然存在很大的差距。要通过联合创办国际科技大学、互派专家学者、增派留学生等方式，充分发挥各国政府、科研院所、企业的重要作用，加大力度培养既懂得技术研发和技术创新，又懂得技术贸易、金融、科技管理、国际惯例和法律等的复合型人才，为科技合作提供智力支撑。

（三）以辅轴助推中俄区域经济合作

1. 农业合作

农业作为国民经济的基础，其生产的粮食和石油一样，已经成为国家发展的战略性武器。中俄农业生产与发展存在明显的差异性、互补性和竞争性，为相关区域间合作创造了有利条件。我国"一带一路"倡议提出以来，得到了俄罗斯、蒙古国、中亚等周边国家的积极响应，从而开启了中俄农业在贸易、投资、技术等多领域的深层次合作，这必将推动整个区域农业发展和农产品竞争力的全面提升。

从中国东北地区与俄罗斯远东地区农业合作来看，东北地区是中国最大的农业主产区和粮食生产基地，拥有大量的农业科技人员和务农劳动人员，农业创新技术发展较快，农业现代化水平不断提升；俄罗斯远东地区农业发展落后，农业劳动力严重短缺，粮食、蔬菜、肉、奶等农产品自给率较低。中俄在土地、劳动力、资金、技术等农业生产要素方面形成了很大的互补性，这也决定了在该跨国次区域开展农业合作的必要性和可行性。深化中国东北地区与俄罗斯远东地区的农业合作，除了采取常规的俄罗斯远东地区提供土地、部分农业机械设备，中国东北地区提供技术、种子和部分机械设备并输出劳务，由中方人员负责租赁土地并种植的模式外，重点要推进龙头企业＋劳务合作＋两地生产与加工基地＋两地分销中心模式，使农业生产、加工和销售等环节衔接为一体，从而打造跨境农业国际化优势产业集群。这不仅有利于保障中国战略农产品供给、推动国内农业产业结构升级，还有利于俄罗斯远东农业技术进步和农业快速发展。为此，中国东北地区与俄罗斯远东地区的农业合作，应增加高科技投入，以高标准建设农业产业综合经济带。鉴于中国东北地区农业各类专业技术人才充足，俄罗斯远东地区面临人口危机，深化双方农业劳务合作对推进农业合作显得非常重要。中国东北地区各政府要积极与俄方政府签订长期农业合作协议，通过国家层面敦促俄方放开对外国劳务进入的限制。同时，要整合东北地区与远东地区资源，打造统一、高效的劳务信息服务平台和农业科技交流平台。

从中国西北地区与俄罗斯西西伯利亚地区之间的农业合作来看,西北地区是中国重要的农业生产基地、商品棉生产基地、重要的畜产品基地和药用植物生产基地,农业劳动力资源丰富;西西伯利亚地区是俄罗斯著名"粮仓"和畜产品的重要生产基地,农业科技力量比较强。作为该地区最大的农业科技中心——俄罗斯农业科学院西伯利亚分院在土壤改良、植物栽培、育种、畜牧、农业机械、农产品贮存和加工等方面拥有大量的科研成果,但人口相对较少致使其农业劳动力缺乏。因此,中国西北地区与俄罗斯西西伯利亚农业合作应采取如下几种方式:第一,鉴于双方在农产品生产方面都有优势,采取"贸易+生产与再加工基地"模式。中国西北地区要积极与俄方开展互补性贸易,扩大对俄罗斯西西伯利亚地区出口肉类、果蔬、糖等紧缺农产品,同时加大进口优势农产品如俄方的奶酪、黄油、酸奶等乳制品,这可以通过在中方和俄方地区间合作建立农业合作产业园区、农产品生产加工基地和出口加工园区的方式扩大农产品生产规模,通过互办农产品展销会和共建农产品进出口服务信息平台等方式加快农产品跨境流通。第二,不断深化农业科技合作。针对俄罗斯西西伯利亚农业科技实力储备强,但受制于政府投入影响科研成果未能合理开发利用的情况,中国西北地区要积极加强与俄方的科技交流,在加大先进技术引进的同时,强化自我吸收并进行二次开发①,逐步提高中方自主创新能力和综合农业技术水平。中国西北地区可以就农作物良种引进与选育、贮存及农产品加工方面加强合作力度。在中国西北地区与俄罗斯农业合作中要尤其重视发挥新疆在亚欧经贸关系中的枢纽地位,利用新疆农业产业比较优势及毗邻俄罗斯西西伯利亚地区和中亚国家地缘优势,不断提升农业合作层次,将新疆与俄方农业合作打造成中国向西方开放的农业合作窗口和典范。

2. 制造业和建筑业合作

作为第二产业中关键行业的制造业和建筑业,对其他行业发展具有

---

① 张冠斌,刘玲,赖光麟,等. 中国西北地区与俄罗斯西西伯利亚地区经贸合作的前景和建议[J]. 俄罗斯中亚东欧市场,2010(8):46-52.

最为明显的带动效应。目前，中俄贸易结构中能源、资源和初级产品的比重较大，而高端制造业和高科技产品的比重较小，这与中国的装备制造业发展所取得的成就不相称，也意味着中俄在这两个行业的发展都有较强的经济互补性和较大的合作潜力。"一带一路"倡议下，中俄主辅式复合型国际产业合作模式选择制造业和建筑业作为跨国区域产业合作的重点推动行业，是符合现实需要的。

（1）制造业合作。

如今，中国在高铁、航天、航空、船舶、电力、汽车、电子、机械等科技创新和装备制造重点行业的发展如火如荼。俄罗斯经济发展倚重燃料动力部门，本国加工制造业难以支撑经济平稳发展。除了在航天军工产业的装备制造业领域拥有绝对优势，而在其他领域相对落后，俄罗斯在工业化的任务比较艰巨，资金缺口非常大。与能源部门相比，俄罗斯制造业面临投入不足、产业链不完整等长期积累的问题。由于制造业落后，俄罗斯不得不依靠能源出口换来的外汇购买大量消费品。在俄罗斯进口结构中，机械设备、食品、轻工制品占进口总额的八成以上。同时，大量非能源领域的高科技科研成果在俄罗斯国内缺乏应用空间。因此，加强中俄在装备制造业和高科技产品的合作，有助于改变中俄贸易结构和贸易合作方式及增长方式，有助于减少大宗商品波动给中俄贸易带来的负面影响。

俄罗斯工业化和中国在机电行业的比较优势，决定了中国机电产品在俄罗斯具有广阔的发展空间。目前，木材加工机械制造业是中俄双边合作关系中最有效、最具有潜力的领域，中国企业家已经积累大量相关领域的合作经验。中国的汽车制造业进军俄罗斯市场的优势明显，如浙江吉利汽车、上海汽车、吉林汽车制造等与俄罗斯汽车制造商在零部件与整车展开多方面合作，中国出口俄罗斯的汽车整车及其关键件、零附件都有不同程度的增加。然而，与欧洲、美国、日本等发达国家的水平相比，中国汽车企业在研发和核心技术及服务方面都还存在较大差距。因此，在俄罗斯政府不断提高汽车行业准入标准的背景下，中国汽车企业还面临着诸多挑战。在铁路方面，机车车辆、电力列车生产及运营方面的合作和现有铁路线的改造升级,以及新铁路线的建设等方面中俄合作前景广阔。中国企业拥有世界先进的高铁技术,竞争优势强,中俄通过铁路项目工程建设可以拉动机电产品的出口。在工程机械方面,中国各类工程机械产品作为对俄罗斯机电产品出口增速最快的种类之一,对俄罗斯市场有很强的吸引力。俄罗斯企业生产工程机械的能力较差,尤其是在装载机、起重机、路面机械等方面,只能依靠进口来满足国内需求,而中国的工程机械产品在性价比上具有很强的竞争优势。目前,欧洲、美国、日本在俄罗斯市场具有一定竞争优势,但欧美国家对俄罗斯的制裁,对中国工程机械企业在俄罗斯的生存与发展形成有利的外部环境,这在一定程度上降低了中国企业在俄罗斯的竞争,但仍必须维护好中国工程机械品牌在俄罗斯市场的地位,尤其是引导中方龙头企业与俄罗斯企业合作,巩固中国产品在俄罗斯市场的占有率。

值得关注的是,俄罗斯西伯利亚和远东在航天军工产业的装备制造业领域拥有绝对优势,中俄在军民用飞机研制中具有更多合作空间。以重型直升机为例,该机型普遍用于救援、运输与军事领域,其设计和制造技术掌握在美国、俄罗斯及欧盟手中,但欧美对中国采取坚决封锁态度。普京在 2012 年 APEC 峰会成果新闻发布会上就曾宣布:"俄罗斯与中国正在研究制造大型货运直升机和宽体飞机的可能性,其中也包括会考虑在远东地区进行此类直升机的生产。"① 早在 2014 年,俄罗斯与中国就联合研制远程宽体飞机和重型直升机项目达成协议,俄中两国将分别为项目提供技术和投资。目前中国辽宁、黑龙江、四川、天津、陕西等省份都具备了一定的飞机和发动机研发与生产能力,相关省份不同程度地参与了飞机的研发生产任务,如黑龙江已经着手与俄罗斯联合建立航空工业研发中心,不仅专注于重型直升机的建设、生产,还要在大飞机和小飞机的制造领域拓展合作,目前黑龙江相关企业已与利佩茨克小飞机研制部门和制造厂签订合作协议。过去中美两国在航空方面有过合作,但未能常态化。近年来,中国和俄罗斯在军机方面的合作有所增多,今

---

① 中俄打造重型直升机制造中心 [EB/OL]. 新华网, 2014 – 07 – 28.

后在航空技术领域的合作应该形成像欧美之间那样常态化的合作机制，力争在欧美两大体系之外构成一个新的体系，成为航空制造领域的第三大集团，这对全球的科技和战略平衡都十分重要。

总体来看，中俄现阶段制造业设备生产领域的合作，主要集中在资本的输出和具有传统优势的机械产品制造领域的输出。随着工业化进程的进一步加快，中国将在一些重要行业的制造和现代化的管理数控设备乃至工业生产机器人的出口领域开辟新的市场。另外，应紧抓中国东北振兴和俄罗斯东部大开发机遇，以双边贸易和科技合作为主要方式，加强双方在装备制造业领域的交流与合作，有效整合区内区外两个市场的资源和技术，充分发挥中国东北地区装备制造业基础、资本和劳务优势，以及俄罗斯远东地区科研实力及相关产业技术优势，推进双方实现更高科技水平上的制造业产业内合作，促进中俄装备制造业国际化产业集群不断优化升级，提升中国东北与俄罗斯远东地区制造业的国际竞争力。

（2）建筑业合作。

2008年中俄发布了《中国东北地区与俄罗斯远东及东西伯利亚地区合作规划纲要（2009－2018年）》，2018年发布了《中俄在俄罗斯远东地区合作发展规划（2018－2024年）》和《中国东北地区和俄罗斯远东及贝加尔地区农业发展规划》，这些合作规划给中俄地方合作带来难得的发展机遇。2010年初俄罗斯批准了《2025年前远东和贝加尔地区社会经济发展战略》，提出要将俄罗斯总产值中建筑领域的绝对增长值提高7倍，要确保人均住房面积从2010年的19平方米增至2025年的32平方米，为远东地区和贝加尔地区的居民创造发达的经济条件和舒适的居住环境。尤其是2014年以来，中俄两国一致同意共同建设丝绸之路经济带，必然会带动俄罗斯西伯利亚和远东地区基础设施如桥梁、公路、港口、机场等的进一步改善，由此也催生了该地区居民对住房需求不断攀升，这些都为中国开拓俄罗斯建筑业市场提供了难得的发展机遇。然而，推进建筑领域现代化需要一定的时间和大量的资金，俄罗斯建筑企业资金不足，特别是建筑材料缺乏和建筑生产设备投入及更新不足，导致俄罗斯建筑业发展较为缓慢，无法满足俄罗斯居民对住房的实际要求和迫切需求。

俄罗斯建筑业市场发展面临诸多问题，也意味着俄罗斯建筑业市场有着巨大的发展空间。

目前，俄罗斯政府制定了一系列新的关于工程建筑行业的法律法规以大力整顿建筑业市场。从法律条文来看，外国企业可以通过加入自律机构并获得从业许可证，参与俄罗斯非季节性或者辅助性建筑物和构筑工程勘察、设计、建设及基建维修等项目的投标和承包，与俄罗斯建筑企业享有同等待遇。俄罗斯建筑业重视使用科技含量高和符合环保要求的材料，而中国建材在这方面具有比较优势，许多生产工艺已接近世界先进水平。例如，中国建筑材料科学研究院最新研制的高性能低热硅酸盐水泥（高贝利特水泥）在生产工艺上具有节能、环保和节约资源等特点，在国际上处于领先水平。国家抽检结果表明，中国与德国合资生产的地板耐磨系数达到欧洲标准。由于中国建材的价格一般要比欧洲同类产品便宜一半左右，因此俄罗斯建筑商和居民普遍喜欢中国生产的建筑、装修材料。为此，首先，在国内或俄罗斯建立对俄罗斯建筑机械和建筑材料出口生产基地。在黑龙江或俄罗斯远东及贝加尔地区建立对俄罗斯建筑机械和建筑材料出口生产基地，不仅为中国企业开拓俄罗斯建筑市场提供必要的建筑机械和建筑材料，还有利于带动中国商品对俄罗斯的出口。其次，建议发挥中俄政府的协调作用，在两国政府间建立中央或地方级建筑业合作委员会，协调相关合作事宜。目前，中国建筑企业主要作为装修工程的分包商进入俄罗斯市场，其中一些中国建筑企业开始承包工程，完成土石工程和构件安装。为了提高中国建筑企业在俄罗斯建筑市场上的竞争力，降低企业经营风险，进一步扩大建筑市场份额，中俄两国政府有关部门应在建筑工程企业资质互认、市场监管和质量监督等方面加强合作，提供工程建设全程服务。政府要强化对企业的指导和服务职能，加大政策扶持力度，拓宽融资渠道，帮助企业解决开拓俄罗斯建筑市场的资金困难，积极推进对外经贸合作企业制度改革，加快培育对俄罗斯建筑业合作的骨干企业。应努力消除中俄建筑业合作的体制障碍，保证合作渠道畅通。积极与俄方解决合作中的体制问题，为中俄建筑业合作的有序开展扫清道路。双方要在金融、保险、税收、仲裁、商检、海关和运输等领域制定并完善相关法律法规，为双方合作主体进入对方建筑市场提供周到服务。中方应加强对企业的信息和政策法规服务，主动与俄罗斯各级政府和中心城市等建立信息交流机制，定期通报相关信息。依托国家驻俄罗斯机构和在俄中资大企业，建立境外信息站点，形成信息网络。进一步整合国内的信息资源，及时收集整理境外相关信息，为企业提供信息服务。建议各级政府在统一规划和组织下，出台具体措施以支持建筑企业到俄罗斯并购相关企业。应发挥行业协会的协调机制，引导中国相关企业联合起来，有计划有步骤地进入俄罗斯工程建筑市场。中方企业可以以联盟的方式，选择资质较好的合作伙伴，加入若干自律机构，获得从业许可证，以扩大中方企业在其机构内的话语权，维护中方的权益①。充分发挥中国东北地区对俄罗斯建筑业合作的区位优势，东北地区要加快建筑业资源整合和优化配置，打造跨省跨市的超强建筑企业集团，依靠龙头骨干企业带动引导相关企业共同创新，促进产业链纵向延伸和相关产业横向联系，逐步构建东北地区建筑业优势产业集群，提升东北建筑业整体的核心竞争力水平。

（3）旅游业合作。

旅游业具有经济和文化双重属性，是国家或地区间社会经贸关系的重要黏合剂。特别是在中俄蒙中亚相互毗邻的边境地区开展跨国次区域旅游合作，这不仅符合相关国家奉行合作不涉及主权和敏感问题的边境安全政策，而且有利于促进彼此的经济和贸易发展。目前，中俄所拥有的丰富旅游资源组合、广阔市场开发潜力和共同发展旅游业需求，构成了区域旅游合作发展的重要条件。"一带一路"倡议下，应该以更广阔的视野发展中俄联合推进的跨国次区域旅游合作。

第一，要充分发挥政府的组织协调作用，建立国家政府层面双边或多边国际旅游合作机制。通过成立一个国际性旅游合作开发委员会，加强对跨国区域旅游合作的宏观协调与指导，共同制定统一的跨国区域旅游合作政策法规，并编制跨国区域旅游合作开发总体规划或行动计划。

---

① 宋魁. 俄罗斯建筑市场走势研究及其对策［J］. 俄罗斯中亚东欧市场，2010（9）：50-54.

相关地区要制定相应的次一级政府协调管理机制,成立一个区域性旅游合作管理机构,指导各地方政府、旅游城市及企业调整并配合跨国次区域旅游总体发展格局,协调各国相关区域之间的各项旅游事务并制定统一的服务标准①。在国家级和地方级旅游合作机制下,充分整合跨国区域旅游发展中的各方力量,推进跨国区域旅游便利化,如可以尝试落地免签、过境免签或者效仿欧洲国家"申根协议"做法,在相关跨国次区域内实行单一签证等方式,尽量简化旅游通关手续。为了推动中俄蒙边境旅游共同发展,2014年11月25日三国相关部门提出,在整合原有的中俄、中蒙边境旅游协调机制的基础上建立中俄蒙三国五地旅游联席会议机制②,这是对中俄跨国次区域内地区政府间旅游合作机制建设的有益尝试。

第二,要积极发挥跨国次区域各类旅游组织的作用。相关区域要大力培育各自的重点龙头旅游企业,切实发挥旅游企业的主体作用,鼓励有实力的旅游企业对外投资和吸引外资,相关国家和地区要制定统一的跨国区域旅游投融资机制,为旅游企业走出去和引进来提供大量资金支持以确保合作通畅运行;重视旅游行业协会、民间组织在维护旅游市场秩序、协助旅游主管部门工作等方面的作用;重视旅游研究机构通过深入探究旅游发展中的问题,为政府制定政策和企业制定投资计划提供参考。

第三,要加快对跨国次区域内旅游资源进行一体化整合与开发。相关区域依托各自旅游资源的比较优势,合作开发一些颇具魅力的跨国次区域精品旅游线路,联合培育一批知名的跨国区域性旅游产品。例如,在中国东北地区与俄罗斯远东及蒙古国东部地区构成的跨国次区域内,可以共同打造"满洲里—拉贾尔—乔巴山"中俄蒙环线游③、中俄界江生

---

① 夏友照. 关于建立中俄朝跨境旅游合作区的战略思考［J］. 社会科学战线,2011 (11): 237 – 239.
② 中俄蒙三国五地旅游联席会议机制建立［EB/OL］. 内蒙古新闻网,2014 – 11 – 26.
③ 陈雪婷,陈才,徐淑梅. 国际区域旅游合作模式研究——以中国东北与俄、蒙毗邻地区为例［J］. 世界地理研究,2012 (3): 152 – 159.

态观光游、中蒙草原风光旅游、中俄蒙生态探险游、中俄冰雪生态游、中俄生态农业观光游、中俄蒙休闲度假游、中俄蒙特色文化生态游等旅游产品①。在中国西北与俄罗斯西西伯利亚及中亚国家构成的跨国次区域内，可以合作开发丝绸之路特色旅游线路，打造冠以"丝绸之路"为国际品牌的集东方文化、伊斯兰文化、俄罗斯文化等为一体的历史文化游；包括雪山、草原、沙漠等在内的自然奇观游；户外猎奇探险游等旅游产品②。

第四，促进跨国次区域联合塑造统一旅游形象开拓国际市场，有利于吸引旅游者和扩大旅游市场的占有率。例如，中俄蒙哈可以在2014年8月成立的"我们共同的家—阿尔泰"国际协调委员会框架下，充分优化整合重组"四国六方"旅游资源（中国阿勒泰地区，俄罗斯阿尔泰边疆区、阿尔泰共和国，蒙古国科布多省、巴彦乌列盖省，哈萨克斯坦东哈州），共同打造"大阿尔泰"跨国区域性旅游品牌形象③，以共同的旅游标识、主题和口号，对外开拓国际旅游市场。

总之，在中俄主导跨国区域旅游合作进程中，中俄要率先发挥示范带动作用。跨国区域旅游合作能够实现旅游资源共享，降低旅游开发和营销成本，扩大彼此旅游市场互换，促进区域旅游业整体实力提升。但是跨国次区域涉及国家、地区及企业等参与主体较多，利益协调难度较大，因此可以优先选择在有良好经贸合作基础的次区域之间开展旅游合作，待条件成熟时再将该跨国次区域经验加以推广。为此，中俄可以重点推进中国东北地区与俄罗斯远东地区的旅游合作，完善该跨国次区域的基础设施建设以促进旅游服务设施有效对接；加快构建统一旅游形象和推广跨境组合产品以扩展市场；培育大型旅游企业并与俄方相关企业

---

① 周彬，钟林生，陈田，等. 基于生态位的黑龙江省中俄界江生态旅游潜力评价 [J]. 资源科学，2014 (4): 1142 – 1151.

② 张广宇，沈兴菊，刘韫. 丝绸之路经济带建设背景下的国际区域旅游合作研究 [J]. 四川师范大学学报（社会科学版），2015 (3): 53 – 58.

③ 闫雪洁. 促进"四国六方"经贸文化交流，打造"大阿尔泰"国际旅游品牌 [N]. 阿勒泰日报（汉），2015 – 07 – 16.

合作构建跨国旅游企业集团①，带动旅游商贸、销售、文化产业等关联产业协调发展，促使旅游产业链条不断向纵向与横向层面延伸，促进各自旅游产业集群逐步形成，远期对其进行跨国整合发展，形成旅游资源优化配置、产业结构完整、企业互动发展的大型跨国次区域旅游产业集群。

(4) 金融业合作。

金融是现代经济的核心，金融支持是中俄区域经济合作战略实施的关键。这就需要中俄与丝绸之路沿线国家加强金融合作，为丝绸之路经济带与欧亚经济联盟的战略对接提供金融支持。"一带一路"沿线的中央欧亚大陆地区经济基础薄弱，尤其是基础设施建设对资金需求旺盛，而且这些国家金融风险防范能力较弱。在此背景下，中俄两国加强和引领沿线区域金融合作，共同协调建立区域金融发展政策，有利于联手应对国际金融危机冲击，维护区域经济金融稳定发展。新时期，中俄深化与沿线国家金融合作是重要的发展趋势有以下几方面。

第一，继续加强本币互换合作，助推人民币国际化，让人民币成为金融支持的重要基础。早在2008年以前，中俄两国就开始了边境贸易本币结算合作；2014年亚信会议期间俄外贸银行与中国银行签订合作协议，直接使用卢布和人民币结算；同年10月中俄两国首次签署本币互换协议，规模达到1500亿元人民币（即8150亿卢布）②。在中俄两国示范带头作用下，上海合作组织成员方扩大了本币结算规模，这必将为区域沿线国家提供短期流动性支持，为金融机构获得境外融资提供便利，在一定程度上规避了汇率风险，推进沿线区域贸易和投资快速增长。

第二，构建和完善区域投融资体系，为交通经济带建设提供金融支撑。中俄两国以多种形式参与和加强沿线国家投融资合作，如组建区域银行间联合体，设立投资合作基金，提供专项信贷支持，筹建开发性金融机构。在条件成熟的情况下，中俄大力推进区域债券市场开发与开放，支持沿线区域共同发行大型基础设施合作项目建设债券，如欧亚铁路项

---

① 张梦瑶. 中缅边境经济合作区域旅游合作模式构建与路径选择 [D]. 昆明：云南财经大学，2014：58.

② 中俄两国央行签署双边本币互换协议 [EB/OL]. 新华网，2014-10-13.

目债券、中亚油气项目债券等，支持沿线国家及其资信状况良好的企业和金融机构相互发行债券融资。目前，中俄主导的上合组织银联体对区域基础设施建设和能源资源开发的融资支持发挥重要作用；金砖国家开发银行和亚洲基础设施投资银行等开发性金融机构开始运营或进入实质性阶段。同时，上合组织开发银行和上合组织发展基金正在加紧推进当中。

第三，加强区域金融监管合作。目前，中俄金融监管合作已经取得一些进展。银行业合作方面，央行间签订了多项合作协议，如：《中俄央行关于金融机构业务监管合作协议》《中俄关于在外汇监管领域的合作协议》；在证券、保险等合作领域也有一定成果，如中俄签署《证券期货监管合作谅解备忘录》许可中国金融机构进入俄罗斯证券市场。目前，中俄金融监管合作远远不能应付跨境交通经济带建设对风险规避的要求，这就需要中俄积极引导和推进沿线区域蒙古国、中亚等国家共同协商建立高效的区域金融监管协调机制和金融风险预警系统，大力推进区域金融市场交易、清算和结算体系的整合，加快区域金融法规、会计信息披露及监管等制度的衔接，加强跨境风险和危机处置的交流合作，为"一带一路"沿线区域经济合作营造良好的金融环境。

中国东北地区与俄远东地区是中俄经济合作重点推进地区，金融合作应该发挥重要支撑和推进作用。目前，中国东北地区与俄罗斯远东地区的金融产业都不够发达，远远不能满足中俄地区经济合作深入发展的需要。因而需要中俄两国政府在加强两地区专业化产业园区建设的同时，积极吸引金融机构和投资集聚，通过积极发挥政府推动作用，促进各自地区金融产业集群的形成。金融产业集聚产生的规模经济效应和信息外溢效应，促使区域经济金融实力不断增强和金融产业集群形成，随着金融产业及相关配套行业的高度集聚，最终将在某个区域范围内建成辐射周边经济发展的金融中心，推动区域经济增长和发展。里德（Reed）按照阶段性发展规律，将金融中心划分为地方性、区域性、国家性、国际区域性、全球性等五种类型，其服务区域由直接腹地、腹地外更大区域、整个国家向邻近国家和地区、全世界范围扩展，而且为了满足金融中心建设的现实需要可以跳跃式发展①。在中俄主辅式复合型国际产业合作模式下，中俄区域金融合作的发展路径是：先在各相关区域内建立金融产业集群，构建各自地方性金融中心，加强金融产业互动合作；再在跨国次区域内打造国际化金融产业集群，建立区域性国际金融中心。

在短期内，综合考虑地理区位、经济实力和金融发展的基本状况，中国东北地区的大连与俄罗斯远东地区的符拉迪沃斯托克最有条件建成各自区域的金融中心，对推进"一带一路"建设在东北亚区域的有效对接发挥重大作用。大连和符拉迪沃斯托克的比较优势表现在：其一，大连是中国东北地区对外开放窗口和最重要交通枢纽，是东北亚重要的国际航运中心；符拉迪沃斯托克是俄罗斯远东地区最大港口和最重要的国际交通枢纽，两城市都拥有发达的铁路、公路、航空和海运线路，与世界各地紧密相连。其二，大连的传统工业基础雄厚，高新技术产业和现代服务业发展迅速，吸引和利用外资结构优化且质量提升，整体经济实力不断增强；符拉迪沃斯托克是俄罗斯面向亚洲的门户，一直受到国家财政的大力支持，工业基础良好且科技实力雄厚，是远东地区国际化程度较高的大都市。其三，大连的银行、保险、证券和期货等行业发展快速且初具规模，尤其是拥有东北三省唯一的商品交易所——大连商品期货交易所，这成为大连建成东北区域金融中心的独特优势；符拉迪沃斯托克的金融市场已经有一定基础，拥有亚太地区银行间外汇交易所（主要开展外汇业务和国家短期债券交易），建有俄罗斯远东最大的符拉迪沃斯托克国际证券交易所②。而且自 2015 年 7 月俄罗斯总统普京签署设立符拉迪沃斯托克自由港法案，该自由港的建立将便利国际贸易往来，促进生产加工业、物流业及服务业随之发展，从而拉动金融业快速发展，吸引更多的境内外银行、保险公司、证券交易所、金融中介服务机构及

---

① Reed H. C. Financial Center Hegemony, Interest Rates and the Global Political Economy [M]. International Banking and Financial Centers. Springer Netherlands, 1989: 247 – 268.
② 李传勋. 俄罗斯远东地区金融市场现状及走势研究 [J]. 东欧中亚市场研究, 2001 (6): 31 – 36.

大型金融教育和投融资研究机构聚集于此①。这成为符拉迪沃斯托克构建俄罗斯远东地区金融中心的重要机遇。为此,大连和符拉迪沃斯托克应该加强金融人才的培养和引进,以制度创新完善金融市场体系,促进金融产业集群不断完善和各自区域金融中心不断发展。在加快两地区经济发展、金融产业集群和金融中心发展的同时,推进中俄地方国际化金融产业集群的有效对接合作。为此,中国东北地区要加大金融对企业"走出去"的支持力度,推进人民币区域化和国际化;依靠东北地区培育的大型金融集团,与俄罗斯金融企业开展合作,带动金融关联产业跨境协同发展;进一步围绕金融机构融资、金融服务、扩大本币结算业务等深化合作,推进金融领域相互投资。最终将大连打造成服务中国东北地区和俄罗斯远东地区、辐射东北亚的区域性国际金融中心。

(5) 文化产业合作。

文化交流具有淡化矛盾与冲突、增进理解与互信的独特作用,是国家或地区间双边、多边关系发展的重要推动力,是国家或地区间进行广泛、深度、长远合作的基础和前提。近年来,中俄及中亚、蒙古国的文化交流日益频繁,促进了彼此之间的跨国文化产业合作。从文化宣传与交流来看,中俄互办"国家文化年""旅游年""语言年""青年年",这些活动使得彼此间的文化交流更加深入且范围更加广阔,助推了跨国文化产业合作。此外,中俄开展了各种文化展览活动,如中国在俄罗斯举办包括丝绸、动漫、绘画等在内的艺术展,俄罗斯在中国举办油画展,这些丰富的活动有力地促进了跨文化产业合作。从文化产品贸易来看,各类文化产品如玩具、体育用品、教育用品、杂志书籍、音像制品、手工艺品等,可以通过贸易在相关国家之间流通并促进各国文化传播。在新闻图书出版方面,中俄互相引进对方图书,并建立了稳定的图书市场销售渠道。在文化产业园区建设方面,2012 年 8 月中俄蒙文化创意产业园项目开工建设,意在通过国际文化交流促进文化产业结构优化;2015 年 7 月中俄蒙文化旅游商贸交流中心成立,通过三国特色产品的交流展

---

① 符拉迪沃斯托克因何需要自由港 [N]. 黑龙江经济报, 2015 – 6 – 11.

示,促进文化和经贸互动合作①;2015年11月投资50亿元的中哈俄合资丝路文化产业园项目在陕西咸阳泾阳县落户②。尽管如此,中俄国家间的文化产业合作机制仍然有待完善,一些行业的发展并没有形成产业集群而抑制了规模效应的发挥③,文化产业合作总体上仍属初级阶段,与经贸合作相比还较为滞后,但合作发展空间仍然很大。

"一带一路"倡议下,中俄跨国次区域文化产业合作需要更快地取得新的突破和进展。其一,加强相关国家间文化认同,巩固和提升合作发展水平。各方应本着"和而不同"的理念和"外来文化本土化"的原则,充分发挥文化认同的作用,以文化认同消除彼此合作的障碍,促进文化多样化、多元化共生发展,加强相关国家人民之间的理解④,构建和谐的跨国次区域经济合作环境。其二,构建政府间文化交流合作机制,保障合作得到支持与指导。成立双边或多边的政府文化部门领导人定期会晤机制及举办各类文化交流论坛,为彼此间文化产业合作提供政策保障和方向指引。其三,鼓励文化企业开展跨国经营合作。在中俄主辅式复合型国际产业合作模式下,中俄跨国次区域文化产业合作以构建区域优势文化产业集群为长期目标。尤其是中国东北地区要利用地缘优势,加大对俄罗斯远东地区文化产业合作力度,在带动俄罗斯远东地区文化产业迅速发展的同时,推动跨国次区域优势文化产业集群逐步形成。

除以上所述,中俄跨国次区域合作还要重视物流业合作。目前中俄之间已经拥有铁路、公路、航空等多种交通运输路线。从物流节点发展来看,中俄已经设立了较多重点口岸,建立起了综合保税区、物流园区、边境口岸合作中心等综合性物流节点,而且新的综合物流节点正在加紧规划和建设当中。这些已有的成果都为该跨国次区域的物流合作奠定了坚实基础。未来要进一步完善中俄跨国次区域物流合作,一是建立跨国区域物流产业合作会议机制,负责统一的组织、协调和规划,确保相关

---

① 李瑞雪,于淼. 中俄蒙文化旅游商贸交流中心成立[N]. 齐齐哈尔日报,2015-07-31.
② 杜琳,刘军伟. 中哈俄合资50亿欲建丝路文化产业园[N]. 华商报,2015-11-06.
③ 白晓光. 中俄文化产业合作研究[J]. 西伯利亚研究,2014(6):74-77.
④ 王浩. 文化认同:促进中蒙合作与发展的关键[J]. 东北亚论坛,2011(3):117-124.

区域物流产业合作有效对接；完善各国海关政策体系，促进跨国区域交通运输便利化合作；搭建跨国区域物流产业合作公共信息服务平台，提供各国政府部门、贸易企业、物流企业等所需要的信息支持，确保政府之间、政府与企业之间实现物流产业合作信息的顺利沟通和无缝对接①。二是中国利用交通基础设施建设经验、技术及资金优势，积极参与俄蒙等国物流基础设施的规划与建设，共同合作对物流节点进行有效布局和合理分工，协商制定统一化的区域物流标准体系，确保相关区域跨境物流衔接顺利与安全；在重视发展各国物流企业的同时要大力培育跨国第三方物流企业，凭借更加专业的物流服务能力，促进物流资源跨境整合和优化，提升整个跨国次区域的物流产业合作运行能力。三是重视培养具备先进物流现代化管理和技术水平的专业化人才，为跨国区域物流产业合作提供人力资源支撑。

总之，中俄主辅式复合型国际产业合作模式构建的核心环节是建立国际化优势产业集群，以能源合作为重中之重夯实产业合作基础，以科技合作为创新重点促进产业合作深入发展，在能源和科技合作两大主轴的支撑下，中俄跨国次区域合作各方通过产业交互作用，促进资本、技术、劳动和资源等生产要素突破边境自由流动且相互配合，推进三大产业朝着规模化、集聚化再到集群式发展。如物流业与制造业联动发展有助于提升相关区域的产业竞争力，推进各优势产业间实现融合发展；服务业与制造业融合有助于带动相关区域实现工业化与信息化融合，促进相关跨国次区域的产业结构优化、产业转型升级和产业间联动合作，最终实现跨国次区域经济协调发展。

三、政府与市场联合促进经济合作模式

在经济全球化和区域经济一体化趋势下，受新自由主义和国家干预主义理论的影响，一些西方学者提出将市场和政府作用有机整合以促进

---

① 舒连维奇·亚历山德拉. 中俄物流产业合作研究 [D]. 哈尔滨：黑龙江大学，2014：47.

经济发展。将这一思想运用到区域经济合作中，不仅要重视政府对区域经济合作的推动作用，强调政府要完善制度建设与安排，制定区域经济合作规划和协调区域经济利益，还要重视市场对区域经济合作的导向作用，强调要完善市场机制和健全市场体系，合理有效配置区域资源和深化产业互动合作。根据现阶段中俄地区经济合作的发展现状，中俄区域经济合作应当采取政府与市场联合促进的合作模式，即政府推进、市场导向和企业运作相结合，共同促进跨国次区域经济融合发展。

（一）充分发挥政府作用

现阶段，中俄共建丝绸之路经济带，不仅要考虑当前利益，更要考虑长远利益和政治利益，尤其是事关长远利益的战略性合作项目，必须要政府直接参与和推动。因此，在中俄合作推进的跨国次区域经济合作中，各国政府合作发挥着重要作用。

其一，中俄两国政府合作提供区域公共物品，尤其是服务于合作区域的基础设施构成了区域经济融合发展的基础。丝绸之路经济带建设，就是为了深化中俄以及相关地区之间跨境交易和分工合作。这一过程在扩大各地区经济利益空间的同时，也会产生较高的交易成本，这就需要政府合作建立共同协商机制以提供和管理区域公共物品，为跨国次区域经济合作创造良好的政治和经济生态环境，保障各种生产要素跨区域自由流动和经济资源有效配置，减少跨境合作的交易费用。中俄跨国区域公共物品的供给一般表现为以互联互通为目标的基础设施重大项目合作。这需要中俄（甚至联合沿线蒙古国、中亚等国家）中央政府从战略高度研究制定合作长期规划并签订协议，保证合作项目的前瞻性和可持续性；还需要相关地方政府以此为基础，共同研究制定符合跨国次区域经济发展实际需要的地区间合作规划。在中央政府和地方政府的联合推动下，优化经济空间结构和合作开发秩序，促进中俄及相关国家跨国次区域基础设施的建设和衔接。为促进贸易投资便利化和改善营商环境，解决合作中存在的投资政策不稳定、法律条文多变、官僚作风和贪污腐败、执法不严及缺乏透明度等问题，需要中俄政府加强政策协调，建立统一的市场监管信息平台，实现市场监管有法可依和信息互通共享；推进统一的市场准入标准，规范企业进入国内外市场的审批登记制度；培育跨国次区域联合监管的社会组织，引导企业规范跨境经营行为，维护企业跨境投资生产的权益；推进跨国区域金融市场监管合作，维护金融市场稳定。

其二，中俄区域经济合作不仅需要两国主动统筹协调共同利益，解决跨国次区域合作开发中的新问题，而且需要两国中央政府高度重视本国地方政府之间利益关系协调问题。在中俄两国共建丝绸之路经济带进程中，各国地方政府追求自身利益最大化而不考虑地区整体共同利益的事情经常发生，结果往往导致要么基础设施重复建设，要么生产要素流动受限、资源争夺与市场壁垒，要么产业结构趋同，地方政府间恶性竞争等现象频繁出现，这对区域经济协调发展极为不利，也影响中俄区域经济合作进程的深化。例如，中国东北三省都是以劳动和资源密集型产业为主，产业结构趋同现象比较突出，还未形成有效的垂直分工体系，影响了彼此之间产业互动的合作程度。因而，需要构建本国的地方政府间合作机制，有效解决合作中潜在的矛盾与冲突，促使各地方政府经济行为有效衔接，促进地方利益与地区共同利益协调一致。

其三，政府合作提升区域综合竞争力，是跨国次区域经济合作向纵深发展的必然选择。跨国次区域经济融合是次区域经济合作的最终目标。为了实现这一目标，各相关区域只有合理、广泛地开展劳动地域分工协作，各地方政府只有积极合作形成合力，共同制定协同发展的产业政策，构建跨国次区域的国际化产业集群，实现各产业生产链条跨境延伸，不断加深彼此间相互渗透和依存的程度，才能促进中俄跨国次区域的整体竞争优势提升。区域经济发展要依靠区域优势产业支撑，优势产业成长为区域主导产业又需要各地方政府引导和扶持。跨国次区域经济协调发展的重要体现是产业协同创新发展，这显然离不开各相关区域的地方政府大力支持。只有各地方政府合作才能推进区域产业互动合作，尤其是推进区域创新能力的提升，引导企业加快技术创新步伐，培育和发展战略性新兴产业。中俄政府一直重视两国间战略性大项目合作，主要集中在能源、核能、机电、航空航天、汽车制造等领域，这体现了两国政府对产业合作的引导。由此可见，在中俄跨国次区域经济合作中，政府是必不可少的推动力量。

（二）充分发挥市场作用

在中俄跨国次区域经济合作中，市场力量作为推动合作的基本动力，需要得到各国相关地区的高度重视。以中国东北地区与俄罗斯远东地区为例，近年来两地经贸合作不断扩大，除发挥政府的组织和协调作用外，主要还是基于两地资源禀赋所决定的分工合作，可以发现市场机制是驱动两地区产业互动合作的重要力量。按照市场化原则推进的合作，有利于推动两地区域经济资源合理有效地配置，强化合作各方之间经济联系，降低利益协调难度，加快经济合作开发进程。市场机制通过价格、供求和竞争机制作用，能够优化地区经济结构与产业布局，促使企业在竞争合作中实现在资金、技术、管理、资源和市场等多方面优势互补与共同发展。特别是市场竞争机制通过调节市场运行，促使资源从低效率行业流向高效率行业，增强高效率行业竞争力且淘汰低效率行业。这种优胜劣汰的资源配置方式使得企业加大研发力度进行技术创新，从而有利于企业降低生产成本，提高产品和服务质量，增强企业和产业的竞争优势。总之，中俄企业之间的跨境合作是推进区域经济合作可持续发展的内生动力。不仅能够推进自身优势产业快速成长并进入对方市场，还能带动大量的产业关联性配套企业和服务企业之间加快合作，从而促进跨国区域产业全方位实现对接互动合作。

由此可见，深化中俄双边或多边区域经济合作，需要政府与市场的双轮驱动，才能实现两国共建丝绸之路经济带的宏大目标。如果单纯停留在企业和个人的市场行为，这是一种自发状态下的经济主体的趋利行为，市场行为的优势不可低估，但对于中俄跨国经济合作可持续和规模的提升影响较大。因为经济主体跨越国界的经济合作会受到来自政策、经营和风险方面的局限，缺乏统一部署和规范的境外合作容易忽视国家形象和国家战略，从而对合作造成不良影响。中俄经济合作在发挥经济主体市场行为的同时，从单纯的企业市场行为向国家战略意识方向靠拢，才能实现中俄经济合作的可持续性。要围绕共建丝绸之路经济带的长期战略，整合各方资源，加强国家层面上的经济合作机制化建设，推动中俄合作有序、高效、健康发展。对于大型基础设施建设，尤其需要采取"政府＋市场"的模式来运作，如采用全球通用的政府与社会资本的合作（PPP）、建设—经营—转让（BOT）等方式在能源、电力、交通等基建领域与当地公共部门进行合作。BOT是通过市场行为选择外国公司进行建设、经营，合同期满将转让给当地政府；PPP是公私合营模式，它是在BOT基础上发展起来的，主要适用于外部风险高、需要借助政府影响力抵御外部风险的项目，与BOT相比，该模式特点是政府和企业都是全程参与。中俄大型项目的合作，亟须培育一批具有主导PPP模式的经济主体。总之，在中俄跨境项目建设过程中，政府和企业商业行为要有所分工并相互合作，在前期阶段主要以政府为主要推动者，在后期阶段必须进入市场为主导的机制化运行状态，但一些外部性很强的项目仍需政府发挥主导作用。

第六章 "一带一路"倡议下中俄区域经济合作的机制及路径

第一节 中俄区域经济合作的机制化建设现状分析

当前,中俄参与了较多的区域和次区域经济合作机制,前者主要有上海合作组织区域经济合作机制、金砖国家合作机制、亚太地区的区域经济合作机制等;后者主要有中俄哈蒙阿尔泰次区域经济合作机制、图们江地区次区域合作机制等。本章将深入分析中俄参与的区域经济合作机制,基于此归纳出目前中俄区域经济合作机制的特点或问题,为"一带一路"倡议下中俄与沿线国家区域经济合作机制的构建提供可资借鉴的经验。

一、中俄参与的区域经济合作机制

(一)上海合作组织(SCO)区域经济合作机制

2001年6月,中国、俄罗斯、哈萨克斯坦、吉尔吉斯斯坦、塔吉克斯坦、乌兹别克斯坦六国签署《上海合作组织成立宣言》，标志着上海合作组织正式成立。同年9月，《上海合作组织成员国政府间关于开展区域经济合作的基本目标和方向及启动贸易和投资便利化进程的备忘录》的签订，推动了该组织内的区域经济合作进程加快。2003年9月，《上海合作组织成员国多边经贸合作纲要》正式明确了该组织内区域经济合作的中长期目标，2004年和2005年成员方制定了落实《上海合作组织成员国多边经贸合作纲要》措施计划及其实施机制，这意味着该组织内区域经济合作走向正轨。目前，上海合作组织已经建立了各类区域经济合作机制。这主要包括：(1)官方合作的会议机制。上海合作组织（以下简称"上合组织"）设立了五个层次的会议机制：一是国家元首会议，是主要负责最高决策的机构。二是政府首脑（总理）会议，主要负责预算和经济合作。三是外交部部长会晤机制，主要负责筹备元首会议、举行国际问题磋商、落实组织决定等。四是各部门领导人会议机制，主要负责经贸、交通、文化、安全等相关领域具体合作问题。五是国家协调员理事会，主要负责日常活动的协调和管理。(2)民间合作机制：一是成员方银行间联合体，它是上合组织框架下各国的开发性或商业性银行组成的最为重要的投融资合作机制。二是成员方实业家委员会，主要负责增进实业界间联系、促进企业间交流与合作。三是上海合作组织论坛，旨在联合研究上海合作组织区域经济合作的重要问题，为该组织发展提供智力支持，是该组织框架内的多边社会咨议性机制和学术机制。(3)专业领域的区域经济合作机制：一是贸易合作机制。目前，上合组织于2002年和2003年先后建立了经贸部长会议机制和经贸高官会议机制，并成立了海关、标准和质量检验等专业工作组，促进成员方间区域经济合作不断规范，推进成员方签订双边、多边贸易协定，促进贸易便利化和自由化。二是投资合作机制。上合组织于2003年签署《上海合作组织成员国多边经贸合作纲要》，随后成立质检、海关、电子商务和投资促进专业工作组，并于2009年在上合组织成员国总理第八次会议上商签《鼓励和相互保护投资协定》，组织制定成员方投资环境报告，推进成员方间相互投资便利化合作。三是交通合作机制。上合组织启动交通部长会议机制，积极推进成员方间国际道路运输便利化,成立发展过境潜力工作组以推动成员方间道路运输项目建设。四是文化合作机制。上合组织于2002年启动了文化部部长会晤机制,共同协商制定多边文化合作计划,并确立了成员方文化艺术节机制,拟定了《文化节章程》,搭建了成员方文化交流的新平台,增进了成员方人民间的相互了解与信任。五是能源合作机制。上合组织于2006年成立能源合作专门工作组,2007年提出建立能源俱乐部,目前成员方正围绕加速建设能源俱乐部这一多边能源合作机制而激烈讨论。中俄两国积极参与上合组织相关经济活动,中国负责牵头电子商务合作工作组,俄罗斯负责牵头海关合作和能源合作工作组,中俄还积极推进成员方间的贸易、投资、金融等促进与交流合作,如中国曾举办上合组织投资论坛、上合组织工商论坛等经贸促进活动。

(二) 金砖国家(BRICS)经济合作机制

2009年6月,中国、俄罗斯、印度和巴西四国共同发表《"金砖四国"领导人俄罗斯叶卡捷琳堡会晤联合声明》,标志着"金砖四国"经济合作组织框架初步建立,主要围绕国际经济金融事务开展合作以联合应对国际金融危机。2011年4月,《三亚宣言》正式吸纳南非加入金砖国家,并制定"行动计划"对经济合作做出相应的制度性安排,标志着金砖国家经济合作机制初步形成。2012年3月,《德里宣言》提出要求成员方对外协调立场以推进国际货币基金组织治理结构改革;对内研究建立金砖国家开发银行以推进成员方开展深层次货币金融合作的制度安排,这标志着金砖国家合作机制的进一步扩展。目前,金砖国家已经建成了多个相辅相成的经济合作机制。这主要包括:(1)定期会晤机制。作为成员方经济合作机制的核心,领导人定期会晤机制主要负责对外研究探讨国际经济热点问题、对内协商制定成员方经济合作纲领性框架。作为具体落实经济合作的专门机制,经贸部长定期会晤机制主要负责为领导人会晤对经济合作的商谈做好准备和执行工作、协调经济合作政策和明确经济合作具体领域等。(2)经济金融合作机制。2010年中国国家开发银行倡导建立金砖国家银行合作机制,进一步加强金砖国家银行间的合作,该合作机制在不断推进金砖国家间本币结算与贷款业务方面发挥了重要作用。2013年3月,在金砖国家领导人第五次会晤上,成员方正式建立金砖国家开发银行,为成员方和其他发展中国家提供融资支持,推进相关国家的基础设施建设和可持续发展,成为国际区域开发银行的有益补充,以利于提升成员方在国际经济金融事务中的话语权。成员方同意建立金砖国家外汇应急储备基金,为成员方提供外汇融资平台,以应对外汇短缺的不时之需,以利于成员方联合应对国际金融风险,推进国际金融秩序加快改革。成员方成立了金砖国家工商理事会,进一步深化成员方工商界在贸易、投资等方面的经济联系。(3)民间经济合作机制。金砖国家成员方还建立了如企业论坛、智库论坛等民间经济合作机制,为推进成员方间经济合作建言献策。

此外,中国和俄罗斯共同参与了亚太地区的经济合作机制,如亚太经济合作组织(APEC)、亚洲合作对话(ACD)、东亚峰会(EAS)、亚洲相互协作与信任措施会议(CICA)和东盟地区安全论坛(ARF)等合作机制。与上合组织和金砖国家合作机制相比,这些合作机制对推进中俄区域经济合作的重要性较低,上合组织和金砖国家合作机制依然是深化中俄经济合作的重要制度安排。

二、中俄共同参与的次区域经济合作机制

(一)中俄哈蒙阿尔泰次区域经济合作机制

中俄哈蒙阿尔泰次区域经济合作机制是在地方层面启动跨国次区域经济合作,其参与主体简称为"四国六方",即中国新疆的阿勒泰地区、俄罗斯的阿尔泰共和国和阿尔泰边疆区、哈萨克斯坦的东哈萨克斯坦州、蒙古国的巴彦乌列盖省和科布多省。目前,在四国中央政府和六方地方政府的积极推动下,阿尔泰次区域经济合作不断深化并建立了一系列合作机制,如六方地方政府磋商机制、阿尔泰次区域合作的国际协调委员会、合作框架协议、科技发展和经济领域合作协议、科技合作与经济发

展国际研讨会等机制。在阿尔泰次区域经济合作机制的指导下，该跨国次区域正在不断加强贸易投资便利化、产业合作、交通基础设施互联互通合作、金融合作等重点领域的经济合作。

（二）图们江地区次区域合作机制

1991年联合国开发计划署（UNDP）正式提出"图们江地区开发项目TRADP"（于1995年更名为"大图们江行动倡议GTI"），并成立了开发项目管理委员会（PMC）和专家小组。在区域经济合作取得积极进展过程中，图们江次区域经济合作机制也逐步建立起来，主要包括以负责区域经济开发与协调的中俄朝三国协调委员会机制、负责项目管理和决策的中俄蒙朝韩五国协商委员会机制、负责总体协调的图们江区域项目秘书处为三大核心的合作机制，还建立了东北亚经济合作论坛等双边、多边合作机制。在该机制的指导下，图们江次区域经济合作已经形成包括贸易、投资、能源、交通、物流、环境、人力资源等多领域、多层次、全方位合作。

根据上述中俄共同参与或推动的经济合作机制化建设成果表明，中俄两国都清楚地认识到发展双边关系的重要性，两国不仅一直积极推动相关区域经济合作机制的建设，如1996年中俄推动"上海五国"元首会晤机制建立；2001年又成立上海合作组织及不断推进其机制化建设；2011年推动形成金砖国家合作机制；推动参与GTI次区域经济合作机制建设等。与此同时，中俄两国积极发展全面战略协作伙伴关系并不断推进其步入新阶段。2008年中俄元首批准《中国东北地区与俄罗斯远东及东西伯利亚地区合作规划纲要（2009–2018年）》，2018年批准了《中俄在俄罗斯远东地区合作发展规划（2018–2024年）》和《中国东北地区和俄罗斯远东及贝加尔地区农业发展规划》，给中俄地方合作带来难得的发展机遇。2014年以来，中俄两国元首一致同意共同建设丝绸之路经济带，在2015年中俄签署了丝绸之路经济带与欧亚经济联盟对接的联合声明。然而，目前中俄参与的区域经济合作机制多是协商性、软约束、制度性不强的区域对话与会晤机制、经济合作论坛、民间合作机制、贸易投资便利化协定等。相关国家形成的合作宣言往往实践不足，达成的合作协议又往往执行不力，特别是大部分区域经济合作运行中的执行机制亟待进一步建立和完善。例如，上合组织区域经济合作机制框架下签订的《上合组织成员国多边经贸合作纲要》中许多合作项目并未得到成员方很好的落实；金砖国家经济合作机制缺乏专门负责经济合作事务的常设机构、统一的约束性规范文件和具体的程序性纲领性制度框架，这显然不利于保障该机制长期稳定运行。可见，这些合作机制对相关国家的实质约束力不强，必然会极大地阻碍中俄相关区域经济合作落实与发展。从长远来看，区域经济合作的制度性安排如果不能达到一定高度和水平，必然会影响到相关国家对经济合作的参与力和执行力，无法凝聚各国力量形成合力来共同应对复杂的国际政治经济新情况。因此，中俄加强区域经济合作机制化建设具有现实的迫切性，也事关共建丝绸之路经济带能否取得成效。

第二节 "一带一路"倡议下中俄区域经济合作机制构建

区域经济合作是区域经济协调发展的重要举措，适宜的合作机制是区域经济合作顺利推进的重要保障，是合作各方交流与沟通的重要平台。"一带一路"倡议下，中俄区域经济合作机制构建并有效运行对中国扩大和深化对外开放有着重要现实意义：通过加强中俄合作，有利于推动中俄与沿线国家的区域经济合作不断密切与发展；有利于从制度层面整合沿线中俄蒙中亚区域的资源和市场以促进合作各方共赢。因此，在"一带一路"倡议下，中俄区域经济合作机制化建设，已经不仅局限于中俄双边合作，而是以中俄合作为主并涉及蒙古国、中亚诸多国家的协作配合，合作机制也将具备更加灵活、开放、多样化的特点，这才更加符合"一带一路"倡议构想的发展理念。

一、加强合作机制的政治、经济、文化基础建设

对于中国来说，俄罗斯是"丝绸之路经济带"沿线区域最为重要的

大国，是中国重要的全面战略合作伙伴，是"一带一路"倡议顺利推进的关键因素。虽然俄罗斯官方明确表示支持"一带一路"倡议，但是俄罗斯民间的一些媒体、学者及民众仍然表示担忧甚至对中国的意图存在误解和曲解，这都说明中俄两国还需要进一步加强政治互信和人文交流。中俄两国应该在保持相互友好合作基础上，培育更多的共同战略利益契合点，继续推进双边关系持续稳定向纵深发展，加强对彼此间相关政策和文化的官方解读，不断拓展双边经贸合作规模和层次，强化双方人文领域的交流与合作。除双边关系外，中俄通过多边机制协调处理两国关系，是推进中俄合作关系的新路径，也是双边合作机制建设的重要补充。"一带一路"倡议下中俄区域经济合作机制的构建既要加强区域合作对话、协调仲裁、利益共享等机制建设，又要加强包括贸易、投资、能源、金融、安全等各领域合作机制建设。本书认为，"一带一路"倡议下中俄区域经济合作机制的构建需要分阶段、稳步地推进。短期来看，加强中俄联合推进的跨国次区域合作机制构建，并且选择优先领域重点合作；中期来看，完善各类区域经济合作机制的组织架构，加快区域贸易和投资自由化便利化向高标准化发展；长期来看，加快推进区域经济合作机制不断完善，全方位覆盖政治、经济、文化、社会等多领域。

二、加快推进跨国次区域经济合作机制建设

"一带一路"倡议下中俄共同推进的跨国次区域经济合作是以中俄两国为主，同时涉及交通经济带沿线的中亚国家、蒙古国之间的双边、多边跨国次区域经济互动合作。没有沿线蒙古国及中亚等诸多国家的积极参与，"一带一路"框架下的中俄区域经济合作是不深入的。为此，中俄应当充分利用现有的双边和多边经济合作机制与平台，不断扩大参与各国彼此之间的共同利益，促进中俄区域经济合作进一步深化。其一，利用现有的合作机制，充分发挥其沟通协调作用，促进中俄双边及中俄与沿线国家的多边合作，推进合作中存在问题的磋商或协调。利用 SCO、BRICS、APEC、中亚区域经济合作（CAREC）、UNDP、GTI 等区域或次

区域经济合作的领导人会晤机制,确定中俄与沿线国家合作的基本方针、方向和原则,通过下设的部长级会议、高官会议等机制促进合作的磋商、谈判、协调、议事及决策;利用亚洲合作对话(ACD)、东亚峰会(EAS)、亚信会议(CICA)、东盟地区论坛(ARF)等区域会议和论坛等对话机制,充分讨论中俄及中俄与沿线国家政治、经济、安全等合作问题;利用各类民间经济论坛、经贸博览会等平台,充分发挥民间力量对区域经济合作的促进作用。其二,落实经济合作协议,增强中俄及中俄与沿线国家经济合作的效果。目前,中俄之间及其与沿线国家之间都签订了经贸合作协定、投资合作协定、银行间合作协定、跨境运输合作协定等一系列经济合作协议,中俄两国应该与相关国家共同加快推进各项合作协议实施,尤其是要注重紧抓地方政府和企业对具体合作的落实,将务实合作摆在首要位置。例如,目前中国东北地区与俄罗斯远东及东西伯利亚地区合作规划纲要具体推进仍然十分缓慢,其主要原因在于俄罗斯地方政府和企业的消极态度。由此可见,区域经济合作不仅要注重中央政府间对于合作的顶层设计[①],还要注重发挥地方政府和企业的积极作用,需要合作各方的地方政府和企业积极参与配合,充分发挥市场对区域经济合作的主导调节作用,只有如此才能推进中俄及中俄与沿线国家区域经济合作向纵深发展。完善"一带一路"倡议下中俄经济合作机制框架主要包括以下几方面。

(1)最高决策机制。

中俄共同推进的跨国区域经济合作,首要任务是完善最高决策机制,即领导人会晤机制,主要负责讨论和决定合作的宏观政策和基本方针,不仅要加强中俄两国高层沟通,更要加强中俄与中亚、蒙古国之间区域经济政策沟通,共同制定次区域经济合作的中长期发展规划和目标,研究确立次区域经济合作开发重点项目并签署合作协议。这种领导人会晤机制由两个层级组成:第一层级是中俄或中俄与中亚、蒙古国的中央政

---

① 韩克敌,王志远."丝绸之路经济带"视域下中俄合作与风险防范的深入思考[J].俄罗斯学刊,2015(5):61-67.

府领导人会晤机制；第二层级是次区域各国同级地方政府领导之间的会晤和互访机制，每年定期并轮流举行，作为中央政府领导人会晤机制的重要补充。这样不仅有利于维护各国中央政府的绝对权威和最终决策，而且有利于充分调动地方政府的积极性，实现地方一级决策参与国家整体决策，促进国家决策更加符合地方实际。

（2）日常磋商决策机制。

中俄合作必然涉及与沿线国家在互联互通、能源、科技、环保等领域的合作，重点优先领域的大项目合作有助于推进中俄区域经济合作机制走向高效务实。例如，中俄正在积极研究构建"北京—莫斯科"欧亚高速运输走廊，两国应加快推进"莫斯科—喀山"高铁项目的建设合作。未来，沿线国家在诸如新能源开发、民用航空、核电站建设、太空探秘等众多领域的合作项目将有更大的发展空间。因此，无论是中俄跨国次区域经济合作机制，还是中俄与沿线国家的区域经济合作机制，都需要以贸易、投资、能源、科技、金融、人文等多领域具体合作机制为支撑。这就需要完善中俄联合推进的跨国次区域经济合作的日常磋商机制，即加强部长级会议机制建设，包括经贸、金融、投资、科技、交通等各类部长级会议。主要功能是加强中俄双边及中俄与中亚、蒙古国在此区域合作中的对话，针对次区域合作开发重点项目和重要问题进行研究、磋商与谈判，也可以就上海合作组织（SCO）、中亚区域经济合作（CAREC）、大图们倡议（GTI）、欧亚经济共同体等制定的区域经济合作项目加以研究和讨论，推进相应跨国次区域的经贸、科技、交通、人文等领域的交流与合作。在部长级会议机制下设次区域经济合作协调仲裁委员会，由各国推荐各领域相应部门官员代表和相关专家共同担任成员，全面负责协调次区域经济合作各主体的利益，促进次区域贸易和投资的自由化和便利化，并且向部长级会议及时汇报协调成果，提交促进次区域合作各方进一步完善贸易投资法律法规以避免争端的建议。

在当前形势下，人文和金融领域的交流与合作机制建设对推进中俄及中俄与沿线国家合作具有重要的意义。一方面，人文合作机制是中俄及中俄与沿线国家区域经济合作的重要黏合剂。通过加强教育政策对话机制，加强各国高校间的学术交流、联合办学、互派留学生等；举办官方和民间的文化合作研讨会、文化交流论坛、文化节等，有助于推动区域（或次区域）文化合作向全方位、多层次、高水平方向发展；通过加强人力资源合作机制，培训沿线各国各领域企业的专业管理和技术人才，为沿线区域经济合作发展提供重要的智力支撑；通过加强旅游合作机制，能够增强各国间人民相互了解和促进经济合作可持续发展。另一方面，中俄区域经济合作战略实施的关键是需要强有力的金融支持。只有通过加强双边或多边金融合作，才能落实中俄及中俄与沿线国家在贸易、投资、基础设施建设、产能合作、人文交流等方面的任务。为此，必须重点加强金融合作机制建设。中俄要主动与沿线国家共同推动亚洲基础设施投资银行和"丝路基金"的发展，逐步建立和完善区域（或次区域）金融合作机制，促进"一带一路"倡议下中俄相关区域金融合作有序、快速、健康地发展。从中短期来看，中俄与沿线国家应该加大金融合作对话与协商机制的建设力度。以相关国家央行行长和财政部部长之间的会议机制为核心，协调与沟通各国的财政金融政策，加快签订区域货币互换协议并推进本币结算，以维护区域金融稳定和促进区域贸易和投资增长。与此同时，中俄与沿线国家应加快推进金融监管机制建设，加快完善区域或次区域投融资平台。首要任务是建立区域投资保护机制，中俄应加快与沿线国家签订区域或次区域投资保护协议，互设专门的贸易投资代表处以服务和保护各自的海外投资。不断创新投融资机制，如采取建造—运营—移交模式（BOT）、建造—移交模式（BT）、公私合营模式（PPP）、转让—经营—转让模式（TOT）等模式或其组合模式，吸引非政府商业资金参与区域基础建设，这有助于激发各国参与区域经济合作的积极性。在条件成熟的情况下，中俄要加强与相关国家在债券等资本市场合作，培育覆盖"一带一路"沿线各国的区域性投资债券市场，这需要各国共同建立区域风险与信用担保机制，建立区域联合外汇储备库，还需要沿线国家加大金融体制改革力度，扩大金融市场开放力度。

（3）建立议事机制。

由中俄、中亚及蒙古国等不同经济部门的高官组成，主要负责商讨

"一带一路"沿线不同领域的各项合作政策,并联系各个业务层面,为相应的部长级会议做好各项前期准备工作。在该议事机制框架下,还需要注意发挥各国同级地方政府参与跨国次区域经济合作的重要作用,主要负责将地方政府利益诉求直接传递给中央部门,参与各国部长级会议议题和各类事务的准备工作。

(4)专业工作机制。

中俄联合推进跨国次区域经济合作的常设专业工作机制,即专业论坛和工作组,由各国的研究机构或专家共同组成。主要负责对贸易、投资、能源、交通、环境、人文、旅游等多领域具体项目开展调查研究,提出对策建议,设计政策方案。各专业工作组将不同跨国次区域经济合作的对策建议与合作方案交由秘书处上传给高官、部长级会议进行研讨和决策。在专业工作机制下设专业咨询服务工作组,主要负责为中俄跨国次区域经济合作提供咨询和服务,由各地方高校研究人员为主要力量组成,为相关跨国次区域经济合作的各地方企业提供投资政策信息咨询、技术支持、法律咨询、对外贸易人才引进与培训等专业化服务。

(5)完善常设办公机制。

中俄共同推进的跨国次区域经济合作要完善常设办公机制。常设的秘书处是次区域经济合作机制健全的重要保证。主要是发挥上传下达、联络沟通整个合作机制架构的重要作用,负责收集和整理合作项目和各类议题,负责下达首脑、部长级和高官会议机制提出要研讨的议题,负责上传专业工作组的对策、建议及方案,负责检查、监督、落实和反馈各合作项目进展情况,负责整个合作机制中日常工作和管理的各项事务。本书认为,中俄与中亚、蒙古国的跨国次区域经济合作的秘书处可以分别设立在新疆的乌鲁木齐、辽宁的沈阳。这是因为乌鲁木齐是中国向西开放的桥头堡,具有毗邻中亚、俄罗斯的地理区位优势,沈阳有较为发达的铁路网能够快速连通二连浩特、满洲里两个对蒙口岸及黑河、绥芬河、珲春等对俄重点口岸,能够促进中俄与中亚、蒙古国间经贸合作更加便利化。

(6) 区域合作对话机制。

中俄与中亚、蒙古国的同级地方政府、企业及民间举办各类对话会议和论坛，构成彼此之间的区域合作对话机制。可以考虑建立相关跨国次区域经济合作的地方级经济合作论坛，由各国商务部代表、地方政府领导及相关部门官员、各国专家学者、大型企业代表及次区域范围内其他经济合作组织代表等多主体，共同参与广泛讨论中俄与中亚、蒙古国次区域合作开发中各类问题。并由各地方政府共同设立次区域合作信息交流网站，及时有效地发布相关次区域的经济信息政策、贸易投资法律法规及企业合作信息等，避免信息不对称对次区域经济合作的不利影响；可以在相应跨国次区域的重点城市举办各类展览会、博览会、企业交流会、城市联合发展促进会等，加强不同国家不同地区的城市、企业之间沟通与合作，促进彼此之间贸易、投资及产业协同合作顺利开展。

总而言之，在"一带一路"倡议下中俄区域经济合作机制构建的进程中，无论是从纵向深化还是横向拓展来看，各参与国都需要秉承开发开放、合作共赢的理念集聚合作力量，加强与各国既有的合作机制进行战略对接，努力挖掘"一带一路"中俄相关区域经济合作机制建设的政治、经济潜力，推进沿线各国实现全面经济融合发展。未来，中俄区域经济合作机制的创新发展将进一步整合现有合作力量，激发各级政府、企业、组织及公众更加有效发挥彼此优势和作用，为促进中俄区域经济合作又好又快发展提供动力支撑。

第三节 "一带一路"倡议下中俄区域经济合作路径选择

进入 21 世纪以来，中俄区域经济合作取得了令人瞩目的成就，双边贸易额稳定，相互投资规模逐渐扩大，能源、金融、农业、制造业、科技等领域合作不断取得新进展和新突破。随着中俄区域经济合作的深化发展，近年来两国政府积极探索建立起一系列运行机制并坚持不断完善机制化建设，对推动中俄区域经济合作的发展起到了至关重要的作用。在当前复杂多变的国际政治经济形势下，中国应当以地缘优势和资源优势为依托，及时对中俄区域经济合作路径进行调整与创新，不断寻求适应新形势的中俄区域经济合作新路径，以更好地推动共建"一带一路"高质量发展。

一、加强贸易合作以稳固中俄区域经济合作的核心

在"一带一路"建设迎来新一轮良好发展机遇的同时，当今世界经济环境的各种不确定性、挑战性和潜在风险也空前增多，各种地缘冲突及非传统安全风险有增无减，中俄区域经济合作面临着诸多困难与挑战。加强中俄贸易合作是深化中俄区域经济合作的核心，不仅有利于推进国际政治经济格局的变化，也有利于促进中俄两国经济实力的进一步提升。加强中俄贸易合作可以从以下方面着手：一是，中俄两国推动国内结构改革，加快经济增长方式转变，加强农业、装备制造业、医药业等产业技术合作，促进本国产业结构优化，增强贸易合作的内生动力。二是，中俄两国推动双边贸易结构优化，加强科技创新合作以提高出口附加值，加快发展旅游、国际运输、金融保险等行业的现代服务贸易，扩大贸易合作的广度和深度。三是，中俄两国在跨国次区域推动建立自由贸易区、跨境经济合作区等，完善贸易便利化措施，夯实贸易合作的法律基础，促进贸易合作的环境优化。四是，中俄两国激发上海合作组织、金砖国家等多边机制作用，优先推进"一带一盟"对接下的贸易合作项目。

二、拓展投资合作以提升中俄区域经济合作的重点

作为中俄区域经济合作的深化表现，中俄早在 2009 年就签订了《中俄投资合作规划纲要》，此后投资合作一直深受两国政府高度重视[①]。

---

① 付晨. 中俄投资合作问题研究［D］. 长春：吉林财经大学，2015.

为了提升中俄投资合作水平，可以考虑从以下方面进行：一是中俄两国改善本国投资环境，加强政府投资制度供给。中俄两国政府应当在完善本国投资相关法律的基础上，协商制定中俄相互投资协定，明确投资企业准入条件、投资税收优惠和投资产业优先支持政策等，建立完善中俄投资鼓励机制，联合设立中俄投资合作专项基金。目前，两国已先后设立中俄投资基金、中俄农业投资基金、中俄发展基金等多个联合投资基金[1]，后续可以设立地区合作专项基金以支持中俄跨国次区域投资合作。二是中俄两国优化投资合作结构，统筹投资"质"和"量"共同增长。中俄两国应当扩大对高附加值和高科技含量的朝阳产业投资，以带动国内产业结构优化升级。三是中俄两国发挥跨国企业作用，建立中俄合资企业参与中俄跨国次区域投资开发，引进大型跨国企业投资入驻，带动本国企业技术水平、创新力和竞争力快速提升。四是中俄两国加大金融合作力度，在上海合作组织、金砖国家等合作框架下，加速推进中俄本币互换进程，降低对美元交易的过度依赖，提高中俄投资效率。

三、共同推动全球治理引领中俄区域合作走深走实

当今世界正处在百年未有之大变局和新冠疫情的双重叠加影响之中，国际政治经济秩序面临深刻调整，全球化、区域化进程遭受极大冲击，美欧发达国家主导的全球治理体系的缺陷和不足愈发明显[2]。中俄两个大国均是联合国安理会常任理事国，又同为世界上最重要的两大新兴经济体，都在包括改革全球治理机制、组建新的国际组织、打击跨境恐怖主义等方面作出了自己的贡献，已然成为巩固全球和地区稳定的重要因素[3]。面对诸多挑战，中俄两国共同推动完善全球治理，对于扩大"一带

---

[1] 盛海燕. 俄罗斯远东新国家规划与中俄地区经贸投资合作 [J]. 黑河学院学报，2021，12 (8)：9 - 11.
[2] 卫灵. 全球治理视域下的中俄合作研究 [J]. 人民论坛·学术前沿，2020 (13)：60 - 68.
[3] [俄] 谢尔盖·根纳季耶维奇·卢贾宁. 俄罗斯与中国：共建新世界 [M]. 北京：人民出版社，2019.

一路"与欧亚经济联盟对接,引领中俄区域经济合作走深走实意义重大①。中俄两国合作推动全球治理领域涉及诸多层面,主要表现在:一是中俄两国强调尊重联合国权威地位、加强安理会责任和作用及维护以国际法为基础的国际秩序,坚持以联合国的组织和原则为核心解决地区冲突问题。二是中俄两国积极参与推动世界多极化,努力维护现有多边体系,倡导建立相互尊重、公平正义、合作共赢的新型国际关系,积极树立新型大国关系典范,坚决反对西方大国的霸权主义和强权政治,共同推进全球和地区的和平发展、国际社会的平衡稳定。三是中俄两国加强在上合组织、金砖国家合作机制等多边框架下的协调合作②,携手共同应对解决全球和地区治理问题,增加新兴市场和发展中国家在国际制度建设中的话语权,促进全球治理规则更加民主化、法治化。

四、提升文化认同以夯实中俄区域经济合作的基础

文化认同是中俄区域经济合作的重要基础。事实上,中俄两国虽为全面战略协作伙伴,但两国之间的文化存在着较大的差异,在民族宗教、国土边界等问题上也存在一些分歧。中俄两国区域经济合作的开展应该更加注重人文领域的交流与合作,具体来说:一是中俄两国积极发挥不同主体对中俄人文交流合作的促进作用,充分利用海外华人华侨、青年留学人员、跨国公司、国际志愿者组织等多主体,传播中国传统文化、增进彼此间理解与信任③。二是中俄两国积极发挥各类发展论坛、文化会展、各类新媒体平台、高校孔子学院等重要宣传引导作用,促进两国社会民众对彼此的认知、理解和欣赏,尤其是中国应当增强文化自信向世界贡献中国发展的智慧和"一带一路"倡议共同繁荣的发展理念。三是

---

① 秦亚青,金灿荣,倪峰,冯仲平,孙壮志,吴志成. 全球治理新形势下大国的竞争与合作 [J]. 国际论坛,2022,24(2):3-32.
② 李兴,耿捷,成志杰."一带一路"框架下的金砖合作机制与中俄关系 [J]. 国外理论动态,2019(4):115-126.
③ 李根. 中俄人文交流机制研究 [D]. 长春:吉林大学,2019.

中俄两国积极开展教育合作，共同成立中俄国家教育合作智库、中俄国家教育研究中心等机构，加快培养学术型和应用型人才，为中俄区域经济合作提供强大的智力支撑。四是中俄两国跨国次区域内地方政府做好人文交流与合作的顶层设计，实现人文交流的制度化、深入化，提升地区层面的中俄文化认同，为促进中俄区域经济合作助力。

第七章 "一带一路"倡议下中俄跨国次区域经济合作的实践

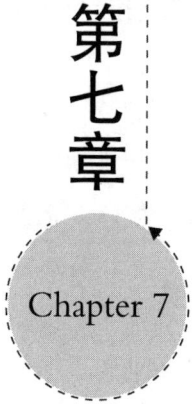

作为中俄新时代全面战略协作伙伴关系的重要组成部分,当前中俄跨国次区域经济合作发展势头良好且潜力巨大。随着"一带一路"倡议在全球范围内落地生根,以中国东北地区与俄罗斯远东地区、中国西北地区与俄罗斯西西伯利亚地区为代表的毗邻地区及以中俄"长江—伏尔加河"地区为代表的非毗邻地区之间的中俄跨国次区域经济合作不断向前推进,并取得了一定的成效。

第一节 中国东北地区与俄罗斯远东地区的城市经济合作

中国东北地区与俄罗斯远东地区经济依存关系明显,本章节选取中国东北地区与俄罗斯远东地区城市间经济联系为研究对象,实证分析该跨国次区域城市经济联系强度及空间结构变化,提出适合中国东北经济振兴的促进策略。

一、中国东北地区与俄罗斯远东地区跨国次区域城市经济联系强度及空间结构现状

经过多年发展，中国东北地区与俄罗斯远东地区经济合作已经取得重要成果。据统计，2000年东北三省对俄罗斯进出口总额仅为16.8亿美元，而在2014年跃升到262.8亿美元，占比达中国与俄罗斯进出口总额的27.6%[①]。中国东北地区与俄罗斯远东地区合作规模在不断扩大，合作领域涵盖了贸易、能源、科技、农业、林业、金融业、旅游业等。尽管如此，目前两地区在经济发展方面仍然存在某些差距和矛盾，限制了其形成该跨国次区域资源与要素流动，影响了区域内城市间竞争与合作关系的协调发展，制约了中国东北地区与俄罗斯远东地区经济融合的进程。因此，只有客观地描述和评价该跨国次区域经济融合的发展状况及特征，才能有针对性地提出加快推动两地区经济融合的对策建议。

（一）跨国次区域城市经济联系强度模型构建与分析

中心城市的空间经济联系基本上可以反映整个区域的主要经济联系。因此，本章节通过研究中国东北地区和俄罗斯远东地区共35个主要中心城市间的空间经济联系，明确由两地区构成的跨国次区域城市经济联系的空间格局。考虑中国东北地区与俄罗斯远东地区城市间经济联系的发展趋势，以及数据的可获取性和计算的简便性，这里分别选取了2006年、2009年、2012年这三个时点的数据，时间跨越7年且时点分布均匀，可以反映中国东北地区与俄罗斯远东地区城市经济结构的变化特征。本章节主要是利用引力模型，采用主成分分析法简化城市质量综合指标体系，最终根据模型测算出中国东北地区与俄罗斯远东地区城市间经济联系强度。

---

① 资料来源：《黑龙江省统计年鉴》《吉林省统计年鉴》《辽宁省统计年鉴》，以及中国国家统计局网站和东北各省统计局网站。

最早引用牛顿力学引力模型研究经济联系的地理学家，是1929年对零售业经济联系进行研究的威廉·J.雷利（W. J. Reilly）。此后，国外许多学者从区域经济学、城市地理学、经济地理学等角度对城市之间的空间流及城市相互作用模型加以研究。近年来，国内一些学者借鉴国外城市经济联系的相关理论，对中国局部区域的城市群或城市圈的主要经济联系方向进行了广泛研究，如王欣、吴殿廷、苗长虹（2006），刘承良、余瑞林（2007），顾朝林（2008），姜博、邓春玉、郭丽娟（2009），徐茜、罗守贵、金芙蓉（2010），李红锦（2011）等，这些成果大多基于城市人口数量、城市GDP、地理距离等要素进行定量研究，并寻求不同程度的修正，以增加测算的准确性。引力模型的基本公式为：

$$F_{ij} = k \frac{M_i M_j}{d_{ij}^2} \quad (7-1)$$

在式（7-1）中，F_{ij}代表两个城市间的空间经济吸引力，M_i和M_j分别表示城市i和城市j的"质量"，D_{ij}表示两个城市之间的距离，k为经济引力系数，一般情况下为简化研究取k=1。在很多经济联系的研究中，城市质量用GDP来替代，还有的如孟德友（2009）、李红锦（2011）等使用GDP和人口量，有的使用工业产值、人口数、固定资产投资等。本书认为单一指标存在较大缺陷，拟选择GDP、全社会固定资产投资额、人均GDP、人口数、外贸总额、对外贸易依存度、市区面积、客运总量、教育经费投入来评价城市质量。这些指标初步反映了城市经济综合实力、对外开放程度及城市规模影响力。由于国外文献大多采用绝对距离而不是相对距离，而且国内有学者对绝对距离和相对距离有效性检验结果表明前者回归系数的显著性较高。因此，此处采用绝对距离，也就是地理空间上的距离代入模型进行分析。鉴于构建的城市质量指标体系比较复杂，本章节采取主成分分析法对相关指标和数据进行处理。由于篇幅有限，历年实证分析过程不一一赘述，仅选取2006年的数据进行论述说明[1]，其他年份数据按照相同方法处理。

---

[1] 资料来源：《黑龙江省统计年鉴》《吉林省统计年鉴》《辽宁省统计年鉴》《俄罗斯联邦统计年鉴》，以及中国国家统计局网站、东北各省统计局网站、俄罗斯联邦统计局网站。

1. 利用主成分分析法评估两地城市质量

利用主成分分析法评估两地城市质量一般的步骤是利用 SPSS 20.0 软件对两地的原始数据进行标准化处理,然后计算其 R 阵、R 阵的特征值和特征向量及主成分贡献率,从而确定主成分个数,计算得到各主成分综合评价值。

(1) 数据标准化处理。

先对原始数据进行标准化处理,以消除量纲和数量级对处理数据的影响。在此基础上利用 SPSS 软件的因子分析功能对数据进行标准化处理,得到特征值及方差贡献率矩阵。这里主要采用相关性矩阵对 9 个指标进行分析,发现大部分指标间相关系数都比较大,这表明各个指标间的相关性比较显著。而且,KMO 测度和 Bartlett 球形分析得出,KMO 的值为 0.705,渐进卡方值为 312.612,自由度为 36,检验结果表明,这些变量各自不完全独立,它们之间存在线性相关性,适合做因子分析。对 9 个子因子采用主成分分析法,提取公共因子,以最大方差法对公共因子进行正交旋转,简化因子结构体系。通过正交旋转后,得到方差贡献率矩阵(见表 7-1)、因子载荷矩阵(见表 7-2)。

表 7-1　　　　　　　　　方差贡献率矩阵

成分	初始特征值			提取平方和载入			旋转平方和载入		
	合计	方差的百分比(%)	累积百分比(%)	合计	方差的百分比(%)	累积百分比(%)	合计	方差的百分比(%)	累积百分比(%)
1	4.412	49.025	49.025	4.412	49.025	49.025	3.795	42.169	42.169
2	1.769	19.652	68.677	1.769	19.652	68.677	1.642	18.250	60.419
3	1.353	15.037	83.715	1.353	15.037	83.715	1.524	16.932	77.351
4	0.836	9.294	93.009	0.836	9.294	93.009	1.409	15.658	93.009
5	0.304	3.378	96.387						
6	0.202	2.248	98.635						
7	0.058	0.646	99.281						
8	0.039	0.435	99.716						
9	0.026	0.284	100.00						

表 7-2　　　　　　　　　因子载荷矩阵

成分	F1	F2	F3	F4
Z（X1）	0.961	0.205	-0.023	0.037
Z（X2）	0.977	-0.014	-0.020	0.066
Z（X3）	-0.040	0.029	-0.958	0.070
Z（X4）	0.244	0.919	0.028	-0.082
Z（X5）	0.854	0.473	0.137	-0.031
Z（X6）	0.678	-0.148	-0.067	0.629
Z（X7）	-0.054	0.011	0.030	0.969
Z（X8）	0.811	0.417	0.339	-0.095
Z（X9）	0.078	0.579	0.683	0.221

从表 7-1 可以看出，解释累计方差比例达到 90% 以上的因子有 4 个，初始特征值累计方差贡献比例为 93.009%，旋转后提取因子的载荷平方和累计方差贡献率也达到了 93.009%，这意味着所有指标 93.009% 的信息被浓缩在这 4 个子因子当中。为此，将中国东北地区与俄罗斯远东地区城市经济联系测算指标浓缩为 4 个公共因子。将提取的 4 个公共因子分别命名为 F1、F2、F3、F4。因子载荷矩阵如表 7-2 所示，在因子旋转基础上，根据 SPSS 20.0 软件得到各评价指标的主成分分析结果，从而得到中国东北地区与俄罗斯远东地区城市质量评价因子得分系数。

（2）构建计算城市质量模型。

以 4 个公共因子作为变量，以每个公共因子的解释方差贡献率为权数，得出计算城市质量得分模型如下：$F = 0.42169 \times F1 + 0.1825 \times F2 + 0.16932 \times F3 + 0.15658 \times F4$。上式中，F 为城市质量总分，F1、F2、F3、F4 为公共因子得分。通过以上城市质量得分模型，利用 SPSS 软件进行分析，可以得出 2006 年中国东北地区与俄罗斯远东地区 35 个城市质量的综合得分与排序（见表 7-3）。综合得分是反映城市之间综合实力的相对值，故可能出现城市得分为负的情况。为此，这里采用加拿大数据挖掘专家坎伯（Micheline Kamber）的最小—最大规范化方法，将表 7-3 中综合得分 F 的数据进行转化，使全部城市质量得分为正值。转化计算公式如下：

$$V' = \frac{V - \min_A}{\max_A - \min_A}(N\max_A - N\min_A) + N\min_A \qquad (7-2)$$

其中，V′为新数据，V为原数据，$\max_A$ 和 $\min_A$ 分别为原数据列的最大和最小值，Nmax_A 和 Nmin_A 分别为新数据列的最大和最小值。选取合适的映射区间，将确保新数据列全部为正值。为了维持原数据列的大小次序特征，这里选取与原数据列区间 [-0.66，1.54] 长度相同的映射区间 [1，3.2] 利用式（7-2）进行线性变换，得到新的数据（见表7-3的综合质量指数）。

表7-3　　中国东北地区与俄远东地区城市综合质量指数（2006年）

城市	综合得分F	综合质量指数	排序
符拉迪沃斯托克	-0.25	1.41	23
阿尔乔姆	-0.44	1.22	31
纳霍德卡	-0.39	1.27	30
乌苏里斯克	-0.36	1.30	27
哈巴罗夫斯克	-0.23	1.43	22
阿穆尔共青城	-0.37	1.29	28
布拉戈维申斯克	-0.29	1.37	24
马加丹	-0.46	1.20	32
南萨哈林斯克	-0.53	1.13	34
雅库茨克	-0.51	1.15	33
阿纳德尔	-0.66	1.00	35
比罗比詹	-0.34	1.32	26
堪察加彼得罗巴甫洛夫斯克	-0.38	1.28	29
哈尔滨	1.40	3.06	2
齐齐哈尔	0.33	1.99	7
大庆	0.15	1.81	9
佳木斯	0.10	1.76	11
牡丹江	0.54	2.20	5
黑河	0.37	2.03	6
鸡西	-0.10	1.56	15
长春	0.72	2.38	4
吉林	0.26	1.92	8
辽源	-0.29	1.37	25
通化	-0.11	1.55	16
松原	-0.05	1.61	13

续表

城市	综合得分 F	综合质量指数	排序
白城	-0.11	1.55	17
延边	0.14	1.80	10
沈阳	0.99	2.65	3
大连	1.54	3.20	1
鞍山	0.03	1.69	12
抚顺	-0.14	1.52	19
本溪	-0.20	1.46	21
丹东	-0.09	1.57	14
锦州	-0.12	1.54	18
营口	-0.15	1.51	20

2. 利用引力模型计算城市经济联系强度

这里，城市之间距离为直线距离，通过 Google Earth 软件得出数据。运用 SPSS 软件对城市间距离数据进行标准化处理，再采用上述最小—最大规范化方法进行转化，得到最终标准化数据。根据前面的引力模型公式（7-1），计算中国东北地区与俄罗斯远东地区 35 个主要中心城市间的经济联系强度值，具体结果如表 7-4 所示。

表 7-4 中国东北地区与俄罗斯远东地区城市间经济联系强度（2006 年）

城市	城市对外联系总量	城市联系均值	排序
哈尔滨	73.41	2.16	1
沈阳	63.48	1.87	2
长春	61.73	1.82	3
大连	55.68	1.64	4
牡丹江	52.12	1.53	5
吉林	50.27	1.48	6
大庆	42.74	1.26	7
松原	42.35	1.25	8
佳木斯	42.14	1.24	9
齐齐哈尔	42.11	1.24	10
延边	42.04	1.24	11

续表

城市	城市对外联系总量	城市联系均值	排序
鞍山	40.85	1.20	12
抚顺	39.04	1.15	13
通化	38.34	1.13	14
本溪	36.79	1.08	15
辽源	36.33	1.07	16
白城	35.87	1.06	17
黑河	35.56	1.05	18
鸡西	35.11	1.03	19
营口	35.00	1.03	20
丹东	34.65	1.02	21
锦州	32.81	0.97	22
符拉迪沃斯托克	30.56	0.90	23
乌苏里斯克	28.95	0.85	24
阿尔乔姆	26.71	0.79	25
纳霍德卡	25.58	0.75	26
布拉戈维申斯克	24.88	0.73	27
比罗比詹	23.66	0.70	28
哈巴罗夫斯克	22.91	0.67	29
阿穆尔共青城	17.15	0.50	30
南萨哈林斯克	11.88	0.35	31
雅库茨克	10.38	0.31	32
马加丹	6.49	0.19	33
堪察加彼得罗巴甫洛夫斯克	6.17	0.18	34
阿纳德尔	2.60	0.08	35

3. 城市经济联系强度结果分析

（1）分析城市质量计算结果。

就中国东北地区来看，大连、哈尔滨、沈阳、长春为四大核心，主导该地区的经济发展，它们的城市发展水平明显超过其他城市。分别以四大城市作为核心城市来看：以大连为核心城市，其与营口、锦州、丹东的经济联系最强；以沈阳为核心城市，其与鞍山、抚顺、本溪的经济联系最强；以哈尔滨为核心城市，其与大庆、牡丹江、齐齐哈尔的经济联系最强；以长春为核心城市，其与吉林、松原、辽源的经济联系最强。这就形成了分别以大连、哈尔滨、沈阳、长春为核心的大都市区。

就俄罗斯远东地区来看，哈巴罗夫斯克、符拉迪沃斯托克为两大核心，主导该地区的经济发展。分别以两大城市作为核心城市来看：以哈巴罗夫斯克为核心城市，其与比罗比詹、阿穆尔河畔共青城、布拉戈维申斯克的经济联系最为紧密；以符拉迪沃斯托克为核心城市，其与阿尔乔姆、乌苏里斯克、纳霍德卡的经济联系最为紧密。这就形成了分别以哈巴罗夫斯克、符拉迪沃斯托克为核心的大都市区。而堪察加彼得罗巴甫洛夫斯克、马加丹、雅库茨克、阿纳德尔等城市地处远东北部偏远地区，属于两大核心都市区的外围城市，与两大核心城市间的经济联系均比较弱。

将中国东北地区与俄罗斯远东地区作为一个整体区域来看，区域内各城市经济发展呈现不平衡状态，东北地区城市质量总体上高于远东地区城市质量。因而，在两地区经济合作过程中，东北地区城市明显成为主导力量，远东地区城市则是重要的辅助力量，只有两地区城市通力合作，才能实现整个区域的经济一体化。

（2）分析城市经济联系均值。

就中国东北地区来看，仍以哈尔滨、沈阳、长春、大连为四大核心，城市经济空间相互作用依次向外降低。东北地区的要素基本汇集在哈尔滨、沈阳两大城市，形成了以哈尔滨、沈阳为中心向其他城市辐射发展的经济空间结构。大连虽然城市质量排在首位，经济发展水平非常高，但是它对区内其他城市的辐射带动作用却仍有限，城市空间经济联系强度还排在长春之后。这主要是因为，大连作为港口城市，主要与中国东北地区的营口、锦州等港口及俄罗斯远东地区的符拉迪沃斯托克、纳霍德卡等港口的经济联系较为密切，其对整个区域内港口城市的吸引力相对较大，而对其他边缘城市辐射带动作用相对较小。长春凭借东北地区地理中心位置，与周边城市间经济联系较强，对其他城市的经济影响力仅排在哈尔滨、沈阳之后。而营口、丹东、锦州的空间影响力却是非常弱，这主要因为城市质量整体上偏低，城市的吸引力非常有限。

就俄罗斯远东地区来看,其城市经济空间是以符拉迪沃斯托克、哈巴罗夫斯克为中心,向区内其他城市辐射。主要是以符拉迪沃斯托克为经济核心,以哈巴罗夫斯克为政治、文化核心,城市空间联系向外逐渐降低。俄罗斯远东地区的主要资金、技术、信息、人力等要素均集中在东南部地区,特别是汇聚在远东地区最重要的城市符拉迪沃斯托克,它形成了一个强大的经济发展辐射源。哈巴罗夫斯克虽然城市质量略高于符拉迪沃斯托克,并且是远东地区中心城市和重要交通枢纽、河港城市,但其城市空间经济联系强度却排在比罗比詹之后。这主要是因为,哈巴罗夫斯克作为远东地区中心,更多是体现在其政治、文化意义上,而符拉迪沃斯托克作为港口城市与远东地区东南部及北部港口联系较强,与中国东北地区主要港口城市联系紧密,形成了较高的经济空间相互作用力。而马加丹、堪察加彼得罗巴甫洛夫斯克、阿纳德尔的空间影响力最弱,这主要因为其城市总体发展水平偏低,城市地理位置偏远且交通很不发达,城市缺乏吸引力,基本上处于边缘地带。

就中国整个东北地区与俄罗斯远东地区来看,区域内各城市对外经济联系水平参差不齐,东北地区城市的对外经济联系水平总体上高于俄罗斯远东地区城市。为加快推进中国东北地区与俄罗斯远东地区的跨边界次区域经济合作,必须要充分发挥哈尔滨、沈阳、长春、大连、符拉迪沃斯托克、哈巴罗夫斯克等六大城市的核心辐射作用,努力促进整个区域内各城市之间的经济交流与合作。

最后,从2006年中国东北地区与俄罗斯远东地区城市经济联系的总体状况来看,整个区域内的经济发展不平衡问题比较突出,经济空间结构呈现明显的核心—边缘格局,分别在中国东北地区和俄罗斯远东地区形成了各自的核心都市区,区域内城市经济联系呈现以六大城市为中心逐渐向外减弱的状况,边缘城市间的经济相互作用力尚显不足,特别是俄罗斯远东、北部地区和中国东北地区东南港口及中部地区的城市间经济联系仍然有待提高。此外,在中国东北及俄罗斯远东地区的边境城市间经济联系普遍相对较强,特别是俄罗斯滨海边疆区的符拉迪沃斯托克、纳霍德卡、乌苏里斯克等与牡丹江的联系比较紧密,哈巴罗夫斯克边疆区的哈巴罗夫斯克与哈尔滨、佳木斯等联系比较紧密，阿穆尔州的布拉戈维申斯克与黑河之间联系紧密。

因此，要实现中国东北地区与俄罗斯远东地区的经济协调发展，促进整个城市区域的经济一体化建设，只有充分发挥核心城市的辐射带动作用，优化整个区域的经济空间布局，加快推进边境城市群发展，以边境城市间合作为桥梁，才能促进整个区域城市间合作向纵深发展。

4. 城市经济联系总强度分析

为了反映两地区城市经济联系的总体发展水平，本书利用与前面相同的方法，分别计算了 2009 年、2012 年中国东北地区与俄罗斯远东地区城市经济联系强度值，将各年份 35 个城市间引力值分别求和得到各年份该跨国次区域城市经济联系的总强度值（见图 7-1）。

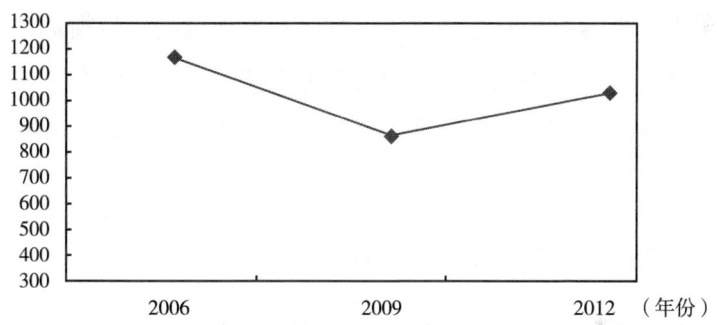

图 7-1 中国东北地区与俄罗斯远东地区城市经济联系总强度值演变情况

图 7-1 大致反映出中国东北地区与俄罗斯远东地区城市空间经济联系强度的发展变化趋势。第一阶段是 2001~2006 年，由于中俄两国同步实施振兴战略，经济联系强度得到提升。如 2001 年中俄两国签署《中俄睦邻友好合作条约》，2004 年的《中俄睦邻友好合作条约实施纲要（2005-2008 年）》规定了两国各领域和部门间合作内容，成为深化发展中俄关系的中期合作规划。同时，2003 年 10 月中国东北地区等老工业基地振兴战略正式启动，与此同时，俄罗斯也积极推动东部大开发。这一时期，在中国东北地区振兴战略和俄罗斯东部开发战略的同步实施下，两国边境地区合作蓬勃发展，中国东北地区与俄罗斯远东地区城市之间经济联系总强度随之逐步加强。第二阶段是 2006~2009 年，中俄两国制

定地区发展规划并落实开发战略,但2008年国际金融危机对中俄两国经济产生了一定负面影响,导致中俄贸易额、相互投资额和边境贸易额下降,并致使中国东北地区与俄罗斯远东地区城市之间经济联系总强度值呈现出下滑趋势。第三阶段是2009~2012年,中俄两国毗邻地区合作迈进实质性操作阶段,经济联系强度出现上升的趋势。尤其是2009年中俄正式批准《中国东北地区同俄罗斯远东及东西伯利亚地区合作规划纲要(2009-2018)》,为中国东北振兴战略与俄罗斯远东开发战略相互对接及地区合作的可持续发展注入新的活力。同时,中俄两国根据国际经济形势变化并结合本国实际情况,积极调整地区发展战略规划。这一时期中俄主要合作区域由以边境地带为主向以毗邻地区为主不断扩展,随着投资合作规模不断扩大,中俄毗邻地区的区域经济日益朝着渗透融合的积极方向进展。在这样的良好环境下,中国东北地区与俄罗斯远东地区城市经济联系总强度值逐渐提高并保持较好发展势头。2012年以来,在中俄两国政府大力支持和地方政府积极落实下,中俄毗邻地区合作继续向前推进,城市经济联系强度也将得到进一步提高。

(二) 跨国次区域经济空间结构

城市区域通过空间经济联系的集聚与扩散,形成错综复杂的网络关系。这种社会网络关系又会进一步影响作用城市和区域的发展。这里,基于社会网络分析的视角,将中国东北地区及俄罗斯远东地区构成的跨国次区域看作是一个以城市为节点、以城市间经济联系为边的经济网络。根据前面对中国东北地区与俄罗斯远东地区城市间经济联系的测算结果并进行一些处理①,采用Ucinet软件对这些数据分别从经济联系网络的结构、密度、中心度、中心势、凝聚子群、结构相似性及核心—边缘结构等方面进行分析,以

---

① 这里从相对经济联系强度角度来分析比较不同时间截面的网络联系。考虑到数据的可取性及修正异常值,对计算结果按照相同比例进行处理。具体方法是借鉴赵渺希(2011)的做法,分别选取各截面年份中城市经济联系最大的 Fij,计算其他城市间经济联系与相应年份最大值的比值 Tij,在此基础上计算 Tij 大于一定阈值(为简化网络图这里选择阈值为20%)的城市经济联系总数,以分析该区域网络联系强度。

全面深入地认识该跨国次区域经济融合发展进程。

1. 网络结构分析

根据中国东北地区与俄罗斯远东地区三个年份的城市经济联系值，采用 Ucinet 软件生成该跨国次区域的城市经济联系网络基本形态，如图 7-2、图 7-3、图 7-4 所示。

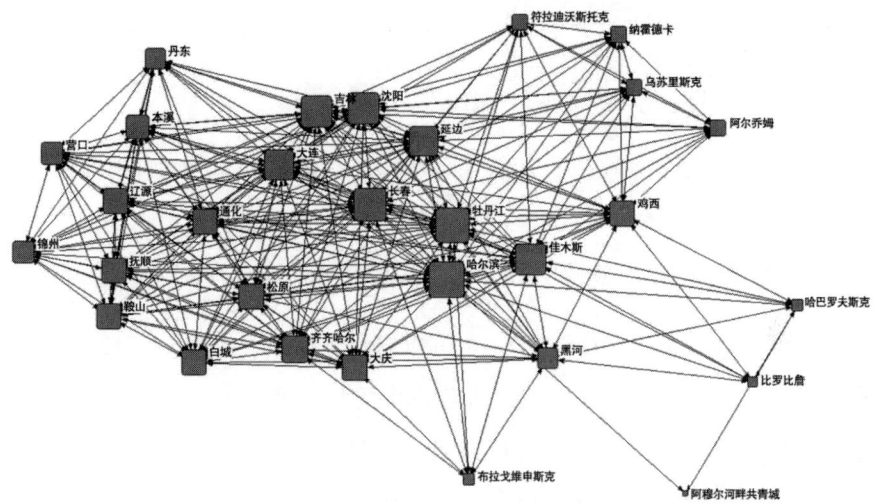

图 7-2　中国东北地区与俄罗斯远东地区城市经济联系网络（2006 年）

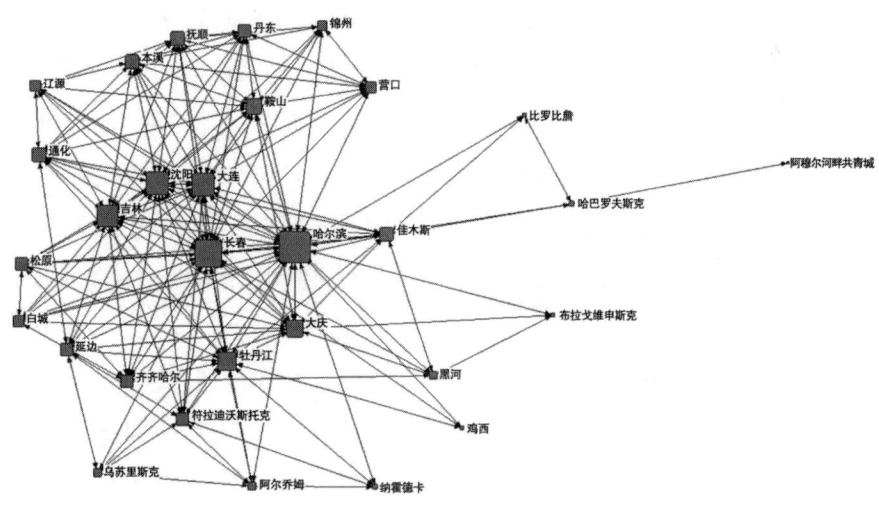

图 7-3　中国东北地区与俄罗斯远东地区城市经济联系网络（2009 年）

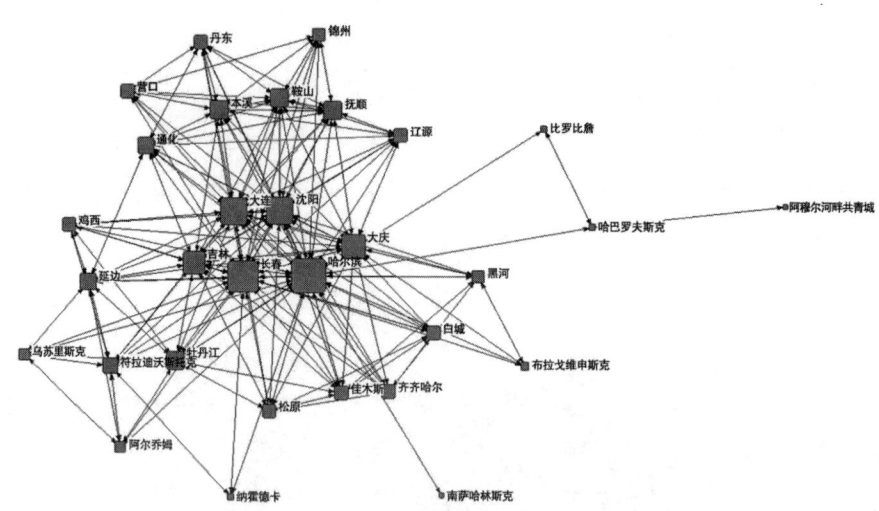

图7-4 中国东北地区与俄罗斯远东地区城市经济联系网络（2012年）

从图7-2、图7-3和图7-4可以粗略地看到，2006~2012年中国东北地区与俄罗斯远东地区城市间经济联系网络出现了比较明显的变化，网络结构由较为复杂到略有简化再重回到日渐复杂的形态。这说明，该跨国次区域城市间经济联系呈现波动变化，从开始逐渐加强到略微下降再到重新强化且趋向紧密。从具体数据来看，以区域网络联系强度的20%为标准，来衡量中国东北地区与俄罗斯远东整个跨国次区域的网络联系演化，根据 Ucinet 软件计算得出，T_{ij} 大于一定阈值（20%）的关系数由2006年的532减少到2009年的324再减至2012年的340。这说明，区域网络联系呈现波动变化的形式，由开始较为扩散的状况逐渐集聚起来后又重新走向扩散的趋势，这也印证了网络图分析的结果。综合来看，这意味着中国东北地区与俄罗斯远东跨国次区域正朝着经济融合的方向发展。

2. 网络密度分析

在社会网络分析法中，网络密度是用来描述城市之间关联的紧密程度，通过网络中城市之间实际拥有连接关系数和理论上可能拥有的最大关系数的比值来表示。其公式如下[①]：

---

① 罗家德. 社会网分析讲义 [M]. 北京：社会科学文献出版社，2005.

$$D = \sum_{i=1}^{t} \frac{d_i(c_i)}{t(t-1)} \text{其中}, d_i(c_i) = \sum_{i=1}^{t} d_i(c_i, c_j) \qquad (7-3)$$

式（7-3）中，D 为网络密度；t 为城市节点数，i 和 j 表示城市；当城市 i 和城市 j 之间相互联系，则 $d_i(c_i,c_j)$ 为 1，否则为 0。D 的取值范围是 0 到 1，D 越接近 1 代表城市节点间经济联系越紧密，D 越接近 0 则表示城市节点间经济联系越微弱。

根据 Ucinet 软件应用式（7-3）可以得到各年份中国东北地区与俄罗斯远东地区城市经济联系网络密度（见表 7-5）。网络密度值越高，城市之间相互作用越强，从其他城市获得越多的联系途径，整个城市区域的集群优势越明显；网络密度值越低，城市之间相互作用越弱，从其他城市获得越少的联系途径，整个城市区域的扩散劣势逐渐显现。从网络密度变化趋势来看，2006~2012 年中国东北地区与俄罗斯远东地区城市间经济联系网络密度呈现波动变化，其中，2006~2009 年同比下降了38%；2009~2012 年同比上升了5%。这说明，近年来中国东北地区与俄罗斯远东地区城市经济联系互动开始逐渐频繁，中心城市对该跨国次区域扩散效应逐步增强，这种良好的趋势再次反映了该跨国次区域正在朝着经济融合方向发展。从网络密度总体上看，该跨国次区域的网络密度还比较低，2006~2012 年的均值仅为 0.335，2012 年仅为 0.2857，这表明城市之间经济联系还相对较弱，该跨国次区域仍有很大的发展空间，城市间经济合作仍具有很大的潜力。未来进一步扩大城市间的交流与合作，将有力地促进中国东北地区与俄罗斯远东跨国次区域经济融合。

表 7-5　　　　中国东北地区与俄罗斯远东地区城市经济联系网络密度

年份	2006	2009	2012
网络密度	0.4471	0.2723	0.2857

3. 网络中间中心度分析

在社会网络分析法中，网络中间中心度用来描述两个非相邻的城市之间联系依赖于网络中其他城市的程度（尤其是介于两个城市之间路径上的城市），说明网络中节点城市对资源信息的控制程度，如果节点城市处在其他城市节点的最短路径上，则该城市便拥有较高的中间中心度。其表达式如下①：

$$C_{ABi} = \sum_{j}^{n} \sum_{k}^{n} (f_{jk}(i)/f_{jk}) \text{ 其中}, j \neq k \neq i \quad (7-4)$$

式（7-4）中，C_{ABi}为网络中间中心度，f_{jk}为城市j与城市k之间存在捷径的数目，$f_{jk}(i)/f_{jk}$表示城市i控制城市j与城市k联系的能力，即城市i处在城市j与城市k之间捷径上的概率。

根据Ucinet软件应用式（7-4）可以得到各年份中国东北地区与俄罗斯远东地区城市经济联系网络中间中心度（见表7-6）。从表7-6可以看出：第一，哈尔滨、长春、沈阳、大连、哈巴罗夫斯克、符拉迪沃斯托克等城市排名一直比较靠前，说明这些城市在该跨国次区域中处在连接两地城市的重要位置，并且掌握和控制着较大的信息量和较为广泛的资源。纳霍德卡、阿穆尔河畔共青城、阿纳德尔、堪察加彼得罗巴甫洛夫斯克、马加丹、雅库茨克等城市的中间中心度为0，说明这些城市经济发展独立性比较强，与其他城市之间互动连接比较弱，在未来发展中需要合理定位城市产业，增加城市竞争力，强化与其他城市的经济联系，才能融入该跨国次区域经济融合进程当中。第二，该区域中间中心度非0的城市基本上都是中国东北三省的主要城市和俄罗斯远东地区的少数主要城市，说明中国东北地区的主要城市与俄罗斯远东地区的哈巴罗夫斯克及符拉迪沃斯托克等城市处在对外资源控制的核心位置，而大部分俄罗斯远东地区城市都处在边缘位置。这种分布格局的主要原因在于，中国东北地区内部比俄罗斯远东地区内部的交通网络更为发达，而俄罗斯远东地区与中国东北地区之间交通网络联系主要依靠其大城市哈巴罗夫斯克及符拉迪沃斯托克等来实现。第三，2006~2012年，该跨国次区域城市间经济联系网络的中间中心度有逐渐增加的趋势，这说明主要大城市控制资源程度在逐渐增强。其中，哈尔滨、长春、沈阳、大连、哈巴

---

① 罗家德. 社会网分析讲义 [M]. 北京：社会科学文献出版社，2005.

罗夫斯克、符拉迪沃斯托克等城市的中间中心度较 2006 年分别提高了 2.18、2.99、1.11、2.67、10.6、20.34 倍，这种中间中心度大幅度提高说明整个区域核心城市地位正在逐步强化。该区域的城市经济联系大多发生在两地区的主要城市之间，未来要想实现该跨国次区域经济融合，就必须促进城市间经济联系向均衡化趋势发展，要在继续扩大主要城市间联系的同时逐步增强其他边缘城市间的联系。

表 7-6　中国东北地区与俄罗斯远东地区城市经济联系网络中间中心度

排序	2006 年		2009 年		2012 年	
1	哈尔滨	49.758	哈尔滨	134.544	哈尔滨	158.469
2	牡丹江	25.258	长春	42.294	长春	51.469
3	佳木斯	18.331	哈巴罗夫斯克	28	哈巴罗夫斯克	29
4	长春	12.891	牡丹江	14.889	沈阳	19.536
5	沈阳	9.275	佳木斯	14.811	大连	19.536
6	吉林	9.275	大连	14.727	大庆	13.803
7	鸡西	8.338	沈阳	14.727	吉林	8.966
8	延边	8.216	吉林	9.881	牡丹江	4.463
9	大连	5.33	大庆	8.625	符拉迪沃斯托克	4.267
10	黑河	5.277	符拉迪沃斯托克	2.95	延边	3.344
11	齐齐哈尔	3.829	延边	2.611	本溪	1.625
12	大庆	3.25	鞍山	2.249	鞍山	1.625
13	哈巴罗夫斯克	2.5	通化	1.73	抚顺	1.625
14	松原	1.826	齐齐哈尔	1.311	通化	1.146
15	通化	1.321	黑河	1.1	黑河	1.111
16	白城	0.928	抚顺	1.058	佳木斯	0.72
17	鞍山	0.592	本溪	1.058	齐齐哈尔	0.429
18	辽源	0.592	阿尔乔姆	0.75	松原	0.379
19	抚顺	0.592	丹东	0.25	丹东	0.125
20	本溪	0.536	松原	0.211	鸡西	0.125
21	锦州	0.323	营口	0.125	营口	0.125
22	营口	0.248	白城	0.1	白城	0.111
23	乌苏里斯克	0.2	阿穆尔共青城	0	阿穆尔共青城	0
24	符拉迪沃斯托克	0.2	鸡西	0	纳霍德卡	0
25	丹东	0.114	乌苏里斯克	0	乌苏里斯克	0

续表

排序	2006年		2009年		2012年	
26	纳霍德卡	0	南萨哈林斯克	0	南萨哈林斯克	0
27	阿尔乔姆	0	纳霍德卡	0	阿尔乔姆	0
28	阿纳德尔	0	阿纳德尔	0	阿纳德尔	0
29	比罗比詹	0	比罗比詹	0	比罗比詹	0
30	堪察加彼得罗巴甫洛夫斯克	0	堪察加彼得罗巴甫洛夫斯克	0	堪察加彼得罗巴甫洛夫斯克	0
31	阿穆尔共青城	0	辽源	0	辽源	0
32	布拉戈维申斯克	0	布拉戈维申斯克	0	布拉戈维申斯克	0
33	马加丹	0	马加丹	0	马加丹	0
34	南萨哈林斯克	0	锦州	0	锦州	0
35	雅库茨克	0	雅库茨克	0	雅库茨克	0

而表7-7显示，中国东北地区与俄罗斯远东地区城市经济联系网络中间中心势值由2006年的8.24%上升到2009年的23.13%，再提高到27.39%，这也说明了该跨国次区域核心城市控制资源能力在不断增强，整个区域的城市间经济联系呈现不均衡发展态势，主要集中于核心城市之间而其他城市之间联系则较弱，从侧面验证了中间中心度的分析结果。

表7-7 中国东北地区与俄罗斯远东地区城市经济联系网络中心势值　　单位：%

年份	2006	2009	2012
中间中心势	8.24	23.13	27.39

4. 凝聚子群分析

在社会网络分析法中，凝聚子群是指在整个网络中某些行动者之间关系紧密而形成次级团体。凝聚子群分析则是研究在整个网络中存在联系紧密的子群数量，这些子群内部行动者及不同子群之间的连接关系及其特点[1]。在整个网络中，凝聚子群之间交往越多，联系越紧密，对整体

---

① 李伟. 大城市旅游流网络结构构件与分析——以武汉市为例 [D]. 武汉：华中师范大学，2013：24.

网络发展越有利,反之亦然。这里,采用 Ucinet 软件中迭代相关收敛法(CONCOR)进行聚类分析,研究中国东北地区与俄罗斯远东地区哪些城市之间存在相对较强、直接紧密的经济联系。

从表7-8可以看出,随着中国东北地区与俄罗斯远东地区城市间经济联系的变化,凝聚子群中的成员也发生了变化。而表7-9反映出2006~2012年各凝聚子群的密度值略有波动但总体上呈现增大趋势,这表明中国东北地区与俄罗斯远东城市间经济联系逐渐紧密。

表7-8　中国东北地区与俄罗斯远东地区城市经济联系网络凝聚子群分析结果

时点	序号	凝聚子群
2006年	1	符拉迪沃斯托克、阿尔乔姆、纳霍德卡、乌苏里斯克、鸡西
	2	哈巴罗夫斯克、阿穆尔共青城、比罗比詹
	3	阿纳德尔、南萨哈林斯克、堪察加彼得罗巴甫洛夫斯克、雅库茨克、马加丹
	4	布拉戈维申斯克、黑河
	5	哈尔滨、佳木斯、牡丹江、延边、沈阳、长春、吉林
	6	齐齐哈尔、大庆、松原、白城、大连
	7	通化、辽源、鞍山、抚顺、本溪、丹东、锦州、营口
2009年	1	符拉迪沃斯托克、延边、鸡西、乌苏里斯克、牡丹江
	2	白城、齐齐哈尔、松原、佳木斯、黑河、大庆
	3	沈阳、吉林、哈尔滨、长春、大连
	4	通化、辽源、营口、本溪、鞍山、锦州、抚顺、丹东
	5	纳霍德卡、布拉戈维申斯克、阿尔乔姆
	6	哈巴罗夫斯克、比罗比詹、阿穆尔共青城
	7	堪察加彼得罗巴甫洛夫斯克、阿纳德尔、南萨哈林斯克、雅库茨克
2012年	1	符拉迪沃斯托克、延边、鸡西、牡丹江
	2	吉林、松原、布拉戈维申斯克、大庆、白城、黑河、齐齐哈尔、佳木斯
	3	长春、哈尔滨、沈阳、大连
	4	鞍山、辽源、营口、通化、丹东、锦州、抚顺、本溪
	5	乌苏里斯克、南萨哈林斯克、阿尔乔姆、纳霍德卡
	6	比罗比詹、哈巴罗夫斯克、阿穆尔共青城
	7	阿纳德尔、马加丹、堪察加彼得罗巴甫洛夫斯克、雅库茨克

表7-9　　中国东北地区与俄罗斯远东地区城市经济联系网络凝聚子群密度

时间	序号	1	2	3	4	5	6	7
2006年	1	1.000	0.133	0	0.100	1.000	0.240	0.025
	2	0.133	0.667	0	0.333	0.333	0	0
	3	0	0	0	0	0	0	0
	4	0.100	0.333	0	1.000	0.786	0.700	0
	5	1.000	0.333	0	0.786	1.000	1.000	0.929
	6	0.240	0	0	0.700	1.000	1.000	0.875
	7	0.025	0	0	0	0.929	0.875	1.000
2009年	1	0.700	0.167	0.760	0.050	0.400	0	0
	2	0.167	0.800	0.900	0.021	0.111	0.111	0
	3	0.760	0.900	1.000	0.950	0.267	0.133	0
	4	0.050	0.021	0.950	0.786	0	0	0
	5	0.400	0.111	0.267	0	0.333	0	0
	6	0	0.111	0.133	0	0	0.667	0
	7	0	0	0	0	0	0	0
2012年	1	1.000	0.281	1.000	0.031	0.438	0	0
	2	0.281	0.679	0.938	0.156	0	0	0
	3	1.000	0.938	1.000	1.000	0.438	0.167	0
	4	0.031	0.156	1.000	0.786	0	0	0
	5	0.438	0	0.438	0	0.167	0	0
	6	0	0	0.167	0	0	0.667	0
	7	0	0	0	0	0	0	0

从凝聚子群内部间的密度来看：在2006年，由符拉迪沃斯托克、阿尔乔姆、纳霍德卡、乌苏里斯克、鸡西组成的凝聚子群；由布拉戈维申斯克、黑河组成的凝聚子群；由哈尔滨、佳木斯、牡丹江、延边、沈阳、长春、吉林组成的凝聚子群；由齐齐哈尔、大庆、松原、白城、大连组成的凝聚子群；由通化、辽源、鞍山、抚顺、本溪、丹东、锦州、营口组成的凝聚子群，这些凝聚子群内部之间的经济联系都比较紧密，其密度均高于整体网络的密度。到2009年，除了由沈阳、吉林、哈尔滨、长春、大连组成的凝聚子群联系仍然比较紧密，其他凝聚子群内部成员发

生变化且联系有所减弱。到2012年，由符拉迪沃斯托克、延边、鸡西、牡丹江组成的凝聚子群，以及由长春、哈尔滨、沈阳、大连组成的凝聚子群，其内部城市间联系趋于密切和频繁。此外，除了由堪察加彼得罗巴甫洛夫斯克、阿纳德尔、南萨哈林斯克、雅库茨克组成的凝聚子群，其他凝聚子群内部联系有所增强。

从凝聚子群相互之间的密度比较来看：2006年，由哈尔滨、佳木斯、牡丹江、延边、沈阳、长春、吉林组成的凝聚子群与由符拉迪沃斯托克、阿尔乔姆、纳霍德卡、乌苏里斯克、鸡西组成的凝聚子群，以及由齐齐哈尔、大庆、松原、白城、大连组成的凝聚子群之间的经济影响较大。2009年，由沈阳、吉林、哈尔滨、长春、大连组成的凝聚子群对白城、齐齐哈尔、松原、佳木斯、黑河、大庆组成的凝聚子群以及由通化、辽源、营口、本溪、鞍山、锦州、抚顺、丹东组成的凝聚子群经济影响较大。2012年，由长春、哈尔滨、沈阳、大连组成的凝聚子群对由鞍山、辽源、营口、通化、丹东、锦州、抚顺、本溪组成的凝聚子群及由吉林、松原、布拉戈维申斯克、大庆、白城、黑河、齐齐哈尔、佳木斯组成的凝聚子群，以及由符拉迪沃斯托克、延边、鸡西、牡丹江组成的凝聚子群的经济影响都比较大。此外，这些年间由堪察加彼得罗巴甫洛夫斯克、南萨哈林斯克、阿纳德尔、南萨哈林斯克、雅库茨克组成的凝聚子群除了成员出现略微变动外，其内部及与其他凝聚子群之间几乎没有经济联系。

从凝聚子群的成员来看：2006年，中国东北地区的哈尔滨、牡丹江、佳木斯、延边、沈阳、长春、吉林等城市及俄罗斯远东地区的哈巴罗夫斯克、符拉迪沃斯托克、乌苏里斯克等城市，对周边的城市及其相互之间的经济影响比较大。随着中俄两国政治互信加深及地区合作深入，到2009年中国东北地区的哈尔滨、长春、大连、沈阳、吉林等城市及俄远东地区的哈巴罗夫斯克、符拉迪沃斯托克、阿尔乔姆等城市的经济影响作用进一步增强。这与前面对中心度分析的结果是一致的。2001～2009年，中国东北地区及俄罗斯远东地区部分中心城市不仅打破了行政壁垒也跨越了国界，形成了联系比较紧密的凝聚子群。其中，黑龙江的黑河与俄罗斯阿穆尔州的布拉戈维申斯克，黑龙江的牡丹江、鸡西和吉林的延边等城市与俄罗斯滨海边疆区的符拉迪沃斯托克、乌苏里斯克等城市，都先后形成了凝聚子群。这再次印证了前面的分析。这一时期中国东北地区与俄罗斯远东地区由同步实施振兴战略到逐步开展互动合作，地区合作主要在边境地带的城市之间展开。到2012年，对中国东北地区及俄罗斯远东地区城市经济联系影响大的城市进一步集中在哈尔滨、长春、沈阳、大连及哈巴罗夫斯克、符拉迪沃斯托克等城市，这也与前面对中心度分析的结果相一致。2009~2012年，中国东北地区与俄罗斯远东地区主要中心城市进一步打破边界限制且经济往来日益增强。其中，吉林的吉林、松原、白城和黑龙江的大庆、黑河、齐齐哈尔、佳木斯与阿穆尔州的布拉戈维申斯克形成了凝聚子群，它是由原来的布拉戈维申斯克和黑河组成的凝聚子群扩展而成，这说明中国东北地区与俄罗斯远东城市之间的经济合作由边境城市为主逐步扩展到以毗邻地区城市为主。此外，乌苏里斯克脱离了原本由自身及滨海边疆区的符拉迪沃斯托克与吉林的延边、黑龙江的鸡西和牡丹江共同形成的凝聚子群而形成了新的凝聚子群，这从侧面反映了符拉迪沃斯托克的空间集聚作用进一步增加，其作为俄罗斯远东地区核心城市控制资源的能力仍在强化。可以说，这一时期中国东北地区与俄罗斯远东地区由互动合作迈向联动合作，中俄地区合作主要在毗邻地区城市之间开展。

综合以上分析可见，各凝聚子群之间的经济联系尽管发生波动变化，但是总体呈现逐渐强化的趋势，各凝聚子群内部成员结构逐渐优化，这必将推动中国东北地区与俄罗斯远东跨国次区域经济融合发展。

第一，哈尔滨、长春、沈阳、大连和哈巴罗夫斯克、符拉迪沃斯托克分别对中国东北地区及俄罗斯远东地区城市的经济辐射程度很强，两地区内部发展主要依靠这四大及两大核心城市的带动。未来中国东北地区与俄罗斯远东地区经济合作规划必须要重视六大核心城市对跨国次区域经济融合的重要影响，以及对该跨国次区域经济空间布局及产业结构优化整合产生的重要作用。

第二，俄罗斯远东地区的布拉戈维申斯克与中国东北地区的黑河、大庆、齐齐哈尔、佳木斯、吉林、白城、松原等城市，以及俄罗斯远东的乌苏里斯克、南萨哈林斯克、阿尔乔姆、纳霍德卡、符拉迪沃斯托克与中国东北地区的牡丹江、鸡西、延边等城市，这些城市间经济联系比较密切且逐步形成了边境城市群。未来边境城市需要积极实现转型，积极发展现代服务业，特别发挥地处边境的优势，重点发展物流产业，形成该跨国次区域经济合作的桥头堡，不断向各自地区内扩展彼此的影响力，促进中国东北地区与俄罗斯远东地区实现有效的产业分工协作和共同升级。

第三，中国东北地区辽宁的鞍山、抚顺、本溪、丹东、营口、锦州与吉林的通化、辽源等城市联系比较紧密，这实际上是由辽中南城市群向吉林南部城市不断扩展而成的。未来发展的重点是，继续发挥辽中南城市群作为东北地区装备制造中心的重要作用，不断打破行政约束，吸引东北地区其他重工业城市共同打造结构优化的东北地区产业网络。此外，重视打通与东北亚国家及地区经贸往来的海上通道，继续发挥大连作为国际航运中心的重要作用，积极提升丹东和营口作为现代化港口的国际竞争力，有力促进中国东北、东部地区对外开放与发展。

第四，俄罗斯远东地区哈巴罗夫斯克边疆区的哈巴罗夫斯克、阿穆尔共青城与犹太自治州的比罗比詹等城市聚集在阿穆尔河流域而形成了经济联系紧密的城市群。未来发展的重点是凭借紧邻中国黑龙江省的区位优势，积极开展中俄界河沿岸城市合作，并不断向各自内陆腹地扩展，从而形成以界河为纽带、以内陆腹地为支撑的中俄界河城市群。

第五，俄罗斯远东的阿纳德尔、马加丹、堪察加彼得罗巴甫洛夫斯克、雅库茨克等城市，尽管这些城市所在区域的资源都比较丰富，但由于地理位置偏远及交通基础设施条件制约，这些城市与中国东北地区甚至是俄罗斯远东地区内部的城市联系都比较弱。未来必须要改善这种现状，这不仅需要俄罗斯政府更加注重完善基础设施，也需要中国政府引导地方政府和企业积极参与跨境投资合作。

在中国东北地区与俄罗斯远东跨国次区域经济融合发展进程中，在不同阶段形成的凝聚子群，要由其中心城市积极带动小区域内部的一体化，克服跨国边界和国内行政区划的不对称障碍，打通中俄毗邻地区之间的交往通道，加速经济资源的跨境自由流动，加强跨境城市之间经济合作，从而有效促进中国东北地区与俄罗斯远东跨国次区域社会经济协调发展。

5. 结构相似性分析

结构相似性是指在社会网络关系中，对于在相互替代后不改变网络结构的两个行动者，二者在多大程度上对等。结构相似性分析目的是研究行动者之间关系模式的相似性，即将相似的成员分到互斥的群体中，群体内部成员结构相互对等，但各群体中节点间不对等[1]。这里，采用Ucinet软件中完全匹配比例法计算两个城市分别与其他城市的关系相同的次数所占比例，从而分析得出中国东北地区与俄罗斯远东地区城市间结构相似性情况，如表7-10所示。

表7-10　中国东北地区与俄罗斯远东地区城市经济联系网络结构相似性分析结果

时点	相似水平	城市
2006年	0.963	哈巴罗夫斯克，比罗比詹；南萨哈林斯克，雅库茨克，阿纳德尔，布拉戈维申斯克，堪察加彼得罗巴甫洛夫斯克；阿尔乔姆，纳霍德卡，乌苏里斯克，符拉迪沃斯托克；哈尔滨，牡丹江，延边，长春，沈阳，吉林；齐齐哈尔，大庆；辽源，通化，鞍山，抚顺，本溪
2009年	0.971	沈阳，大连；松原，白城；哈巴罗夫斯克，比罗比詹；阿穆尔共青城，马加丹，堪察加彼得罗巴甫洛夫斯克，雅库茨克，阿纳德尔，南萨哈林斯克；阿尔乔姆，乌苏里斯克；鞍山，抚顺，本溪；辽源，丹东，锦州，营口
2012年	0.961	沈阳，大连；乌苏里斯克，阿尔乔姆，哈巴罗夫斯克，比罗比詹；南萨哈林斯克，阿穆尔共青城，堪察加彼得罗巴甫洛夫斯克，马加丹，雅库茨克，阿纳德尔；齐齐哈尔，佳木斯；鞍山，抚顺，本溪；丹东，锦州，营口

注：表中仅列出了相似水平高于95%的城市，没有列出的城市间相似水平都低于95%。

城市间经济联系结构与产业结构相互作用，共同影响城市及区域的经济发展。经济联系结构又在某种程度上反映产业结构状况，两城市的

---

[1] 刘军. 社会网络分析导论［M］. 北京：社会科学文献出版社，2004：195.

经济联系结构相似则其产业结构可能趋同,反之亦然。由于中国东北地区与俄罗斯远东地区产业结构相似度较大,所以城市间相似水平总体比较高。以高于95%的标准来看,空间经济关系结构相似的城市从2006年的24个下降到2009年21个再到2012年的22个。这表明,中国东北地区与俄罗斯远东地区的城市间结构相似性水平在逐步下调,各城市间产业结构趋同性在下降。这有利于该跨国次区域城市间产业分工与协调。从表7-10可知,以2012年为例,沈阳和大连、乌苏里斯克和阿尔乔姆、哈巴罗夫斯克和比罗比詹等这些城市间相似性都高达96.1%,其余城市间的相似性都低于这一水平。这说明,中国东北地区与俄罗斯远东地区这些城市间的经济关系结构相似,也意味着其产业较为相似。根据有关学者的研究发现,2010年中国东北地区与俄罗斯远东地区三次产业结构相似系数基本都在0.98左右①,这表明两地区总体产业结构高度相似,大致都处在工业化后期的总体发展阶段。实证研究表明,中国东北地区与俄罗斯远东地区三次产业在国民经济中所占比重存在明显差异。从以农业、林业、渔业为主的第一产业来看,俄罗斯远东地区占比低于7%,而中国东北地区占比均在8%以上,可见两地区在第一产业有一定合作潜力。从以采矿业、制造业、建筑业及电力、煤气、水为主的第二产业来看,两地区结构相似系数比较低,工业内部互补性比较明显。中国东北地区以制造业为主,俄罗斯远东地区以采掘业为主,两地区经济合作空间较大。从以批发零售业、旅游餐饮业、交通通信业、金融业、房地产业等为主的第三产业看,两地区结构相似系数高于第二产业,都以传统的批发零售业为主,但仍具有一定的互补关系。尽管得益于远东港口与亚太国家经济联系频繁及其他运输业快速发展,俄罗斯远东地区的交通通信业比较发达,并且由于近年来住宅建筑增幅大,使得俄罗斯远东地区房地产业发展迅速,但是俄罗斯远东地区的金融业和旅店餐饮业比较落后。而中国东北地区在这两个行业具有一定的比较优势,中俄两地区可以开展互补合作。通过社会网络分析,可以了解经济关系结构相似的

---

① 张弛. 中国东北与俄罗斯东部地区经济合作模式研究[M]. 北京:经济科学出版社,2013.

具体城市及其相似程度，这不仅可以丰富区域经济空间结构研究，还可以为制定经济空间发展战略提供依据。

6. 核心—边缘结构分析

核心—边缘模型分析是根据整个网络中节点间联系的紧密程度，研究哪些节点处于核心区域，哪些节点处于边缘区域。核心—边缘结构分析是区域经济学中相对固定的研究范式，伴随着经济全球化和区域经济一体化推进，跨国区域城市间经济关系日益复杂，核心区、半边缘区及边缘区不断变化，进而影响区域经济发展。分析中国东北地区与俄罗斯远东跨国次区域是否存在核心—边缘结构，以及中心城市所处的经济位置，这对于研究该跨国次区域经济空间结构具有重要意义。这里，采用Ucinet软件Core/Periphery model构建连续的核心—边缘模型进行分析，得出中国东北地区与俄罗斯远东地区城市经济联系网络的核心—边缘结构分析结果，如表7-11所示。

表7-11　中国东北地区与俄罗斯远东地区城市经济联系网络核心—边缘结构分析结果

时点	区域	城市
2006年	核心	哈尔滨、沈阳、长春、大连；符拉迪沃斯托克、哈巴罗夫斯克
	半边缘	吉林、牡丹江、大庆、松原、鞍山、齐齐哈尔、延边、抚顺、佳木斯、通化；乌苏里斯克、阿尔乔姆、纳霍德卡、布拉戈维申斯克、比罗比詹
	边缘	本溪、辽源、白城、营口、丹东、锦州、鸡西、黑河；阿穆尔共青城、南萨哈林斯克、雅库茨克、马加丹、堪察加彼得罗巴甫洛夫斯克、阿纳德尔
2009年	核心	哈尔滨、沈阳、长春、大连；符拉迪沃斯托克、哈巴罗夫斯克
	半边缘	吉林、大庆、鞍山、牡丹江、松原、本溪、抚顺、通化、齐齐哈尔、佳木斯、延边；乌苏里斯克、阿尔乔姆、布拉戈维申斯克、纳霍德卡、比罗比詹
	边缘	营口、辽源、丹东、锦州、白城、黑河、鸡西；南萨哈林斯克、阿穆尔共青城、雅库茨克、马加丹、阿纳德尔、堪察加彼得罗巴甫洛夫斯克
2012年	核心	哈尔滨、沈阳、长春、大连；符拉迪沃斯托克、哈巴罗夫斯克
	半边缘	大庆、吉林、鞍山、松原、本溪、牡丹江、抚顺、营口、佳木斯；乌苏里斯克、布拉戈维申斯克、阿尔乔姆、纳霍德卡、比罗比詹
	边缘	通化、延边、齐齐哈尔、辽源、锦州、丹东、白城、黑河、鸡西；南萨哈林斯克、阿穆尔共青城、雅库茨克、马加丹、阿纳德尔、堪察加彼得罗巴甫洛夫斯克

中国东北地区与俄罗斯远东跨国次区域城市经济联系网络中存在着核心—边缘结构。从表7-11可以看出，该跨国次区域经济联系网络是以哈尔滨、沈阳、长春、大连、符拉迪沃斯托克、哈巴罗夫斯克为核心区，大庆、吉林、鞍山、松原、本溪、牡丹江、抚顺、营口、佳木斯、乌苏里斯克、布拉戈维申斯克、阿尔乔姆、纳霍德卡、比罗比詹等城市处在半边缘区，其他城市处于边缘区。这与中心性分析结果比较吻合。并且，处于半边缘位置的城市不仅受到核心区城市的影响，还部分地影响到边缘区城市的经济发展。从2007~2012年的发展情形来看，该跨国次区域城市经济联系网络的核心—边缘结构并未发生重大变化。但是受到经济全球化和中俄两国经贸关系进一步深化的影响，中国东北地区与俄罗斯远东城市经济联系网络结构也会发生变化，处在核心区、半边缘区及边缘区的城市可能不断变化，这将影响该跨国次区域经济融合发展。区域空间结构也将随之发生变化，可能呈现出新的核心—边缘结构，也可能重组为网络结构。

在该跨国次区域，处在核心区的一直是六大核心城市，而处在半边缘区的城市多是中国东北地区的经济较为发达的内陆及边境城市，如吉林、大庆、牡丹江等，以及俄罗斯远东地区南部发达城市，如乌苏里斯克、比罗比詹等；处在边缘区的城市多是辽宁南部港口城市及吉林中部城市，如通化、丹东等，以及俄罗斯远东地区北部的资源型城市及港口城市，如雅库茨克、马加丹、堪察加彼得罗巴甫洛夫斯克等。因此，在今后中国东北地区与俄罗斯远东地区跨国次区域经济合作的发展中，必须要继续发挥核心区城市的强有力辐射和支撑作用；必须要充分发挥半边缘区中心城市承上启下作用，尤其是边境城市外引内联的重要作用；必须要积极发挥边缘区城市的资源和市场保障作用，特别是要加强港口城市间的交通运输联结以增进两地经贸往来。

二、"一带一路"倡议下中国东北地区与俄罗斯远东地区跨国次区域空间结构优化

目前中国东北地区与俄罗斯远东地区跨国次区域经济融合程度并不

高，主要表现在：该跨国次区域城市经济联系网络整体密度仅为0.2857（见表7-5），城市间经济联系水平还比较低；经济联系网络中间中心势有所提高，核心城市控制资源能力不断增强，各城市间经济联系发展不均衡；经济联系网络中存在七个凝聚子群。然而，经济融合逐步深化的发展趋势也明显可见，主要是城市经济联系网络整体密度逐渐增大，各城市间经济联系趋于紧密，经济联系网络中的凝聚子群内部及其之间经济联系密度不断扩大，经济联系结构相似水平高于95%的城市逐渐减少，各城市间的产业互补性逐渐增加。而且，随着城市间经济联系不断强化，城市间要素资源跨境自由流动和优势互补不断深化，打破了原来固有的从各国区域中心城市获取发展所需各类资源的模式，开始向整个跨国次区域经济网络的中心城市寻求支持。在此过程中，中国东北地区与俄罗斯远东跨国次区域经济空间结构经历了由极核式到点轴式的变化，正逐步朝着由多核心城市联合带动其他中心城市和轴线共同发展的网络式结构发展。

城市是中国东北地区与俄罗斯远东地区跨国次区域社会经济活动基本载体，因而，积极推进跨国次区域内各城市之间功能的高度整合，实现城市经济合作有效对接、产业优势互补与协同发展，将极大地促进中俄跨国次区域经济融合向纵深发展。

（一）中国东北地区与俄罗斯远东地区跨国次区域经济合作的城市定位

在中国东北地区与俄罗斯远东地区跨国次区域中，各城市要进一步加强经济联系，结合自身资源禀赋和经济产业优势，通过不同等级城市间的合理分工及功能互补，努力实现城市错位发展、城市功能合理定位、产业结构优化升级；与此同时，各城市要进一步加强政府沟通和政策协调，通过制定"优势互补、联合发展"的各城市发展规划，努力加大跨国次区域资源整合力度、优化总体发展布局，促进跨国次区域经济社会协调发展。

1. 发挥核心城市的增长极作用

核心城市作为整个跨国次区域的经济活动中心，对区域经济社会建设和发展起着强有力的支撑作用。因此，必须积极发挥核心城市的重要增长极作用，加强其区域辐射力和产业带动力，促进周边城市产业、资源、基础设施、社会文化等的空间协调与整合，切实在区域经济发展、城市基础设施建设、教育文化、社会医疗保障等方面逐步实现跨国次区域共享机制。中国东北地区与俄罗斯远东地区的六大战略核心城市在促进整个跨国次区域经济融合过程中要扮演着不同的重要角色：哈尔滨作为中国东北地区与俄罗斯合作的中心城市，依托自身的优越地理位置和产业资源优势，可以建设成为中俄跨边界次区域经济圈的国际交流中心和休闲旅游之都，全力打造对俄罗斯综合产品集散中心和物流园区，继续发展机械制造业、高新技术产业、绿色食品加工、医药工业等，积极引导周边城市与俄罗斯远东城市联动发展。沈阳是中国东北地区的政治、经济、文化、金融和商贸中心，应该充分发挥其核心带动作用，全面提升先进装备制造业的国际竞争力，大力强化金融、会展、物流的服务水平，不断提高科技研发和文化创新的能力，继续加强综合交通枢纽建设，未来应该努力打造成为引领中国东北地区与俄罗斯远东跨边界次区域经济合作与协调发展的重要经济中心。大连作为东北地区最大的港口城市，应该重点发展国际贸易、软件和信息服务业、金融保险业、临港型先进制造业等，全力建设成为对俄罗斯合作的跨边界次区域经济圈的国际航运中心、物流中心及涉外金融中心。长春地处东北亚十字经济走廊核心地带，未来可以打造成面向俄罗斯远东地区开放的重要门户，通过发展长吉图区域，实现与东北其他区域联动合作开发。当然，俄方也要重点加强哈巴罗夫斯克和符拉迪沃斯托克的核心牵引作用，形成与中方城市的良性互动。

2. 发挥中心城市的次级增长极作用

处在半边缘区的中心城市作为跨国次区域经济活动重要联结点，对区域经济发展起着承上启下的重要桥梁作用，必须要充分发挥中心城市的次级增长极作用。一方面要积极引进核心城市的各类优势资源，另一方面要大力提供周边地区经济发展所需的各类资源要素如金融资本、信息技术、人力资源等。其中，边境城市作为对外合作的前沿和窗口，要发挥外引内联的重要作用，以窗口带动腹地的开发与开放，实现跨国次区域合作向更大范围扩展。边境城市间要进行合理的分工整合,以满足中俄两国地区合作的现实需要。在合作方式上,可以采取对外投资合作建立境外产业园区、对内构建边境城市产业带的方式,通过跨境产业链合作,进一步发展边境地区经济,提升边境城市竞争力[①]。例如,绥芬河市依托俄罗斯的丰富林业资源,在米哈伊洛夫卡投资建立境外园区与俄罗斯共同发展森林采伐和木材加工业,在俄罗斯进行粗加工后出口到中国境内加工成品[②]。满洲里市依托俄罗斯东部地区丰富的能源矿产资源,可以通过对外投资建立境外加工基地与俄罗斯共同发展石油化工业及矿产加工业。此外,中俄边境城市间可以共同合作开发多条边境跨国旅游线路,黑河—布拉戈维申斯克—哈巴罗夫斯克—符拉迪沃斯托克;满洲里—后贝加尔斯克;中俄界河城市旅游线等[③],通过发展边境旅游深化整个跨国次区域经贸关系。

除以上所述,处在边缘区的城市作为跨国次区域经济活动的重要组成部分,对区域经济发展也起着重要资源保障作用。这些城市不仅承接着来自中心城市的产业转移,而且要向整个跨国次区域提供原料资源和市场。

(二) 中国东北地区与俄罗斯远东地区跨国次区域经济合作的空间布局

从近期来看,应继续完善点轴式经济空间结构,构建轴带式的跨国次区域产业空间布局。在中国东北地区与俄罗斯远东地区跨国次区域经济合作中,合理选择增长极(点)和主要交通轴线,促进产业向点轴集中布局,充分发挥交通主轴上经济发达城市的集聚和辐射功能,推动资源和要素跨国密集的流动和交换,联结带动周围城市发展,形成开放有效的跨境经济带,从而实现由点带轴、由轴带面的跨国次区域经济合作与发展。

---

① 鄂忠齐. 中俄地方合作的开放特征 [J]. 西伯利亚研究, 2011 (6): 6.
② 张洁妍. 东北地区沿边主要口岸跨境经济合作研究 [D]. 长春: 吉林大学, 2013: 39.
③ 孙艳霞. 中俄边境地区经济一体化研究 [D]. 大连: 东北师范大学, 2005: 36.

1. 打造东向跨境沿海港口经济带

这条经济轴带主要沿着中国东北地区的辽宁、吉林,向俄罗斯远东地区的滨海边疆区、哈巴罗夫斯克边疆区、萨哈林州、马加丹州、堪察加边疆区、楚科奇自治区、萨哈（雅库特）共和国等地的各港口延伸扩展。该经济带沿线主要港口（或城市）有大连港、丹东港、珲春、符拉迪沃斯托克港、纳霍德卡港、东方港、波谢特港、扎鲁比诺港、苏维埃港、瓦尼诺港、霍尔姆斯克海港、科尔萨科夫港、涅维尔斯克港、堪察加彼得罗巴甫洛夫斯克港、马加丹港、阿纳德尔港、季克西港等。该经济带一方面可以深化中俄地区双边经贸合作,强化中国东北地区与俄罗斯远东地区经济联系;另一方面可以促进中俄与东北亚其他国家多边合作。在该经济轴带上,中俄两国应该以海洋经济为突破口,积极开拓港口、海运物流和临港产业等领域合作,加快推进沿线港口城市间互联互通和开放合作,努力探索产业园区双向投资以带动中俄产业集群式发展。[①]在邻近资源产地的港口如科尔萨科夫港、马加丹、堪察加彼得罗巴甫洛夫斯克、阿纳德尔、佩韦克港等地,建立矿产加工业、化工业、钢铁业、造船业等产业聚集区;在大型重要港口如大连、符拉迪沃斯托克、纳霍德卡、苏维埃港、季克西港等地,继续扩大货物贸易和转口贸易的规模以带动港口物流业快速发展;在国际性港口如大连、符拉迪沃斯托克等地,大力发展现代服务业,尤其注重金融、会计、法律等行业,为跨国次区域内产业发展提供相关配套服务。

2. 打造西向跨境经济带

西向跨境经济带主要沿辽宁西部地区、吉林和黑龙江的中西部地区、内蒙古东部地区,经蒙古国向俄罗斯西伯利亚地区的广袤腹地纵深辐射。该经济带主要包括：辽宁的锦州,吉林的松原、白城,黑龙江的大庆、齐齐哈尔,内蒙古东部地区的通辽、赤峰、呼伦贝尔、满洲里;蒙古国南戈壁省、东戈壁、巴音洪格尔、东方省、肯特省、苏赫巴特尔省;俄

---

① 范力. 中马钦州产业园区建设21世纪海上丝绸之路先行园区的战略构想[J]. 东南亚纵横,2014（10）：20；鞠华莹,李光辉. 建设21世纪海上丝绸之路的思考[J]. 国际经济合作,2014（9）：57.

罗斯西伯利亚地区的赤塔州、克拉斯诺亚尔斯克边疆区、后贝加尔边疆区、布里亚特共和国、伊尔库茨克州等地的主要资源型城市。该线一方面有利于中国东北三省与内蒙古东部地区资源整合，促进东北三省一区形成统一战略经济体，共同开展对俄罗斯、蒙古国的经贸合作；另一方面有利于蒙古国和俄罗斯西伯利亚地区拓展对外开放的新局面，依托中国东北地区沿海港口优势，有效解决俄蒙内陆地区资源和产品向外出口运输。在该经济轴带上，中俄蒙三国可以共同发展资源经济，推进煤炭、矿产、油气等资源领域投资合作与开发，努力打造资源合作开发跨境产业链。① 为此，中俄蒙三国要注重加强基础设施建设合作以保障资源合作可持续性，不仅要关注与能源相关的建设项目，而且要涉及能源生产运输及环保等配套设施建设，更要努力实现各国相关基础设施的有效对接；注重加强跨国企业交流与合作以形成资源合作关键动力，要继续发挥资源贸易的便捷性优势进口国内所需资源，同时大力培育发展中国东北地区对俄蒙资源加工基地的建设，以满足我国国内消费市场需求。还要利用俄罗斯东部大开发战略机遇走出去开展资源合作，以参股、合股和换股等股权方式投资建设境外资源开发加工基地，在境外进行初、深加工后出口，从而在促进当地经济增长的同时增强中国资源能源的安全和保障；要注重资源合作的进展方式，以基础项目为起点获取俄方认可和支持后，再逐步扩大合作范围以突破中俄资源合作，巩固双方在资源领域共同利益以发挥区域联合影响力。②

3. 打造中部跨境经济带

中部跨境经济带主要沿辽宁沿海各口岸城市，我国东北区域中心城市沈阳、长春、哈尔滨，黑龙江沿边各口岸城市，向俄罗斯远东南部的阿穆尔州、哈巴罗夫斯克边疆区、滨海边疆区及北部的萨哈（雅库特）共和国内陆腹地城市推进。该经济带一方面有利于促进中俄两国地区沿海和沿边优势联合，充分发挥跨国次区域经济整合效应，有效推动中俄

---

① 王建. 中俄矿产资源合作有望打造跨境产业链［N］. 中国有色金属报，2014-06-14.
② 刘锋. 俄罗斯东部地区油气资源开发与中俄能源合作［D］. 长春：吉林大学，2013：150.

地区合作战略互动与对接；另一方面有利于加强中俄边境地区腹地城市间交流与合作，特别是在贸易、投资、产业、社会文化等方面实现多元化、多层次的开放性战略合作。

从中长期看，大力发展网络式经济空间结构，构建多层次增长极、多等级轴线联合的网络式跨国次区域产业空间布局。在中国东北地区与俄罗斯远东地区跨国次区域经济合作中，强化并且延伸已形成的点轴系统，以轴带式合作为依托，推动各级增长极和发展轴向外均衡辐射扩散，在传统增长区向外转移扩散的同时以点轴模式全面开发新的增长区，实现区域经济平衡布局，在新旧点轴间加快进行能源、劳动力、资金、技术的交换，逐渐形成由各等级城市及其所影响和辐射的地域范围和各类生产要素的流动网共同构成的区域经济空间网络结构。这种多核心联合、多向性共同发展的模式，将有利于促进中国东北地区与俄罗斯远东地区之间的均衡发展，推进中俄地区经济融合进一步深化。

（三）中国东北地区与俄罗斯远东地区跨国次区域经济合作的机制保障

新时期，中国东北地区与俄罗斯远东跨国次区域经济合作的进一步深化，还需来自市场、政府、非政府机构等的相关机制保障。

1. 以市场为导向，发挥市场自组织机制作用

在中国东北地区与俄罗斯远东地区的跨国次区域经济合作中，市场力量是合作的基本动力，企业是合作的重要行为主体。应努力构建资源共享的跨国次区域市场体系，突破行政壁垒，扩大市场开放，消除各类资源要素进入市场的障碍，完善跨国次区域经济圈内的市场服务网络，实现城市间商品、资金、技术及人才等资源整合，特别是要打通融资渠道，整合区域金融资源，鼓励金融机构拓展境外业务，构建融资量巨大、金融资产多元化、服务功能健全的金融市场体系以服务和支持区域经济合作。还要充分调动企业参与跨境合作的积极性和主动性，依托企业之间分工和专业化联合，按照优势互补、利益共享的市场化原则，实现东北地区与远东地区产业合理分工与布局。当然这一过程中，需要中俄两国政府共同致力于规范跨国次区域市场的秩序。

2. 发挥社会组织促进机制作用

由于城市经济整合仍要以企业为主体,因而在中国东北地区与俄罗斯远东地区的跨国次区域经济合作中,必须要重视企业间、行业间的组织协调,这就需要充分发挥民间组织的重要桥梁和中介作用,构建社会力量参与地区发展促进机制。例如,可以在加快各城市行业协会发展的基础上促进区域之间协同合作,建立跨国次区域行业发展联合会,向上协助政府管理相关行业,向下促进企业参与国际交流与合作,共同制定次区域经济圈行业发展规划,促进城市间产业互动和市场资源整合。可以依托中国东北地区与俄罗斯远东地区的高等院校和科研单位,由相关行业的专家学者共同组建跨国次区域经济合作的专家咨询研究机构,推动中俄地区发展产学研一体化。可以构建由政府、企业、专家学者、行业协会、个人等共同参与的以全面性、开放性为特点的跨国次区域城市发展论坛,共同协商中俄地区发展过程中的区域矛盾协调、城市发展规划整合、产业互动对接等问题。

3. 发挥政府调控机制作用,克服市场机制和社会组织机制的缺陷

中国东北地区与俄罗斯远东地区的跨国次区域合作开发需要依靠政府作为主导力量,直接参与和推动中俄地区经济合作。在两国中央政府领导下,促进地区各城市政府间达成合作共识。从国家层面,中俄两国中央政府应该结合政治和经济利益,以长远的眼光研究制定长期战略合作总体规划;从地方层面,地方政府应该对接城市发展规划,统一研究跨国次区域内各层次、各领域合作的具体规划。为此,一方面中俄两国应在继续完善已有的双边机制基础上,充分利用东北亚地区合作机制、上海合作组织、亚太经合组织等多边机制,大力推进中俄地区经济合作;另一方面,中俄两国要努力构建政府管理创新体制,设立多层次的行政协调机制,并由相关机构共同成立跨国次区域经济合作发展委员会,负责组织和推动各城市协调发展,加强交通信息网络化建设和衔接,促进各城市间政策和规划衔接。可以由地方政府机构联合成立具体产业合作开发工作组,制定和实施各领域合作规划。

第二节　中国西北地区与俄罗斯西西伯利亚地区的经济合作

中国西北地区与俄罗斯西西伯利亚地区相邻相近，两地之间的合作具备良好的经济基础和政治地缘优势，在中俄地方合作中处于特殊重要的地位。在国家深入实施西部大开发战略、西部加速融入"一带一路"建设的背景下，中国西北地区加快开展与俄罗斯西西伯利亚地区之间经济合作具有巨大潜力。

一、中国西北地区与俄罗斯西西伯利亚地区合作基础

中国西北地区包括新疆、陕西、甘肃、青海、宁夏等5个省（区）。俄罗斯西西伯利亚地区包括阿尔泰共和国、阿尔泰边疆区、克麦罗沃州、新西伯利亚州、鄂木斯克州、托木斯克州、秋明州、汉特曼西斯克自治区、亚马尔—涅涅茨自治区等9个联邦主体。中国西北地区与俄罗斯西西伯利亚地区（以下简称为"两西"地区）的经济合作具有明显的政治互信优势、区位地缘优势和经济互补优势，为两地开展经济合作提供了广阔的空间。

（一）政治互信优势明显

中俄两国高层之间互访，为"两西"地区合作奠定了政治基础。早在2004年俄罗斯总统普京访华期间，就在西安主持了中国西北五省区与俄罗斯地方主要负责人座谈会，强调了地区经济合作的重要性。2005年国家主席胡锦涛访俄期间，在新西伯利亚市同西伯利亚联邦区地方负责人举行座谈，全面考察了油气、铁路、电力、机械制造等大项目，提出了加强中俄地方经贸文化合作①。在国家层面的支持下，中俄"两西"地

---

① 胡锦涛同俄罗斯西伯利亚联邦区地方负责人座谈共同商讨加强中俄地方经贸文化合作 [EB/OL]. 外交部网站，2005 – 07 – 03.

区地方政府加强了经贸、科技、旅游等方面合作。作为西北地区对俄罗斯开放的前沿阵地,新疆积极开展与西西伯利亚地区的地方政府间互访合作,签订了一系列合作议定书和谅解备忘录,有力助推了中俄"两西"地区合作进程。在两国国家和地方的共同努力下,中俄"两西"地区合作不断拓展,经贸关系不断深化。据俄罗斯海关统计,2021年前9个月中国为西伯利亚联邦区的主要贸易伙伴①。

(二) 区位地缘优势明显

根据1994年中俄签署中俄国界西段协定,确定了54千米的中俄西段边界线走向②。两地区同为多民族地区,在经济地理、社会风俗、宗教文化等方面相近、相融及相通,有利于两地开展贸易、投资及人文等领域交流与合作。与此同时,中俄"两西"地区之间的跨境交通通道建设已经具备一定的基础。从航空通道来看:根据西北民航局数据显示,目前我国西北地区共建有24个民用运输机场,已开通新疆至俄罗斯新西伯利亚市的直通航线,未来依托西北地区机场资源优势,增开"两西"地区跨境航空路线,将满足两地经贸和人员往来发展需要。从铁路通道来看:随着新疆的阿富准铁路与奎北铁路、兰新线、乌将铁路构成的北疆铁路环线正式发挥作用,未来奎北铁路向北延伸与俄罗斯西伯利亚大铁路连接,将为两地合作创造更加有利的交通条件。从公路通道来看,新疆阿尔泰地区公路交通初具规模,未来向北可与俄罗斯阿尔泰共和国公路线连接。从管道通道来看,规划中的"西伯利亚力量2号"天然气管道,将西伯利亚气田连接新疆并与我国西气东输管道相连③。交通通道建设无疑会激发中俄"两西"地区合作的活力。

---

① 2021年前9个月中国为俄西伯利亚联邦区的主要贸易伙伴 [EB/OL]. 俄罗斯卫星通讯社, 2021 - 11 - 16.

② 中俄边境划界内幕:历经谈判四十多年 稳固千里疆界 [EB/OL]. 环球时报, 2020 - 07 - 04.

③ "西伯利亚力量2号"符合中国需求,可成为上合组织全球"气网"的一部分 [EB/OL]. 俄罗斯卫星通讯社, 2022 - 12 - 02.

(三) 经济互补优势明显

中俄"两西"地区的产业各有优势，经济互补性较强。首先，两地区都拥有丰富的能源和矿产资源，我国西北地区已建成油气等采掘、化工基地和水电等能源产业基地、有色金属和非金属矿生产基地，俄罗斯西西伯利亚地区也已建成冶金基地和能源基地且重工业发达，自然资源开发利用是两地合作的亮点。其次，两地区都是重要的粮食和畜产品的生产基地，尤其西北地区的新疆还是我国最大的商品棉生产基地，在现代农业生产合作方面具有坚实的基础[①]。再次，俄罗斯西西伯利亚地区的劳动力短缺，轻工业发展较为缓慢，而我国西北地区则拥有丰富的劳动力资源，纺织、服装、食品等轻工业比较发达，两地之间的互补特征明显[②]。最后，两地区自然生态神奇、旅游资源丰富，拥有山川、河流、草原和森林等多样化资源，共同开发休闲旅游、生态旅游、民俗风情旅游等特色旅游的合作空间广阔。

二、中国西北地区与俄罗斯西西伯利亚地区合作机遇

(一) 中俄两国政府一直重视"两西"地区开放开发

中俄"两西"地区同属于两国经济发展较为落后的地区，基于资源禀赋条件相似性和产业较强的互补性，两地都有对外合作开发的需求，共同的利益诉求加速了两地区域合作的务实推进。两国都在国民经济发展规划中对"两西"地区作出重要定位。目前，我国以共建"一带一路"为引领，加速推进新一轮西部大开发战略。2020年5月17日，中共中央、国务院印发《关于新时代推进西部大开发形成新格局的指导意见》，

---

① 吴淼，杨兆萍，张小云. 中国新疆与俄罗斯西西伯利亚农业合作刍议 [J]. 俄罗斯中亚东欧市场，2009 (12)：39-43.

② 牛燕平. 俄西伯利亚联邦区与中国省区经贸合作形势分析 [J]. 西伯利亚研究，2006 (6)：11-15.

重视将西北地区作为"一带一路"建设主战场之一,支持新疆加快丝绸之路经济带核心区建设,打造内陆开放高地和开发开放枢纽,支持甘肃、陕西发挥丝绸之路经济带重要通道、节点作用①。俄罗斯政府重视开发西伯利亚和远东地区,将基础设施建设、自然资源和生产潜力开发作为国民经济发展的优先任务之一。早在2004年就创立了克拉斯诺亚尔斯克经济论坛,组织俄罗斯著名学者讨论西伯利亚开发问题②。2014年创办西伯利亚经济论坛,2018年第五届该论坛还特别安排了中俄企业一对一接洽会,加强中俄双方中小企业沟通交流与化务实合作③。2010年出台《2020年前西伯利亚社会经济发展战略》后,俄罗斯政府更多关注远东地区及东西伯利亚地区的经济发展,直到近期俄罗斯批准了一份新的远东及西伯利亚地区开发战略,计划创建包括木材加工业、铝加工业、贵金属、有色金属、旅游业、农业、石油天然气及煤炭等八个领域的投资项目④。中俄两国政府围绕"两西"地区制定的发展战略,为两地域合作注入了新的动力。

(二) 中俄经贸关系稳步向前助力"两西"地区合作

近年来,中俄两国经贸合作取得显著进展,双边贸易投资额总体上稳步增长,合作领域涉及贸易、投资、金融、旅游、能源化工、高新技术等众多产业。随着两国经贸关系进一步加深,中俄"两西"地区的经贸合作也取得了一定的发展。俄方频繁到我国西北地区的新疆等地举办贸易投资推介会,重点推介西伯利亚地区农业、工业、林业、旅游业和科技产业的投资潜力⑤。早在2004年新疆就与西伯利亚联邦区签订了科

---

① 《关于新时代推进西部大开发形成新格局的指导意见》解读 [EB/OL]. 乌兰察布市区域经济合作局, 2020 – 11 – 26.
② 尚月. 俄罗斯西伯利亚再开发:从沉寂走向振兴?[J]. 世界知识, 2021 (19): 64 – 66.
③ 西伯利亚经济论坛助力中小企业发展 [EB/OL]. 中央广电总台国际在线, 2018 – 11 – 23.
④ 中俄合作开发西伯利亚,针对8大领域,正在实现"东北—远东"突破 [EB/OL]. 网易新闻, 2023 – 01 – 30.
⑤ 张冠斌, 刘玲, 赖光麟, 吴淼. 中国西北地区与俄罗斯西西伯利亚地区经贸合作的前景和建议 [J]. 俄罗斯中亚东欧市场, 2010 (8): 46 – 52.

技合作协议,此后在两地多次举办科技成果推介会,共同探讨中俄科技合作的项目和途径①。目前,中俄"两西"地区仍以传统贸易为主,我国西北地区主要向俄方出口纺织品和轻工产品等劳动密集型产品,俄罗斯西西伯利亚地区主要向中方出口木材、矿产、能源化工等资源密集型产品,两地双边贸易结构调整的空间非常大。此外,中俄"两西"地区投资合作水平仍然较低,双方投资合作多集中在投资环境较好且潜力较高的地区,如俄方的新西伯利亚州、鄂木斯克州及中方的西北省会城市,两地投资环境改善的区域经济增长效应明显。

(三) 中俄"两西"地区以友城为纽带深化合作交流

近年来,中俄"两西"地区积极缔结友好城市关系,助推两地人文交流走向民心相通。目前,新疆的乌鲁木齐市与俄罗斯的鄂木斯克市、克拉玛依市与伊斯基季姆市、阜康市与别尔茨克市、塔城市与阿尔泰边疆区的鲁布佐夫斯克市、昌吉市与巴尔瑙尔市、阿勒泰市与新阿尔泰斯克市;甘肃的兰州市与奔萨州的奔萨市;青海的西宁市与乌德摩尔梯亚共和国的伊热夫斯克市等建立了友好关系②。中俄"两西"地区以友好城市关系为契机,通过开展全方位、多层次的城市间交流合作,进一步深化了两地间的人文交流,巩固了两地间的深厚友谊,促进了民众间的心灵相通和情感相融,助推了两地经济发展再上新台阶。这对于中俄"两西"地区合作深化将产生积极影响。

三、中国西北地区与俄罗斯西西伯利亚地区合作策略

(一) 建立中俄"两西"地区的合作机制

中俄"两西"地区可以借鉴我国东北地区与俄罗斯远东地区的有益

---

① 朱建军,刘玲. 中俄"西—西合作"的机遇与挑战 [J]. 决策咨询通讯,2007 (3):62-64.
② 顾家骝,刘理才. 中俄"两西"区域合作的战略定位与对策建议 [A] //中国软科学研究会. 第五届中国软科学学术年会论文集 [C]. 中国软科学研究会:中国软科学研究会,2005:578-586.

合作经验，共同构建高效且务实的地方合作机制。一是在上海合作组织框架内建立中俄两国地方合作机制，可以考虑由我国国家发展改革委和俄罗斯经济发展部共同设立地方联合开发领导小组，重点关注中俄"两西"地区合作。从国家层面保障"两西"地区合作的顺利有效开展。目前，中俄"两西"地区合作仍然缺乏总体的对接合作方案和计划，这也是制约两地合作突破的关键问题。二是中俄"两西"地区建立地方政府高层会晤与决策机制，共同设立联合开发工作小组，制定两地贸易、投资、税收等优惠政策①。可以考虑定期或不定期的举办多层次地方高层对话与政府协商会议，举办多形式的中俄"两西"地区招商引资会、项目推介会等。三是从社会层面建立政府、企业和私人机构等多主体参与的中俄"两西"地区合作论坛机制，共同探索"两西"地区的合作新路径②。

（二）推进中俄"两西"地区的经贸合作

目前，尽管中俄"两西"地区合作面临一些新的机遇，但现实中仍然处于较低层次的发展阶段。两地区应该联合协作为生产要素跨境自由流动、人员往来便利化、交通网络便捷畅通等创造有利条件，促进两地经济共同发展。首先，应该充分发挥各地比较优势和特色，根据两国对外开放总体战略来制定本地对外经贸战略，积极利用国内发达地区的资金和技术，联动开展我国西北地区与俄罗斯西西伯利亚地区之间的经贸合作③。其次，应当不断拓展经贸合作的领域，改善贸易结构、提升合作水平。中俄"两西"地区经贸合作可以广泛涉及农业、科技、能源、机械制造等重点领域，尤其是我国西北地区在对俄方出口时要提高出口产品的科技含量，增加出口产品的质量和档次，凸显出口产品的品牌与特

---

① 张冠斌，刘玲，翟玲红. 中俄"两西"地区产业发展及经贸合作前景 [J]. 决策咨询通讯，2010（2）：25 - 29.

② 吴淼，杨兆萍，周华荣，段新生. 中国新疆与俄罗斯西西伯利亚地区经济合作模式选择 [J]. 干旱区地理，2008（3）：470 - 476.

③ 姜辰蓉，曹志恒. "两西"：中俄区域合作新视野 [N]. 经济参考报，2006 - 08 - 18（8）.

色；俄罗斯西西伯利亚地区对我方出口时要注意提高资源深加工和自身产业结构升级。最后，应当积极优化各地投资环境，加快市场开放，为中俄"两西"地区进入对方市场进行投资合作创造更好条件。

（三）打通中俄"两西"地区的直接通道

目前，我国西部地区与俄罗斯之间尚无直达的陆路通道，双方必须要绕道蒙古国或者中亚国家进行转口贸易，从而导致贸易成本大大增加，这无疑是中俄"两西"地区经贸合作向纵深发展的重要制约因素。近年来，我国西部地区和俄罗斯西西伯利亚地区的一些学者纷纷提出修建中俄喀纳斯直接通道，开通与俄罗斯通商的喀纳斯口岸，打通"两西"地区的跨境直接贸易通道。喀纳斯直接通道的建成对于中俄"两西"地区来说具有重要的意义。从中方来看，这有利于推进西北地区各地政府实现外向型经济发展，扩大企业高质量"走出去"开展跨国经营，促进西部地区经济快速发展。从俄方来看，这有助于促进阿尔泰地区开发、强化中俄"两西"地区经济联系的集聚与扩散效应[①]。

（四）发挥新疆对俄罗斯合作桥头堡作用

我国西北地区的新疆地缘优势非常明显，向西连接中亚、西亚和欧洲，向北连接俄罗斯、蒙古国，是第二亚欧大陆桥的必经之地，是我国对外开放的重要桥头堡。在"一带一路"倡议支持下，近年来新疆与周边国家开展了政治、经贸、科技、教育、文化等多领域合作并取得经济快速发展的好成绩，获得了越来越多中外企业投资的青睐，成为国内外重要的投资目的地。中俄"两西"地区合作的突破口就在于新疆依托自身区位、文化和传统优势，发挥对俄罗斯合作桥排头兵作用，搭建平台与西北地区兄弟省份联合开展好对俄罗斯农业、能源等领域合作及相关产业发展，加快两地跨境基础设施连通和贸易通关便利化，引领西北地区向北融入中俄"两西"经济圈，进而加速西部大开发进程。

---

① 吴文化，李连成. 建设中俄西部运输走廊的设想[J]. 综合运输，2006（Z1）：98－100.

第三节 中俄"长江—伏尔加河"地区的经济合作

作为推进"一带一路"建设的重要环节,中俄"长江—伏尔加河"地区合作开启了中俄两国非毗邻跨国次区域合作的新尝试。中国长江中上游地区和俄罗斯伏尔加河沿岸联邦区均为两国经济社会发展的重要地区之一,深化两地区之间的经济合作,有利于加快长江经济带对外开放合作,促进长江经济带与"一带一路"融合发展,推进中俄两国非毗邻地区经济实现共赢发展的新突破。

一、中俄"长江—伏尔加河"地区合作的现状及问题

(一)中俄"长江—伏尔加河"地区合作的现状

1. 合作基础条件好

中国长江中上游地区和俄罗斯伏尔加河沿岸联邦区都具有较强的经济实力、科技水平和丰富的人文底蕴。

作为俄罗斯的第二大联邦区,伏尔加河沿岸联邦区的经济与社会发展基础较好,拥有辖巴什科尔托斯坦共和国、马里埃尔共和国、乌德穆尔特共和国、楚瓦什共和国、莫尔多瓦共和国、鞑靼斯坦共和国、奥伦堡州、萨马拉州、奔萨州、萨拉托夫州、乌里扬诺夫斯克州、基洛夫州、下诺夫哥罗德州、彼尔姆边疆区等14个联邦主体。从地理位置来看,该地区位于连接西伯利亚、远东和东亚国家与俄罗斯欧洲部分和欧洲国家的交汇点,拥有较为发达的铁路、公路及水路交通网络,其中铁路密度和公路密度分别排名全国第三和第二,被誉为欧洲第一大河的伏尔加河则是俄罗斯经济动脉。从工业基础来看,该地区工业生产总值约占全俄罗斯的23.9%[①],工业化程度较高,在能源、农业、食品工业领域潜力较

---

① 俄罗斯伏尔加河沿岸联邦区[EB/OL]. 安徽大学俄罗斯研究中心网站,2017.

大，拥有丰富的油气、矿产、林木等资源，其中油气开采居全国第二。从科技基础来看，该地区设有俄罗斯科学院的多家研究中心，具有雄厚的科研实力和大量高素质的专业人才，人才储备足以保障外资投资需求。从生产潜力来看，伏尔加河沿岸联邦区的工业和农业基础扎实，经济实力仅次于中央联邦区，根据俄罗斯联邦统计局数据显示，2018年该区内生产总值占俄罗斯联邦国内生产总值的13.28%[①]。

  长江中上游地区处于我国中心地带，在全国经济发展中居重要地位，基础设施完善，其中，参与中俄两河流域合作的六省（市）包括安徽、江西、湖北、湖南、重庆、四川。从地理位置来看，该地区是中国长江经济带发展战略规划的重要组成部分，六省（市）均位于长江沿岸，水路交通体系发达，内河通航里程居世界之最，沿岸分布着芜湖、南昌、武汉、长沙、重庆五大港口和水运中心；航空网络不断延伸，六省（市）直飞俄罗斯航线陆续开通（见表7-12）；铁路网纵横发达，连通俄罗斯的渝新欧、蓉欧快铁、汉新欧等中欧班列相继开通（见表7-13）。从工业基础来看，该地区是我国重要的制造业基地及以钢铁和有色冶金为主的重要工业基地。其中，安徽是全国重要的原材料工业基地和能源供应基地，主要拥有能源、建材、冶金、有色金属、化工等基础产业。江西是全国重要的有色金属生产基地。湖北拥有以钢铁、化工为主的重工业，以汽车和装备制造为核心的现代制造业及以电子信息为主的信息技术产业。湖南的钢铁、机电制造、生物医药、高新技术产业较为发达。重庆是我国重要的现代制造业基地，拥有全球最大的电子信息产业集群。作为西部工业门类最齐全的省份，四川正在加快打造电子信息、装备制造、食品饮料、先进材料、能源化工和数字经济的现代产业体系。从科技基础来看，该地区高校林立且科研机构众多，还有以武汉、重庆、成都等为代表的高科技创新基地，具有扎实的高端人力资源基础。从生产潜力来看，2010~2021年，长江中上游地区六省（市）生产总值占国内生产总值的均值达到21.12%，2021年该地区生产总值达到53850.8亿元，占国内生产总值的比重为21.89%（见表7-14）。

---

① 高立伟，杨慧. 中俄"长江—伏尔加河"地区合作机制分析[J]. 国际贸易，2020（10）：26-34.

表7－12 长江中上游地区六省（市）直飞俄罗斯航线

省（市）	航线	开通时间
安徽	合肥—莫斯科（经停新西伯利亚） 合肥—莫斯科	2018年12月7日 2019年6月20日
江西	南昌—莫斯科	2016年6月28日
湖北	武汉—莫斯科	2014年7月30日
湖南	长沙—莫斯科	2017年4月6日
重庆	重庆—莫斯科	2017年6月7日
四川	成都—莫斯科 成都—圣彼得堡 成都—伊尔库茨克	2015年5月2日 2018年1月26日 2018年6月28日

资料来源：笔者根据有关新闻整理得出。

表7－13 中俄"长江—伏尔加河"地区铁路联运情况

名称	运行路线	首发时间
渝新欧	中国重庆—中国新疆阿拉山口—哈萨克斯坦—俄罗斯—白俄罗斯—波兰—德国的杜伊斯堡	2012年4月12日
合新欧	中国合肥—中国新疆阿拉山口—哈萨克斯坦—俄罗斯—白俄罗斯—波兰—德国汉堡	2014年6月26日
汉新欧	中国武汉—中国新疆阿拉山口—哈萨克斯坦—俄罗斯—白俄罗斯—波兰—捷克梅林克帕尔杜比采	2012年10月24日
赣欧	中国—俄罗斯—白俄罗斯—波兰—德国—荷兰	2015年11月24日
蓉欧	中国成都—中国新疆阿拉山口—哈萨克斯坦—俄罗斯—白俄罗斯—波兰罗兹市	2013年4月26日

表7－14 长江中上游地区生产总值（2010~2021年）   单位：亿元

年份	全国	安徽	江西	湖北	湖南	重庆	四川
2010	412119.3	13249.8	9383.2	16226.9	15574.3	8065.3	17224.8
2011	487940.2	16284.9	11584.5	19942.5	18915.0	10161.2	21050.9
2012	538580.0	18341.7	12807.7	22590.9	21207.2	11595.4	23922.4
2013	592963.2	20584.0	14300.2	25378.0	23545.2	13027.6	26518.0
2014	643563.1	22519.7	15667.8	28242.1	25881.8	14623.8	28891.3
2015	688858.2	23831.2	16780.9	30344.0	28538.6	16040.5	30342.0
2016	746395.1	26307.7	18388.6	33353.0	30853.5	18023.0	33138.5

续表

年份	全国	安徽	江西	湖北	湖南	重庆	四川
2017	832035.9	29676.2	20210.8	37235.0	33828.1	20066.3	37905.1
2018	919281.1	34010.9	22716.5	42022.0	36329.7	21588.8	42902.1
2019	986515.2	36845.5	24667.3	45429.0	39894.1	23605.8	46363.8
2020	1013567.0	38061.5	25782.0	43004.5	41542.6	25041.4	48501.6
2021	1143669.7	42959.2	29619.7	50012.9	46063.1	27894.0	53850.8

资料来源：国家统计局网站。

2. 经贸合作逐步顺畅

自中俄"长江—伏尔加河"机制启动以来，我国长江中上游地区积极推进与俄罗斯伏尔加河沿岸联邦区经贸合作进程，双方经贸合作发展迅速，总体呈现向好态势，具体表现有如下两方面。

一是贸易往来日益频繁。近年来，在中俄两国双边贸易利好形势下，两河流域地区的双边贸易额持续扩大。2010～2021年，伏尔加河沿岸联邦区与我国贸易总体呈现增长趋势。2018年长江中上游六省份对俄罗斯贸易额达到近50亿美元，增幅达30%，部分省份对俄罗斯贸易增速超过80%[1]。2021年伏尔加河沿岸联邦区与中国的贸易额超过60亿美元，同比增速达到128.2%，2021年中国在该地区总贸易额中占比9.8%[2]。

二是投资合作日益增强。自2013年以来，长江中上游地区与俄罗斯伏尔加河沿岸联邦区的合作工作组就围绕航空工业、农业、基础设施、机械及汽车工业等领域，积极制定两地区投资合作项目清单[3]。迄今，双方地方企业间签订大量投资合作协议，主要包括：2012年湖北东风汽车有限公司投资232万美元，在俄罗斯设立东汽俄罗斯有限公司；武汉烽火科技与俄罗斯电信服务商签订合作协议[4]。2013年四川西林集团与楚瓦什

---

[1] 中俄地方合作驶入"快车道"[EB/OL]. 中国经济网，2019-06-05.
[2] 2021年上半年俄伏尔加河沿岸联邦区各地区与中国的贸易额增长一倍多[EB/OL]. 中俄资讯网，2021-12-02.
[3] 中国长江中上游地区和俄罗斯伏尔加河沿岸联邦区合作工作组第一次会议在渝举行[EB/OL]. 环球网，2014-02-24.
[4] 湖北力促中三角牵手俄伏尔加河流域城市群[EB/OL]. 国务院新闻办公室网站，2012-09-06.

共和国发展集团共同签订总投资为16亿元的《关于楚瓦什共和国实施优先发展项目"四川—楚瓦什"农业园合作协议》①,这是中俄之间首个农业合作园。2015年江西企业在合作中取得积极成效,江西中格集团、正邦集团、江西直方数控、中国瑞林公司等企业与俄罗斯巴什科尔托斯坦共和国投资项目协议累计金额近8亿美元②。2015年湖南湘托集团与俄罗斯鞑靼斯坦共和国AGRICERVICES联合体签署了"潇湘—伏尔加河"农机产业园(喀山)合作项目③。2015年四川铁投集团与楚瓦什共和国发展集团公共股份公司签署合作建设投资约70亿元人民币的"楚瓦什—四川农业合作园区"项目协议④。2016年安徽海螺集团与乌里扬诺夫斯克州发展集团合作建设水泥厂签署了正式合资协议,投资3亿美元建设干法水泥生产企业;皖神面业公司与乌里扬诺夫斯克州合作投资3000万美元建设面粉深加工项目⑤。

由此可见,长江中上游地区与伏尔加河沿岸联邦区经贸合作不断深化,合作规模不断扩大,贸易结构不断优化,逐渐从以能源和原材料为主的单一贸易模式,向以高新技术、工业制造及化工产品为主的多样化创新型贸易模式转变,加速了两地区产业结构转型升级,加快了两地区城市经济对外开放。

3. 人文合作日益活跃

人文交流合作的健康发展,有助于丰富中俄关系内涵且提升中俄关系水平。近年来,中俄人文交流在两国政府和社会的共同推进下有序发展。2000年,中俄教文卫体合作委员会在中俄总理定期会晤机制框架内成立,2007年更名为中俄人文合作委员会。多年来,中俄人文合作委员会积极推动两国交往合作,切实增进两国人民交流,大力夯实两国关系民意基础,持续开展了中俄"国家年""语言年""青年友好交流年"

---

① 四川省铁投集团与俄罗斯楚瓦什共和国签署"四川—楚瓦什"农业园合作协议 [EB/OL]. 四川省国资委, 2019 – 06 – 27.
② 江西商品展助推中俄互利合作 [EB/OL]. 江西日报, 2015 – 11 – 07.
③ 俄罗斯鞑靼斯坦共和国组团访湘 谋求深度合作 [EB/OL]. 中国新闻网, 2017 – 02 – 23.
④ 中国川企与俄楚瓦什共和国签署农业园合作协议 [EB/OL]. 搜狐新闻, 2016 – 06 – 20.
⑤ 安徽多举措加快融入"一带一路"建设 [EB/OL]. 商务部网站, 2016 – 09 – 13.

"媒体交流年""地方合作交流年"等国家级大型系列活动。随着中俄两国人文交流日益活跃,长江中上游地区与伏尔加河沿岸联邦区在教育、科技、文化、旅游、地市合作等多领域人文合作取得丰硕成果。

从教育合作来看,两地区通过高校联盟和青年论坛加强文化联通。2017年10月,中俄"长江—伏尔加河"高校联盟成立,截至目前已有32所中方高校和50所俄方高校共同参与[①]。该联盟一直积极推动成员高校在人文交流、人才培养和科技创新等方面开展务实合作,通过建立联盟成员高校定期磋商交流制度,共建多学科交叉国际高端智库为"一带一路"建设和"长江—伏尔加河"地方合作提供决策咨询和智力支持,共同推进创新人才培养、服务国家和地方社会发展需求。在高校联盟支持下,两地区高校积极探索教育合作模式,大力推进双方高校科研合作、校际交流、教师交流、互派交换生等活动。2011年四川外国语大学在下诺夫哥罗德国立语言大学设立孔子学院[②]。2014年安徽师范大学与下诺夫哥罗德州米宁大学合作建立"中国语言文化研究中心",安徽理工大学与下诺夫哥罗德州国立技术大学签署校际合作协议,2018年安徽建筑大学与下诺夫哥罗德建筑和土木工程大学、安徽铜陵学院与下诺夫哥罗德国立大学和楚瓦什国立大学签署合作备忘录。2015年以来,西南石油大学与喀山联邦大学、萨马拉国立工业大学、乌里扬诺夫斯克大学、乌法国立是有技术大学等一系列高校签订互换学生项目合作备忘录。2018年南昌大学与彼尔姆国立药学学院、江西农业大学与彼尔姆普雷亚什尼科娃国立农业科技大学、江西中医药大学与彼尔姆瓦格纳国立医科大学、抚州职业技术学院与彼尔姆国立文化学院等签订合作协议。

从文化旅游合作来看,两地区文化部门有力推动文旅交流,频繁开展文化艺术节、文化展交会、文化交流演出等互动活动。长江中上游六省(市),2014年安徽省外办组织人文交流团举办"中俄语言文化周"系列活动,在下诺夫哥罗德州举办"安徽青年动漫创意展交会"。2017年

---

① 地方合作助推中俄关系高水平发展[N]. 人民日报,2019-05-28.
② 俄罗斯下诺夫哥罗德国立语言大学孔子学院揭牌[EB/OL]. 国务院新闻办公室门户网站,2011-06-08.

安徽省泗州戏剧院赴楚瓦什共和国参加第25届全俄艺术节活动。2018年四川省锦城艺术宫赴圣彼得堡演出，2019年四川省文化代表团赴克里姆林宫开展文化交流演出，2015年武汉中俄文化交流馆正式启用，湖北省先后在俄罗斯举办了为期一年的以"荆楚风、中俄情"为主题的系列活动及2017年在俄罗斯举办"湖北新闻出版广电传媒周"以推广和展示荆楚文化独特魅力[①]。2017年江西省在乌法市举办"江西经贸文化周"，2018年江西省在彼尔姆边疆区举办教育巡展、高等教育展及油画展[②]。此外，旅游作为人文交流的重点领域之一，对提升两地区人文交流水平具有重要意义。近年来，两地区不断加强在景区打造、旅游推介和特色旅游线路开发等方面合作。湖南省重点开展对俄红色旅游国际合作，2015年湖南举办中俄红色旅游合作交流系列活动，打造中俄红色国际自驾游精品线路，2017年开通长沙直飞莫斯科洲际旅游航线。安徽省主打天柱山养生宝地品牌，仅2016年天柱山景区就接待俄罗斯游客1.45万人次。2017年湖南省接待俄罗斯游客4.54万人次，同比增长37.7%[③]。2018年四川省接待俄罗斯游客4.34万人次，同比增长86.9%；四川赴俄游客5.65万人次，同比增长44.93%。

从青年交流来看，两地区持续开展"两河流域"合作机制配套的青年论坛活动，助力两地青年领略不同文化与传统，增进彼此之间友谊与文化互信。自2014年以来，"长江—伏尔加河"青年论坛已经举办七届（见表7-15）。前六届在俄罗斯伏尔加河沿岸联邦区和长江中上游地区轮流举行。2014年6月，第一届"长江—伏尔加河"青年论坛主要围绕语言教育、经贸发展、科技创新及文化体育等展开深入交流。2015年7月，第二届"长江—伏尔加河"青年论坛主要参观四川重点实验室、博物馆，体验四川历史文化，感受中国高校特色课程。2016年6月，第三届"长

---

① 湖北省与俄罗斯及伏尔加河沿岸联邦区人文合作交往情况［EB/OL］. Yangtze-Volga, 2019-03-19.
② 江西省（俄罗斯乌法市）经贸文化周在俄罗斯开幕［EB/OL］. 江西省发展和改革委员会, 2015-11-06.
③ 1-12月湖南接待外国游客情况表［EB/OL］. 湖南省旅游局网站, 2017-01-22.

江—伏尔加河"青年论坛主要参观萨马拉名胜古迹，体验俄罗斯民族特色文化。2017年6月，第四届"长江—伏尔加河"青年论坛体验徽州文化。2018年7月，第五届"长江—伏尔加河"青年论坛主要围绕文化语言、企业经营、科学创新、文化旅游和艺术、大众传播和媒体进行交流。2019年7月，第六届"长江—伏尔加河"青年论坛主要体验湖南历史文化、民俗风情、科技创新、工业发展和红色基因。2020年受新冠疫情影响，第七届"长江—伏尔加河"青年论坛于2021年11月通过网络平台云端开展交流活动，议题主要包括科学与创新、旅游、文化、艺术、青年创业和教育等领域，有助于推动双方开展人工智能、大数据、物联网和信息技术等领域合作，促进中俄双方科技潜力的挖掘①。

表7-15　　中俄"长江—伏尔加河"地区青年论坛（2014～2021年）

届次	活动时间	地点	主题
第一届	2014年6月23～31日	俄罗斯萨马拉州	iВолга
第二届	2015年7月28～8月8日	四川成都	两河情 青春派
第三届	2016年6月15～25日	俄罗斯萨马拉	iВолга-2016
第四届	2017年6月6～17日	安徽合肥	两河情 徽风韵
第五届	2018年7月23～8月3日	俄罗斯萨马拉	iВолга-2018
第六届	2019年7月15～26日	湖南长沙	青逐春梦 湘两遇河
第七届	2021年11月10～11日	网络平台	科学与创新、创意与民族手工艺品课堂、青年企业家活动等主题

资料来源：笔者根据相关新闻整理。

4. 机制化合作稳定发展

近年来，地方合作作为中俄关系的重要支撑和新增长点，合作领域从贸易、投资到教育、文旅等不断扩大化，合作形式从政府间、企业间到高校间、青年间等不断多样化。自2013年以来，我国长江中上游地区与俄罗斯伏尔加河沿岸联邦区的地方合作逐步构建了多层次的组织体系和运行机制，主要包括地方领导人定期会晤机制和地方合作理事会机制。

---

① 第七届俄中"伏尔加河-长江"青年论坛以视频形式开幕［EB/OL］. 俄罗斯卫星通讯社，2021-11-11.

2013年5月,首届"长江—伏尔加河"地方领导人座谈会在湖北省武汉市举行,第二届和第三届分别在俄罗斯下洛夫哥罗德市和萨马拉市举办(见表7-16)。自2015年起,两地区地方领导人会议轮流在中俄举办,第四届至今先后在四川省成都市、俄罗斯乌里扬诺夫斯克市、安徽省合肥市、俄罗斯切博克萨雷市举办,地方领导人的定期会晤,切实促进了两地区的区域经贸和人文交流合作。2016年,为进一步扩大和深化两地合作,地方领导人座谈会机制提升为中俄"长江—伏尔加河"地方合作理事会,并下设联合工作组以加强双方工作的协调对接。联合工作组主要由长江中上游六省市和俄罗斯伏尔加河沿岸联邦区14个联邦主体的副州(省)长级官员,以及地区发展部、外交部、科教部、文化部和联邦旅游署等俄政府代表,主要负责经济、贸易、投资、教育和人文交流等方面具体项目的研究、设计和实施。

表7-16　　　中俄"长江—伏尔加河"地方领导人会议和合作理事会(2013~2021年)

机制	届次	活动时间	地点	会议主要内容
地方领导人座谈会	第一届	2013年5月14日	武汉市	召开第一届"两河流域"地方领导人座谈会;启动中俄"两河流域"区域合作机制,签订合作议定书
	第二届	2013年10月9日~10日	下洛夫哥罗德市	举办中俄"两河流域"合作工作组组长会晤活动;签署会议纪要,为中俄总理第十八次定期会晤和中俄"两河流域"合作第三次圆桌会议做准备
	第三届	2014年6月23日	萨马拉市	签署《会议纪要》,两个地区相关省州签署多项合作协议
	第四届	2015年8月7日	成都市	签署《会议纪要》、落实习近平主席与普京总统2015年5月莫斯科会晤和7月乌法会晤成果
	第五届	2016年7月19日	乌里扬诺夫斯克市	中俄双方一致决定将"两河流域"地方领导人座谈会机制提升为"两河流域"地方合作理事会
	第六届	2017年6月16日	合肥市	启动"两河流域"地方合作理事会网站,签署《关于对〈长江—伏尔加河地方合作理事会条例〉进行修订的议定书》
	第七届	2019年5月23日	切博克萨雷市	签署会议纪要,两地区政府签署多项合作文件

续表

机制	届次	活动时间	地点	会议主要内容
地方合作理事会	第一次	2016年7月9日	乌里扬诺夫斯克	
	第二次	2017年6月16日	安徽省合肥市	
	第三次	2019年4月10日	俄罗斯切博克萨雷市	
	第四次	2021年11月17日	视频会晤	加强交流交往,深化抗疫合作,优化营商环境,提升投融资合作水平,拓展绿色低碳、农业合作等新的增长点,打造人文合作新品牌
	第五次	2022年6月7日	视频会晤	做强产业园、跨境电商等合作增长极,释放中小企业合作潜能,持续充实人文合作内涵

资料来源:笔者根据有关新闻整理。王勇出席中俄"长江-伏尔加河"地方合作理事会双方主席视频会晤[EB/OL].新华社,2021-11-17.

(二) 中俄"长江—伏尔加河"地区合作的问题

一是经贸合作整体水平较低。自中俄"长江—伏尔加河"地方合作机制建立以来,两地区之间经贸合作发展迅速,但两地区经贸合作水平仍然低于中俄经贸合作的整体水平。一方面,长江中上游地区与俄罗斯伏尔加河沿岸联邦区的贸易合作规模有限且仍以传统贸易为主。两地区贸易结构比较单一,主要集中在原材料、能源及普通工业制品领域,而高新技术、智能制造、新材料及生物医药等领域仍需要加快合作步伐,两地区亟待改善双方贸易结构。另一方面,投资合作增长乏力且项目落实情况较差。2013~2019年,中俄举办了七届地方领导人座谈会,会议围绕双方经贸合作签署了大量投资意向,遗憾的是部分项目尚未真正落地,即使某些企业在伏尔加河沿岸联邦区开始了投资,但由于缺乏充分的前期投资风险调查工作,致使企业投资进展不顺。此外,不同于我国东北地区与俄罗斯远东地区之间的合作拥有相互毗邻的优势,促使东北振兴与远东大开发战略实现有效对接,尤其是边境口岸经济发展成效显著。长江中上游地区与俄罗斯伏尔加河沿岸联邦区在地理区位上非毗邻,距离相隔近万公里，尽管目前通过铁路和航空等方式加快了两地区之间的沟通，但是考虑时间成本和距离成本等，两地区之间的合作仍然存在一定障碍。

二是合作交流基础相对较薄弱。作为非毗邻地区的跨国次区域合作模式，我国长江中上游地区与俄罗斯伏尔加河沿岸联邦区之间合作缺乏相对成熟且可借鉴的发展模式，两地区之间合作需要在不断地尝试中共同探索向前发展的道路。不同于我国东北地区与俄罗斯远东地区之间有较长的合作历史，长江中上游地区与俄罗斯伏尔加河沿岸联邦区之间缺乏紧密联系和交往历史。"长江—伏尔加河"合作机制从 2012 年酝酿到 2013 年启动再到发展，至今只经历了短短十年时间，尽管目前从务虚走向务实阶段，但仍然由于合作传统的缺乏而阻碍两地区之间深度交流合作。加之，目前两地区之间的民间交流更多地是由政府主导的仅限于高层次、专业技术人员之间的交流与对接，包括采取高校联盟、青年论坛、文化展览及文艺演出等多种形式展开。然而，两地区普通民众之间的人文交流与合作仍然有待提升，彼此之间的信任程度有待加强。不仅如此，两地区企业之间缺乏相互了解而信息交流不畅通。尤其是，中俄两国尚未专门制定推进"长江—伏尔加河"合作的财税优惠政策和合作便利化措施。俄罗斯伏尔加河沿岸联邦区政府和企业没有做好外资进入的充分准备，对各类投资项目落实的促进作用不足，缺乏系统思考投资项目与该联邦区长期发展规划之间的联系，且俄罗斯金融系统对该联邦区投资项目支持力度不够，这些无疑是削弱了该地区的投资吸引力。与此同时，相对于我国沿海和沿边地区，我国长江中上游地区在引导企业对外投资方面的政策指导也显得不够。

三是地区合作运行机制不完善。首先，中俄"长江—伏尔加河"地方合作机制仍主要停留在软法约束机制层面，尚未建立硬法约束机制，缺乏常设代表机构，地方合作领导协调机制功能有待完善。其次，我国长江中上游地区与俄罗斯伏尔加河沿岸联邦区之间合作缺乏具体的合作规划与协调管理办法。不同于东北地区与远东地区之间合作历史悠久，中俄两国政府陆续出台《中国东北地区同俄罗斯远东及西伯利亚地区合作纲要（2009—2018）》和《中俄在俄罗斯远东地区合作发展规划（2018—2024年）》等合作规划，长江中上游地区与伏尔加河沿岸联邦区至今尚未制定具体合作规划。双方内部沟通协调机制的缺乏也是"长江—伏尔加河"合作的难点。我国长江中上游地区的安徽、江西、湖北、湖南、重庆、四川的工业基础都比较好但工业趋同度较高，均集中发展电子设备制造、汽车工业及信息技术等领域，而俄罗斯伏尔加河沿岸联邦区的14个联邦主体多以民用工业为主，两地区内部省（州）市之间存在竞争关系，各省（州）市的企业开展对外贸易与投资时容易出现恶性竞争或项目重复上马的现象，必然会影响到两地区之间经贸合作良性发展[1]。最后，"长江—伏尔加河"地方合作项目开发建设缺乏有效的运行机制，尽管目前两地区之间合作签订了一系列框架协议，但与之配套的专门的法律责任与义务则显得不够明确，很难适应当今国际社会日益复杂的形势和变化多样的国际关系，一旦合作一方存在违约行为将可能导致另一方因缺乏法律的有效保护而权益受损。

四是中国"威胁论"仍有市场。近年来，在中俄两国元首和政府的积极推动下，中俄关系得到了长足的发展，尤其是中俄不同跨国次区域之间的地区经贸合作不断深化。然而，中俄全面战略协作伙伴关系持续向好，引发了"中国威胁论"的出现。尤其是随着"一带一路"倡议在国际范围的深入推进，俄罗斯国内的质疑声音不断，有的甚至怀疑"一带一路"对俄罗斯在中亚地区的势力及欧亚一体化的实施带来负面影响。这些无疑阻碍了"长江—伏尔加河"地区的深度合作。

二、中俄"长江—伏尔加河"地区合作的机遇与挑战

（一）中俄"长江—伏尔加河"地区合作的机遇

一是新时期中俄两国关系不断深化，为中俄"长江—伏尔加河"地

---

[1] 刘军. 中俄"长江—伏尔加河"地区合作中的投资困境研究［J］. 俄罗斯东欧中亚研究，2019（2）：110－122.

区合作提供了重要战略支撑。苏联解体后，中俄关系快速向前发展。自1992年中俄相互视为友好国家，1994年确立建设性伙伴关系，1996年建立战略性协作伙伴关系，2001年发展全面战略协作伙伴关系，2015年深化全面战略协作伙伴关系，到2019年发展新时代全面战略协作伙伴关系。中俄关系经过70多年的磨砺成为了协作水平最高、互信程度最高、战略价值最高的大国关系之一。中俄政治、经济、文化交往为地区合作提供坚持基础。2015年中俄签署《关于丝绸之路经济带建设和欧亚经济联盟建设对接合作的联合声明》，明确推进"一带一盟"对接合作。增添中俄关系务实发展的新动力。"长江—伏尔加河"地区合作恰是中俄务实合作的生动实践。2018年《中俄联合声明》进一步明确推动中国长江中上游和俄罗斯伏尔加河沿岸联邦区地方合作。由此可见，当前中俄关系良性发展、中俄两国政府力推及"一带一盟"对接合作，为中俄"长江—伏尔加河"地区合作提供了政治保障。

二是中俄两国战略诉求日益趋同，为中俄"长江—伏尔加河"地区合作提供了重要前提基础。无论从双边、地区或是全球层面上，中俄两国深化合作的目标趋同。在双边层面，中俄地区合作为两国改善贸易结构、提升贸易水平提供了新途径。对中国来说，尤其在2019年中美贸易摩擦升级，叠加其后三年疫情冲击的当下，中俄区域合作的深化将拓宽中国对外贸易和扩大投资市场，扩大贸易和投资规模。对俄罗斯来说，尤其自2014年起欧美对俄经济制裁，中俄区域合作的深化将促使俄罗斯进一步向东寻求新的经济发展空间，更新俄罗斯基础设施和增强其对外联通能力。在地区层面，中俄两国共同推动欧亚地区形成一些有效的地区治理机制。在全球层面，中俄两国共同推进构建公平与正义的世界新秩序①。中俄两国在多层面、多领域的大项目合作，将进一步带动长江—伏尔加河"地区合作快速发展。

三是"双循环"新发展格局加速推进，为中俄"长江—伏尔加河"地区合作带来了新的机遇。在"双循环"模式下，国内大循环中长江经

---

① 中俄友好合作助力实现更加公平的全球新秩序［EB/OL］．中国网，2022-12-25．

济带是重要的国内开发市场,国内国际双循环中长江中上游地区又是重要的对外开放区域,因此长江中上游地区必将成为深化中俄区域经济合作的重点区域,"长江—伏尔加河"地区合作潜力巨大。一方面,"双循环"新发展格局将充分激发中国市场潜能,为中俄贸易投资创造更多空间。在推动以国内大循环为主的过程中,我国长江中上游地区将进一步推动生产、消费可持续发展,释放市场潜力及扩大对俄开放,推动中俄两河流域地区双边贸易投资不断扩大。另一方面,"双循环"新发展格局将助推中俄产业升级,加强中俄产业链融合对接。在推动国内国际双循环过程中,我国长江中上游地区传统产业转型升级及一些新兴战略性产业快速发展,一大批国有及民营企业对外投资意愿强烈,企业走出去将带动优势产能向俄罗斯伏尔加河沿岸联邦区转移,俄方承接中国部分优势产能将走向高质量发展。

(二) 中俄"长江—伏尔加河"地区合作的挑战

一是非毗邻跨国次区域合作运行的复杂性。跨国次区域经济合作经历了从强调合作方地理上毗邻到不再强调的过程,合作中普遍存在边界屏蔽效应和边界中介效应的影响,尤其是对于非毗邻跨国次区域来说影响更为特殊。一方面,边界周边国家往往通过贸易壁垒在一定程度上限制要素流动,致使合作方之间的交易成本提高。另一方面,边界作为国家或地区之间的交流中介,边界周边次区域合作有利于本国经济社会发展。作为非毗邻跨国次区域经济合作代表的中俄"长江—伏尔加河"合作,是由国家政府主导、多个地方政府共同参与,合作内容涉及经济、社会、文化等多领域,合作不排斥和不歧视双方国内其他地方参与。然而,非毗邻的特殊性意味着"长江—伏尔加河"地区合作的地缘关系较弱,经贸往来更容易受到边界屏蔽和中介效应影响,导致两地区经贸往来中的交易成本增加。加之,俄罗斯伏尔加河沿岸联邦区各主体之间的道路基础设施兴建与维护不足,严重影响了两地区物流体系的流畅程度。再者,非毗邻地区之间具体合作中存在海关有效监管、标准的一致化、营商环境优化、产业合理规划、市场准入度等复杂问题。因此,"长江—

伏尔加河"地区合作受制于非毗邻跨国次区域合作运行的现实，需要探索自身独特和优势的合作路径。

二是两地区投资需求与供给不平衡。中俄"长江—伏尔加河"地区合作机制实施以来，相互投资合作力度逐渐加大但增长缓慢，这与两地区投资需求与供给失衡密切相关。一方面，伏尔加河沿岸联邦区的投资需求强烈但现实投资不足。2008年金融危机之后，俄罗斯地区社会经济错综复杂，联邦中央预算资金不足，无法满足地方投资建设需要，大部分联邦主体经济萧条无法支撑本地基础设施投资。伏尔加河沿岸联邦区内部各联邦主体经济发展战略不同，导致其工业、农业、交通基础设施及居民生活水平等差距日益加大而削弱了整体投资吸引力。加之，部分联邦主体缺少对境外投资项目进行招商和落实的认知，推行较强的贸易保护政策和投资行政障碍，这些都不利于伏尔加河沿岸联邦区改善投资环境。另一方面，长江中上游地区对俄伏尔加河沿岸联邦区投资较为谨慎。自2013年"长江—伏尔加河"地区合作启动以来，两地政府与企业交流互动频繁且签署了一些经贸合作与投资协议，但主要表现为存在签署项目多而落地项目少、大企业投资动力缺乏、中小企业投机性投资多、传统货物贸易为主而投资合作为辅等问题。加之，两地区之间缺乏长期往来历史，相互认同与文化思维存在差异，投资缺乏支柱企业成功的示范性带动，导致长江中上游地区对俄罗斯投资顾虑重重。

三是经济全球化倒退对中俄地区合作带来挑战。新冠疫情暴发前，"美国优先"政策提出后，全球单边主义和贸易保护主义抬头。新冠疫情暴发后，全球产业链和供应链布局的脆弱性充分暴露，疫情影响下的经济全球化倒退明显[1]。目前，我国长江中上游地区和俄罗斯伏尔加河沿岸联邦区都面临着后疫情时代经济恢复发展，未来两地区之间的合作要充分考虑在发展与安全之间寻求平衡，既要考虑两地经济共同发展，也要警惕和防范可能出现的风险问题。

---

[1] 郭晓琼，蔡真. 百年变局下中俄经贸合作新趋势 [J]. 俄罗斯学刊，2022，12（4）：67-88.

三、中俄"长江—伏尔加河"地区合作的对策和建议

(一) 加快完善中俄"长江—伏尔加河"合作机制化建设

对于中俄"长江—伏尔加河"合作来说，多层次的地区合作机制是跨国次区域合作的重要组织保障。一是基于已有的中俄总理及地方领导人定期会晤机制，构建常态化的地方沟通交流机制。如中俄应在"长江—伏尔加河"地区增设有关领事机构，建立完善"长江—伏尔加河"省市与联邦主体之间的对接合作负责人沟通机制，统筹协调与督促合作项目实施；建立完善长江中上游地区六省份之间的定期交流平台，整合区域整体对外合作实力；建立完善伏尔加河各联邦主体之间的分工协作体系，挖掘区域整体对外合作潜力。二是基于已有的中俄青年论坛及智库论坛等成功经验，举办多样化的地方合作交流论坛。通过举办交通、文化、旅游等多领域地方合作交流论坛，支持中俄两地建立地方合作研究智库联盟，为我国长江中上游地区及俄罗斯伏尔加河联邦区的合作提供智力支撑和咨询服务。三是基于已有的中俄地方互访机制，进一步完善地方合作的官方和非官方团体互访机制及相关贸易、投资等政策的信息交流共享机制，确保合作信息的真实性和可靠性，为中俄两地企业间合作往来夯实基础。四是基于我国东北地区与俄罗斯远东地区合作机制和规划的经验，依据"长江—伏尔加河"双方的实际情况做好全面布局，从整体角度制定详细的合作规划、专项合作意见及产业合作规划，加快完善两地合作主要方向、内容、责任和义务的制度供给，确保合作有章可循、有规可依。与此同时，研究制定专门的项目推进政策，由中俄两地政府出面为企业投资合作保驾护航，促进两地实现共赢的发展目标。

(二) 推进中俄"长江—伏尔加河"合作贸易投资便利化

中俄从国家和地区层面明确两国或两地区的优惠贸易政策及市场准入程度，是"长江—伏尔加河"地区开展经贸合作的基本前提。一方面，

加快基础设施互联互通，不断简化海关通关手续，提高"长江—伏尔加河"地区合作贸易便利化。深化中俄非毗邻地区之间的贸易往来离不开高效畅通的交通、物流及通信体系支持。因此，应加快完善两地区间的铁路网、空中航线、信息平台的联通建设，提升地区间各方经济联系的紧密度。其中，铁路网方面在畅通伏尔加河沿岸联邦区各主体之间连接的基础上，依托渝新欧、合新欧、汉新欧、蓉欧等实现"长江—伏尔加河"两地对接。信息平台方面，加快建立完善中俄电子商务平台，提升两地区间电子商贸的规模与水平。与此同时，加强两地通关便利化建设，优化协调海关检验检疫工作，提升海关办公电子化、无纸化水平，简化手续提升通关时效，从而为两地合作提供更大的便利。另一方面，加快优化营商环境，完善投资服务和税收优惠政策，提高中俄"长江—伏尔加河"地区合作投资便利化。中俄两地政府通过建设经济特区和产业园区，为外来投资创造优越的投资环境，提供公共服务和税收优惠政策，降低外来投资的风险和成本。从中方来看，我国长江中上游地区应当总结推广两地共建中俄工业园区和高新区的经验，吸引更多俄罗斯企业来中国投资，推动长江经济带高质量开放发展。从俄方来看，伏尔加河沿岸联邦区应当加大改善营商环境的力度，加强各联邦主体部门间协调，畅通境外投资进入渠道，做好外资企业跟踪式服务。

（三）增进中俄"长江—伏尔加河"人文交流合作与认同

在中俄"长江—伏尔加河"地区合作进程中，应当由经济领域、人文领域向其他领域合作有序推进。其中，人文交流与认同是中俄两地合作的关键之一，有助于进一步加深两地了解与互信，有利于推进经贸合作稳扎稳打。因此，应通过多种方式加强两地人文交流合作与认同。一是结合中俄"长江—伏尔加河"地区发展实际，各地方政府大力宣传地区合作的优势和潜力，引导当地社会、企业及民众正确认识地区合作对于经济发展和社会民生的重要作用，逐步获得各地不同主体对地区合作的支持。二是组织多层次、多领域、多样化的中俄"长江—伏尔加河"地区交流会、座谈会及联谊会，促进两地政府、高校、企业、民众之间的交流，增进彼此之间对不同文化的尊重、理解、包容与认同。尤其是组织政治精英和智库专家深度交流，彻底消除俄罗斯民众对中国威胁论的担忧，促进中俄两地统一发展共识的达成。三是依托"长江—伏尔加河"高校联盟平台，构建中俄地方联合培养人才机制，通过两地高校合作办学来培养"双语＋专业"的应用性国际化复合型人才，切实满足中俄两地合作深化和国际政治经济复杂变化的需要。四是激发中俄两地社会、企业及民众积极主动地了解彼此的发展战略、法律法规和投资指南，充分重视民间力量自发参与的地区投资项目合作，尤其是中方要特别注意做好投资风险评估和及时有效合理避险。

（四）加强中俄"长江—伏尔加河"地区城市经济合作

我国长江中上游地区六省份之间加强沟通与协调，联合制定深化对俄罗斯伏尔加河沿岸联邦区的城市合作发展规划。根据中俄"长江—伏尔加河"地区城市交往情况，以我国加快构建"双循环"新发展格局为契机，进一步明确长江中上游地区六省市与俄罗斯伏尔加河沿岸联邦区的具体城市合作对象及发展重点和方向。一是，依托中俄两地省州、城市之间的友好关系，加快开展两地点对点的城市经济对接合作。自2013年"长江—伏尔加河"地区合作机制成立以来，两地区缔结的友好省州（城市）数量明显增加（见表7-17）。在友好省州（城市）之间交流与合作基础上，两地城市合作由点到线及面逐步推广到全域范围，合作范围逐步实现经贸、人文、教育、科技和旅游等全面覆盖。二是依托中俄两地大城市的经济辐射力和国际影响力，加快构建大城市对接合作发展机制。我国长江中上游地区的成都、重庆、武汉、长沙、南昌、合肥与俄罗斯伏尔加河沿岸联邦区的喀山、乌里扬诺夫斯克、下诺夫哥罗德等大城市之间，通过定期组织地方政府、企业及民间的沟通交流，丰富双方合作内容，促进城市高质量发展。三是发挥中俄两地城市群的集聚和扩散效应，加快构建城市群对接合作发展机制。"长江—伏尔加河"两地围绕产业布局、基础设施、生态治理、公共服务等重点领域对接合作，逐步形成优势互补、协同发展的经济布局。

表7-17　中俄"长江—伏尔加河"地区友好城市情况

序号	中方	俄方	结好性质	缔结日期
1	四川省	奥伦堡州	友好省州	2014年6月1日
2		奔萨州	友好省州	2014年12月1日
3		下诺夫哥罗德州	友好省州	2015年8月1日
4		基诺夫州	友好省州	2016年3月1日
5		鞑靼斯坦共和国	友好省州	2016年5月4日
6		萨马拉州	友好省州	2016年10月1日
7		巴什科尔托斯坦共和国	友好省州	2017年6月1日
8		莫尔多瓦	友好省州	2017年6月1日
9		乌德穆尔特共和国	友好省州	2019年5月23日
10		萨拉托夫州	友好省州	2019年5月23日
11	成都市	喀山市	友好城市	2015年11月13日
12	绵阳市	奥布宁斯克市	友好城市	2017年6月6日
13		新西伯利亚市	友好城市	2018年10月11日
14	宜宾市	奔萨市	友好城市	2014年6月17日
15	资阳市	奥尔克斯市	友好城市	2018年9月19日
16	湖北省	萨拉托夫州	友好省州	2002年12月4日
17	武汉市	萨拉托夫市	友好城市	2015年8月7日
18		伊热夫斯克市	友好城市	2017年6月16日
19	十堰市	恩格斯市	友好城市	2010年12月11日
20	江西省	巴什科尔托斯坦共和国	友好省州	2015年11月10日
21	南昌市	乌法市	友好城市	2016年9月8日
22	抚州市	丘索沃伊市	友好城市	2018年9月26日
23	湖南省	乌里扬诺夫斯克州	友好省州	2009年5月4日
24	湘潭市	乌里扬诺夫斯克市	友好城市	2016年7月19日
25	安徽省	下诺夫哥罗德州	友好省州	2014年7月25日
26	合肥市	乌法市	友好城市	2016年6月17日
27		下诺夫哥罗德市	友好城市	2019年5月31日
28		切博克萨雷市	友好城市	2019年6月
29	安庆市	切博克萨雷市	友好城市	2016年9月23日
30	芜湖市	乌里扬诺夫斯克市	友好城市	2018年11月6日

资料来源：笔者根据有关新闻报道整理。

第八章 研究结论

Chapter 8

本书综合运用国际政治经济学、经济地理学、空间经济学和区域经济学等理论，综合使用多种研究方法，以"一带一路"倡议下的中俄区域经济合作问题为研究对象，系统地分析了中俄区域经济合作发展现状与特点及其影响因素，并构建了中俄区域经济融合测度模型，定量分析了中俄区域经济融合发展水平，进一步探讨了"一带一路"倡议下中俄区域经济合作发展趋势。在此基础上，本书提出了"一带一路"倡议下中俄区域经济合作的模式、机制及路径。随后，以中国东北地区与俄罗斯远东地区、中国西北地区与俄罗斯西西伯利亚地区、中俄"长江—伏尔加河"地区的跨国次区域经济合作为例，探讨了包括毗邻地区、非毗邻地区在内的中俄跨国次区域经济合作具体发展路径。总结全书的研究，得出如下主要结论。

第一，中俄区域合作应由互补合作向战略合作转变。自1995年以来，中俄区域经济融合水平总体上保持增长态势，主要得益于双边贸易、金融、人际交往等因素的综合带动效应。但这种以两国自然资源禀赋为基础的互补性合作所固有的内在缺陷，会导致两国合作长期发展的稳定性不足。根据国际贸易理论，一旦中国劳动力成本或者俄罗斯资源储备量的比较优势消失，两国的互补贸易必然萎缩甚至中断。另外，中俄相互投资也同样存在忽略两国经济的长期动态增长前景、忽略生产要素跨国流动与结合可能产生的新增收益的问题。因此，中俄要优化贸易投资结构，要以互补性为合作的基点，多维、高层次战略合作才能为深入合作提供持续动力。在继续扩大互补型贸易和投资潜力的同时，实现中俄经济从互补合作向战略合作转变显得尤为重要。中俄战略合作强调的是共同发展和未来的动态收益或国家整体利益。这就要求两国的经贸合作在兼顾眼前利益最大化的同时，更要放眼长远利益，才能实现双赢。战略性合作有助于提升两国产业内贸易水平和凝聚产业融合度，驱动两国向较高的经济水平和贸易发展水平转变，实现双方合作的可持续发展。当前，中国提出的"一带一路"是开放包容、互利共赢的全球性公共产品，为中俄区域经济合作提供了新的动力支撑，为中俄经济合作由互补合作向战略性合作转变提供了新的契机。"一带一路"的开放性决定了中俄双方需要拥有更加开放的心态开展全方位的合作，这意味着中俄区域经济合作已不再局限于中俄两国之间，而是扩展到中俄与沿线国家（尤其是周边的蒙古国与中亚诸国）开展区域经济合作的更大范围。

第二，必须创新"一带一路"倡议下中俄区域经济合作的三种模式。一是多翼轴带式的区域经济合作模式。依托"一带一路"沿线中俄合作所涉及交通运输通道构建跨境交通经济带，不断增强沿线区域的中心城市、边境口岸、各类产业园区之间的合作，进而辐射至沿线内陆腹地以促进中俄主导跨国次区域经济联动发展。中俄合作主导跨境交通经济带建设应该以"一带一路"沿线城市对接合作为基础，以城市发展带动区域整体发展，具体应该促进跨国区域的中心城市间加强联合、边境城市间实现整合、沿海港口城市间有效连通，从而深入推进相关地区合作务实发展。中俄区域经济合作要重点建设四条交通经济带，北向交通经济带主打推进中蒙俄经济走廊建设；西向交通经济带主要促进丝绸之路经济带和欧亚经济联盟建设对接；中部交通经济带重点加强长江中上游地区与俄罗斯伏尔加河沿岸联邦区合作；东部沿海交通经济带主要对接21

世纪海上丝绸之路以畅通中俄跨国陆港通道。这些交通经济带之间互为补充、互相支持、共同发展。二是主辅式复合型国际产业合作模式。该模式旨在构建"梯形"国际化产业集群，以中俄相关区域优势产业集群发展为基础，带动跨国跨区域间产业互动合作；以能源和科技两大支撑行业为主轴先导；以重点推动行业包括农业、制造业、建筑业、金融业、旅游业、交通物流业、文化产业等为辅轴助力；以跨国跨区域大项目的实施为纽带，构筑具有相关区域特色且辐射带动能力强的跨国区域经济综合体，从而推动中俄跨国次区域经济发展。三是政府与市场联合促进经济合作模式。中俄跨国次区域经济合作应当采取政府推进、市场导向和企业运作相结合，共同促进跨国区域经济融合发展。各国依据自身发展梯度与资源禀赋，协调开展各领域合作，形成合理分工与协作，积极加强产业政策沟通，合力避免同质化的产业布局，努力将资源优势转化为产业和经济优势，最终促进区域合作共赢。

第三，加强中俄经济合作的机制化建设。通过完善经济合作机制来推进中俄两国的经济融合不仅是最基本和最现实的选择，也是加速经济融合进程的重要推动力。一个健全的合作机制是国家之间合作的根本性保障。如果合作机制不建立或是不健全，容易导致国家合作的随意性、合作项目难以推进，最终使得国家合作流于形式，中俄合作共建丝绸之路经济带也难以取得实质性成果。区域经济合作机制的构建包括区域合作对话、协调仲裁、利益共享等机制建设，以及能源、科技、金融、贸易、投资等各领域合作机制建设等方面。一是要签署中俄经济战略合作协议，为中俄共同推进的战略合作提供制度性保障。以中俄经济战略合作协议为基础，两国可以分领域进行协商讨论并逐级推进，尤其是将难点问题放在全局的角度和整体利益的角度来考虑。例如，可以将货物贸易、服务贸易、投资合作、产业合作等纳入协议内容，有助于推进中俄跨境交通经济带建设。二是要拓宽合作领域，尤其是在能源、科技、农业、金融、市场一体化建设等领域深化利益融合。要以长远的战略利益谋划合作，加快签署各领域性战略协议，从而建立稳定的粮食和能源生产和供应渠道，开辟稳定的市场一体化区域，保证稳定的金融支持。

能源领域合作是中俄经济关系中最为重要的战略契合点，必须从国家战略高度予以对待。为了从俄方获得有保障的战略资源供应，中方要扩大实施"利益交换"合作模式和适当使用"让利与俄"原则。在中俄重大能源合作项目上，中方企业应有足够的战略智慧和策略应对，项目谈判进程要接受外交的指导，不能单纯以一时的企业利益代替国家利益。

加强金融领域战略合作，为跨境交通经济带建设提供强有力金融支持。就目前而言，中俄金融合作尚处于发展初级阶段，难以有效提高两国相互贸易投资水平，远不能满足"一带一路"倡议下中俄区域经济合作的发展诉求。从短期看，在中俄金融合作双边和多边机制下，建立双方监管机构、交易市场及金融机构的多层次交流机制，就完善中俄资本市场监管及业务拓展等开展探讨；推进中俄开发性金融合作，为中俄战略性大型项目提供资金支持。从长远来看，深化中俄资本市场和货币市场合作，促进中俄经济合作向质的提升转变。通过建立跨境监管信息共享机制、公司跨国上市及互设金融机构，甚至中俄合作在第三方市场运作，深化双方资本市场的合作；继续推进中俄货币合作，完善中俄贸易本币结算体系，提高两国经济合作质量。

加强科技战略合作。俄罗斯仍保留着世界科技大国的一席之地，科技资源堪称一流水平。中俄通过加强先进技术、科技人才的引进和专家互访，可提升产品的科技含量水平，提高高科技产品的生产能力；通过技术联合研发，降低研发成本，推动产业互动和产业融合；通过合作建立科技园区和高新技术产业开发区，促进高新技术成果商品化、高新技术产业化。为发挥两国科技合作潜力，建立"中俄科技创新伙伴关系"，建立中俄科技创新合作基金，对共同选择的重点基础研究项目和大型高科技项目提供资金支持，共享知识产权。对等开放高科技产品市场，扩大双方科技互信。制订完善"中俄科技人才千人计划"，扩大中俄科技合作人才队伍。

推动贸易投资便利化战略升级，这将在很大程度上决定中俄区域经济合作的广度和深度，也决定共建丝绸之路经济带的实施成效。当前重点是要削减非关税壁垒，实现标准统一化，继续加强高效便捷的现代化国际运输通道体系建设和构建高效区域金融合作体系，以及简化海外人员进出国境手续，提高本国政府工作效率，积极鼓励外资进入并保障外资的合法权益。当然，中俄共建丝绸之路经济带是以中俄经济合作为主导，兼及蒙古国、中亚国家协作配合才能完成的战略对接任务，这就需要中俄在继续完善双边机制（如实施启动专门针对丝绸之路经济带建设的中俄战略经济对话机制）的同时，加强中俄共建丝绸之路经济带的多边磋商与合作机制框架建设。近期目标是启动中俄蒙中亚国家战略性对话，在资源、金融、市场、投资领域签订战略协议，中长期目标是建立更为紧密的跨境自由贸易区。

第四，加强中俄跨国次区域的城市发展定位、经济空间建设和产业布局。当前，中俄要重点加强中国东北地区与俄罗斯远东跨国次区域经济合作。目前该跨国次区域经济融合程度并不高，但经济融合逐步深化的发展趋势也较为明显。该跨国次区域经济空间结构经历了由极核式到点轴式的变化，正逐步朝着由多核心城市联合带动其他中心城市和轴线共同发展的网络式结构发展。通过对中国东北地区与俄罗斯远东跨国次区域城市经济联系的实证研究表明，核心城市作为整个跨国次区域的经济活动中心，对区域经济社会建设和发展起着强有力的支撑作用。必须要积极发挥核心城市的重要增长极作用，加强其区域辐射力和产业带动力，促进周边城市产业、资源、基础设施、社会文化等的空间协调与整合，切实在区域经济发展、城市基础设施建设、教育文化、社会医疗保障等方面逐步实现跨国次区域共享机制。从近期来看，继续完善点轴式经济空间结构，构建轴带式的跨国次区域产业空间布局。在中国东北地区与俄罗斯远东跨国次区域经济合作中，须合理选择增长极（点）和主要交通轴线，促进产业向点轴集中布局，充分发挥交通主轴上经济发达城市的集聚和辐射功能，推动资源和要素跨国密集地流动和交换，联结带动周围城市发展，形成开放有效的跨境经济带，从而实现由点带轴、由轴带面的跨国次区域经济合作与发展。

第五，中国西北地区与俄罗斯西西伯利亚跨国次区域经济合作具备良好的经济基础和政治地缘优势，在中俄地方合作中处于特殊重要的地位。在国家深入实施西部大开发战略、西部加速融入"一带一路"建设的背景下，中俄"两西"地区合作重点从建立地区合作机制、推进地区经贸合作、打通跨境直接通道、发挥新疆地区对俄罗斯桥头堡作用等方面展开，挖掘中俄"两西"地区经济合作的巨大潜力。

第六，中俄"长江—伏尔加河"地区合作开启了中俄两国非毗邻地区合作的新尝试。目前两地合作基础条件好、经贸合作逐步顺畅、人文合作日益活跃、机制化合作稳定发展，但也存在地方经贸合作整体水平较低、合作交流基础相对较薄弱、地区合作运行机制不完善、中国威胁论影响合作等问题。新形势下，中俄"长江—伏尔加河"地区合作面临中俄关系不断深化、战略诉求日益趋同、"双循环"新发展格局加速推进等机遇，以及非毗邻合作的复杂性、投资供需不平衡、经济全球化倒退等挑战。加快完善地方合作机制、推进贸易投资便利化、增进人文交流合作、加强城市经济合作是中俄"长江—伏尔加河"地区合作重要策略。深化两地经济合作有利于加快长江经济带对外开放合作，促进长江经济带与"一带一路"融合发展，推进中俄两国非毗邻地区经济实现共赢发展的新突破。

总之，本书对"一带一路"倡议下中俄区域经济合作相关问题进行了系统性研究，但鉴于所涉及跨国次区域经济合作研究内容的复杂性和广泛性，同时受所需资料、数据和研究方法等限制，尚有许多问题有待进一步深入研究。一是中俄区域经济合作研究需要向精深发展。当前对于中俄区域经济合作发展问题的研究，必须突破已有的定性、片面、模糊、单一学科视角的研究，通过多学科交叉和多种方法综合使用，以更加系统、相互联系和动态的视角拓展研究。二是中俄跨国次区域经济合作研究需要向微观领域尤其是企业合作领域拓展。本书对中俄跨国次区域经济合作的定量研究主要是从城市角度，凭借地区生产总值、全社会固定资产投资额、人口数、对外贸易总额及外贸依存度、教育经费投入、交通便利程度等数据进行城市经济联系及其空间结构变化的分析。缺少从企业的角度，获取微观经济数据来定量评价中俄跨国次区域经济合作与企业共生的绩效。三是中俄跨国次区域经济合作包括双边、多边合作，但书中主要研究的是中俄双边区域经济合作，重点探索以中国东北地区与俄罗斯远东地区、中国西北地区与俄罗斯西西伯利亚地区、中俄"长江—伏尔加河"地区的跨国次区域经济合作路径与策略，未来可以对与中俄相关的其他多边跨国次区域合作深入探究，重点是对中俄兼及蒙古国、中亚国家范围的跨境交通经济带建设，以及跨国跨区域产业协同创新合作等如何具体落实问题加以进一步深入研究。

参 考 文 献

[1] [俄] А. Г. 布雷. 俄东部地区与东北亚国家经济贸易合作的发展 [J]. 西伯利亚研究, 2008 (4): 18 – 19.

[2] [美] 阿瑟·刘易斯著, 乔依德译. 国际经济秩序的演变 [M]. 北京: 商务印书馆, 1984: 35 – 45.

[3] 巴克拉诺夫. 自然资源在俄远东发展战略中的作用与中俄合作 [J]. 西伯利亚研究, 2008 (4): 13 – 15.

[4] 白晓光. 中俄文化产业合作研究 [J]. 西伯利亚研究, 2014 (6): 4 – 77.

[5] 白雪冰, 许昭, 周应恒. 中俄农产品贸易特征及合作前景分析 [J]. 俄罗斯研究, 2021 (4): 176 – 196.

[6] [英] 彼得·罗布森著, 戴炳然等译. 国际一体化经济学 [M]. 上海: 上海译文出版社, 2001: 16.

[7] 蔡春丽, 刘汪洋. 长江"牵手"伏尔加河 [J]. 今日重庆, 2014 (3): 50 – 55.

[8] 曹晔. 中俄农产品物流与贸易联动发展 [M]. 北京: 经济管理出版社, 2019.

[9] 陈建军. 产业区域转移与东扩西进战略 [M]. 北京: 中华书局, 2002.

[10] 陈宪, 石士钧, 陈信华, 等. 国际经济学教程 [M]. 上海:

立信会计出版社，2003．

[11] 陈雪婷，陈才，徐淑梅．国际区域旅游合作模式研究——以中国东北与俄、蒙毗邻地区为例［J］．世界地理研究，2012（3）：152–159．

[12] 刁秀华．中国东北与俄罗斯远东超前发展区对接合作研究［J］．财经问题研究，2018（4）：116–122．

[13] 丁斗．东亚地区的次区域经济合作［M］．北京：北京大学出版社，2001．

[14] 鄂忠齐．中俄地方合作的开放特征［J］．西伯利亚研究，2011（3）：6．

[15] 樊福卓．区域分工：理论、度量与实证研究［D］．上海：上海社会科学院，2009．

[16] 范力．中马钦州产业园区建设21世纪海上丝绸之路先行园区的战略构想［J］．东南亚纵横，2014（10）：20．

[17] 冯芸，吴冲锋．经济全球化测度理论［M］．上海：上海交通大学出版社，2005．

[18] 盖莉萍，于瀚韬．中俄毗邻地区农业经济合作发展研究［M］．哈尔滨：黑龙江大学出版社，2020．

[19] 高际香．中俄科技创新合作：模式重塑与路径选择［J］．俄罗斯东欧中亚研究，2021（3）：97–115．

[20] 郭力．中俄地区合作新模式的区域效应［M］．北京：社会科学文献出版社，2015．

[21] 郭力．中俄东部区域合作新空间［M］．北京：社会文献科学出版社，2017．

[22] 郭力．中俄区域合作的"伞"型模式［J］．俄罗斯中亚东欧研究，2007（3）：55–60．

[23] 郭力．中俄区域技术合作升级模式的逻辑论证［J］．俄罗斯中亚东欧研究，2010（1）：46–55．

[24] 郭连成．俄罗斯东部开发新战略与东北亚经济合作研究［M］．北京：人民出版社，2014．

［25］郭连成，刘彦君，陈菁泉．中俄东部地区城市经济联系测度及促进策略［J］．财经问题研究，2017（12）：104－109．

［26］郭连成．中俄区域经济合作路径探析［J］．东北亚论坛，2007（3）：3－9．

［27］郭晓琼．新时代中俄经贸合作：新趋势与新问题［M］．北京：中国社会科学出版社，2021．

［28］韩克敌，王志远．"丝绸之路经济带"视域下中俄合作与风险防范的深入思考［J］．俄罗斯学刊，2015（5）：61－67．

［29］郝宇彪，田春生．中俄能源合作：进展、动因及影响［J］．东北亚论坛，2014（5）：71－82．

［30］胡仁霞．中国东北与俄罗斯远东区域经济合作研究［M］．北京：社会科学文献出版社，2014．

［31］季塔连科．全球危机和维护国际稳定背景下的俄中两国合作［J］．俄罗斯中亚东欧研究，2009（5）：2－5．

［32］江瑞平，竺彩华，张翠珍，崔绍忠．"一带一路"建设中的经济合作机制研究［M］．北京：世界知识出版社，2022．

［33］姜毅，等．中俄边境口岸研究［M］．北京：中国社会科学出版社，2018．

［34］姜振军，赵彤宇．中俄共同保障粮食安全的合作研究［J］．俄罗斯东欧中亚研究，2021（4）：100－115

［35］姜振军．中俄共同建设"一带一路"与双边经贸合作研究［J］．俄罗斯东欧中亚研究，2015（4）：42．

［36］焦方义，陆曼．中国东北与俄罗斯远东地区协同发展的路径选择［J］．学术交流，2019（8）：84－92．

［37］津上俊哉．融合地区经济：东亚地区的新型投资形态［J］．经济社会体制比较，2001（2）：55－59．

［38］鞠华莹，李光辉．建设21世纪海上丝绸之路的思考［J］．国际经济合作，2014（9）：57．

［39］B．卡布斯金，翁伏虎．俄罗斯加入WTO对其与独联体国家及

上合组织成员国贸易的影响［J］. 俄罗斯研究, 2014 (4): 20 - 43.

［40］B. 卡拉什尼科夫. 能源是中俄合作的战略方向［J］. 西伯利亚研究, 2008 (5): 9 - 10.

［41］科尔茹巴耶夫. 俄科学院西伯利亚分院与中国部分地区科技合作的现状与前景［J］. 西伯利亚研究, 2008 (1): 14.

［42］B. B. 库列绍夫. 西伯利亚经济：当代经济和地缘政治形势下面临的机遇与风险［J］. 西伯利亚研究, 2014 (4): 19 - 21.

［43］李传勋. 俄罗斯远东地区金融市场现状及走势研究［J］. 东欧中亚市场研究, 2001 (6): 31 - 36.

［44］李传勋. 中俄区域合作研究［M］. 哈尔滨：黑龙江人民出版, 2003.

［45］李传勋. 中国东北经济区与俄罗斯远东地区经贸合作战略升级问题研究［J］. 俄罗斯中亚东欧市场, 2008 (9): 1 - 14.

［46］李红锦，李胜会. 基于引力模型的城市群经济空间联系研究——珠三角城市群的实证研究［J］. 华南理工大学学报（社会科学版), 2011, 13 (1): 19 - 24.

［47］李建民. 普京新时期远东开发的定位和目标［J］. 国际经济评论, 2013 (3): 123 - 136.

［48］李建民. 丝绸之路经济带、欧亚经济联盟与中俄合作［J］. 俄罗斯学刊, 2014 (5): 7 - 18.

［49］李建民. 中俄农业合作新论［J］. 欧亚经济, 2015 (1): 48 - 59.

［50］李靖宇，张晨瑶. 中俄两国合作开拓21世纪东北方向海上丝绸之路的战略构想［J］. 东北亚论坛, 2015 (3): 82.

［51］李静，谭舒. 中俄合作进一步加强两河流域优势互补合作共赢［J］. 重庆与世界, 2014 (4): 8 - 10.

［52］李松志. 鄱阳湖生态经济区产业空间布局政策研究［M］. 北京：中国科学出版社, 2014.

［53］李伟. 大城市旅游流网络结构构件与分析——以武汉市为例［D］. 武汉：华中师范大学, 2013: 24.

［54］李向阳．论海上丝绸之路的多元化合作机制［J］．世界经济与政治，2014（11）：4-17．

［55］李向阳．中国特色经济外交的理念、组织机制与实施机制——兼论"一带一路"的经济外交属性［J］．世界经济与政治，2021（3）：4-30．

［56］李新．中俄蒙经济走廊助推东北亚区域经济合作［J］．俄罗斯东欧中亚研究，2015（4）：25-33．

［57］李永全，王晓泉．"一带一路"建设发展报告［M］．北京：社会科学文献出版社，2019．

［58］李永全．中俄在东北亚合作前景广阔［J］．西伯利亚研究，2013（5）：5-6．

［59］李勇慧，倪月菊．俄罗斯远东超前发展区和自由港研究［J］．欧亚经济，2019（5）：60-74．

［60］李勇慧．中俄蒙经济走廊的战略内涵和推进思路［J］．东北亚学刊，2015（4）：10-13．

［61］凌胜利．地缘文明视角下的中俄关系［J］．西伯利亚研究，2010（3）：92-95．

［62］刘锋．俄罗斯东部地区油气资源开发与中俄能源合作［D］．长春：吉林大学，2013：150．

［63］刘军梅．中俄金融合作：历史、现状与后危机时代的前景［J］．国际经济合作，2010（1）：78-82．

［64］刘军．社会网络分析导论［M］．北京：社会科学文献出版社，2004．

［65］刘军，肖辉忠，苟利武．中俄"长江—伏尔加河"流域合作研究［M］．北京：世界知识出版社，2022．

［66］刘清才，王迪．新时代中俄关系的战略定位与发展［J］．东北亚论坛，2019，28（6）：49-62．

［67］刘爽．构建利益共同体：中俄区域合作的推动机制和目标选择［J］．俄罗斯中亚东欧研究，2012（3）：40-44．

［68］刘育红．"新丝绸之路"经济带交通基础设施与区域经济增长

[M］．北京：中国社会科学出版社，2014：258．

［69］刘稚．大湄公河次区域经济走廊建设与中国的参与［J］．当代亚太，2009（3）：58－65．

［70］陆大道．区域发展及其空间结构［M］．北京：科学出版社，1995．

［71］陆南泉．基于经济转型的中俄科技合作［J］．黑龙江社会科学，2011（1）：23－28．

［72］陆南泉．中俄经贸关系现状与前景［M］．北京：中国社会科学出版社，2011．

［73］罗家德．社会网分析讲义［M］．北京：社会科学文献出版社，2005．

［74］马博．中国沿边地区区域经济一体化研究［D］．北京：中央民族大学，2011：79．

［75］马建堂．推动共建"一带一路"高质量发展进展、挑战与对策研究［M］．北京：中国发展出版社，2021．

［76］迈克尔·波特．国家竞争优势［M］．北京：华夏出版社，2002：21．

［77］米军，陈菁泉，刘彦君，等．中俄经济融合水平测度及促进策略［J］．经济社会体制比较，2014（2）：152．

［78］米军，李娜．中蒙俄经济走廊建设：基础、挑战及路径［J］．亚太经济，2018（5）：5．

［79］米军．中国与欧亚经济联盟国家金融合作发展战略研究［J］．财经问题研究，2019（1）：66－72．

［80］孟德友，陆玉麒．基于引力模型的江苏区域经济联系强度与方向［J］．地理科学进展，2009，28（5）：697－704．

［81］米洛夫，杨益，张红．中俄能源领域合作前景：消除壁垒，加强联系［J］．俄罗斯研究，2008（4）：58－60．

［82］苗吉．欧亚战略空间的中俄文化合作［J］．东北亚论坛，2022，31（2）：112－126．

[83] 戚文海. 对强化中俄科技合作战略性安排的探讨 [J]. 国际经济合作, 2009 (8): 9-42.

[84] 戚文海. 后金融危机时期的中俄区域合作: 联动趋势、战略转换与优先领域 [J]. 俄罗斯中亚东欧市场, 2012 (6): 35-44.

[85] 齐普拉科夫, 魏丽卿. 近年来俄中经贸关系与边境流通业的发展 [J]. 中国流通经济, 2009 (6): 37-38.

[86] 乔尔·布利克, 戴维·厄恩斯特. 协作型竞争 [M]. 北京: 中国大百科全书出版社, 1998: 31.

[87] 秦玉才. "一带一路"建设与跨境次区域经济合作 [M]. 杭州: 浙江大学出版社, 2020.

[88] 曲伟. 中俄区域合作应实现"六个重大互动" [J]. 西伯利亚研究, 2008 (1): 6-7.

[89] 盛斌. 迎接国际贸易与投资新规则的机遇与挑战 [J]. 国际贸易, 2014 (2): 4-9.

[90] 史春阳. "新普京时代"深化中俄科技合作对策研究 [J]. 对外经贸, 2013 (10): 44-45.

[91] 舒连维奇·亚历山德拉. 中俄物流产业合作研究 [D]. 哈尔滨: 黑龙江大学, 2014: 47.

[92] 宋魁. 俄罗斯建筑市场走势研究及其对策 [J]. 俄罗斯中亚东欧市场, 2010 (9): 50-54.

[93] 宋魁. 跨世纪中俄资源合作 [M]. 黑龙江: 哈尔滨出版社, 1999.

[94] 孙德兰, 梁为中. 东北振兴与"一带一路" [M]. 沈阳: 辽宁人民出版社, 2020.

[95] 孙艳霞. 中俄边境地区经济一体化研究 [D]. 长春: 东北师范大学, 2005: 36.

[96] 孙永祥. 中俄能源合作的现状、问题及前景 [J]. 国际展望, 2012 (2): 48-66.

[97] [俄] A. 塔拉修克. 中国东北和俄罗斯边境区域合作的经济潜

力［J］．远东问题（俄），2007.2．

［98］唐纲．中俄两河流域合作会议在渝举行，共同协商制定两地区投资项目清单和人文领域合作路线图［J］．重庆与世界，2014（2）：6－7．

［99］唐朱昌．中国经济总量崛起背景下的中俄经贸发展战略转型［J］．俄罗斯学刊，2011（5）：5－11．

［100］藤田昌久，保罗·克鲁格曼，安东尼·J.维纳布尔斯著，梁琦译．空间经济学—城市、区域与国际贸易［M］．北京：中国人民大学出版社，2005：10．

［101］田春生．中俄经贸合作关系新析—经济利益的视角［J］．俄罗斯研究，2010（1）：31－40．

［102］佟光霁，智建伟．中俄农业合作的政府政策问题研究［J］．求是学刊，2013（3）：5－11．

［103］王兵银．加强投资对中俄贸易发展的促进作用［J］．俄罗斯中亚东欧市场，2007（9）：5－9．

［104］王海运．建设"丝绸之路经济带"促进地区各国共同发展［J］．俄罗斯学刊，2014（3）：5－10．

［105］王海运．中俄能源合作的有利因素与制约因素［J］．俄罗斯学刊，2011（3）：5－9．

［106］王海运等．"丝绸之路经济带"构想的背景、潜在挑战和未来走势［J］．欧亚经济，2014（4）：5－58．

［107］王浩．文化认同：促进中蒙合作与发展的关键［J］．东北亚论坛，2011（3）：117－124．

［108］王晓泉．中俄结算支付体系"去美元化"背景与人民币结算前景分析［J］．俄罗斯东欧中亚研究，2021（2）：10－32．

［109］吴大辉，石靖．面向2035年的科技治理体系与中俄科技创新合作［J］．中国科技论坛，2020（11）：13－15．

［110］吴大辉，祝辉．丝路经济带与欧亚经济联盟的对接：以能源共同体的构建为基石［J］．当代世界，2015（6）：25．

［111］吴淼，杨兆萍，张小云．点—轴理论在新疆与西西伯利亚区

域经济合作中的应用［J］．地理学报，2010（8）：929－937．

［112］夏友照．关于建立中俄朝跨境旅游合作区的战略思考［J］．社会科学战线，2011（11）：237－239．

［113］肖德．上海合作组织区域经济合作问题研究［M］．北京：人民出版社，2009．

［114］［俄］谢尔盖·根纳季耶维奇·卢贾宁．俄罗斯与中国：共建新世界［M］．北京：人民出版社，2019．

［115］邢广程．新型伙伴范式对中俄关系的多向解读［M］．北京：中国社会科学出版社，2021．

［116］熊剑平，刘承良．国外城市群经济联系空间研究进展［J］．世界地理研究，2006（1）：63－70．

［117］须同凯．上海合作组织区域经济合作——发展历程与前景展望［M］．北京：人民出版社，2010．

［118］［俄］雅科夫列夫．俄罗斯中国与世界［M］．北京：社会科学文献出版社，2007．

［119］闫修成，刘爽，封安全．中俄—俄罗斯经济合作发展报告（2019－2020）［M］．北京：社会科学文献出版社，2021．

［120］杨柏．中国国际产能合作机制与路径研究［M］．北京：中国财政经济出版社，2022．

［121］杨洪涛．俄罗斯远东海港研究［D］．哈尔滨：黑龙江大学，2013：36．

［122］杨莉．"一带一路"倡议与俄罗斯远东开发战略融合的路径［J］．国际贸易，2019（12）：76－82．

［123］杨立华．试论中俄文化交流与合作［J］．西伯利亚研究，2013（2）：49－52．

［124］杨洋，董锁成，李富佳，等．东北振兴与俄罗斯远东和贝加尔地区开发战略契合机制研究［J］．资源科学，2019，41（1）：43－52．

［125］于洪洋，欧德卡，巴殿君．试论"中蒙俄经济走廊"的基础与障碍［J］．东北亚论坛，2015（1）：96－106．

[126] 于慧玲，李凌艳，卢春月．中国东北老工业基地振兴与俄罗斯远东开发联动效应研究［M］．大连：东北财经大学出版社，2019．

[127] 曾向红．相互尊重与大国互动——基于俄欧与中俄在共同周边地区互动模式的比较研究［J］．世界经济与政治，2021（1）：73-105．

[128] 张彬．国际区域经济一体化比较研究［M］．北京：人民出版社，2010．

[129] 张弛．中国东北与俄罗斯东部地区经济合作模式研究［M］．北京：经济科学出版社，2013．

[130] 张弛．中国与俄罗斯远东地区贸易发展态势分析［J］．俄罗斯中亚东欧市场，2012（2）：35-41．

[131] 张冠斌，刘玲，赖光麟，等．中国西北地区与俄罗斯西西伯利亚地区经贸合作的前景和建议［J］．俄罗斯中亚东欧市场，2010（8）：46-52．

[132] 张广宇，沈兴菊，刘韫．丝绸之路经济带建设背景下的国际区域旅游合作研究［J］．四川师范大学学报（社会科学版），2015（3）：53-58．

[133] 张红侠．中俄经贸合作：回顾与展望［J］．俄罗斯东欧中亚研究，2013（5）：48-56．

[134] 张洁妍．东北地区沿边主要口岸跨境经济合作研究［D］．长春：吉林大学，2013：39．

[135] 张丽梅．俄罗斯旅游业的发展及其对华旅游政策分析［J］．俄罗斯中亚东欧市场，2013（4）：90-98．

[136] 张梦瑶．中缅边境经济合作区区域旅游合作模式构建与路径选择［D］．昆明：云南财经大学，2014：58．

[137] 张楠．后金融危机时期深化中俄区域经济合作的机理分析［J］．俄罗斯中亚东欧研究，2010（6）：47-53．

[138] 张孝锋．产业转移的理论与实证研究［D］．南昌：南昌大学，2006：16．

[139] 张远军．中俄金融合作热点问题聚焦［M］．北京：中国金融

出版社，2011.

［140］张蕴岭，陆南泉，李向阳，张树华，赵卫涛，郭连成. "一带一路"倡议与国际发展环境和国际合作［J］. 财经问题研究，2018（10）：3－20.

［141］张蕴岭. 如何认识"一带一路"大战略［J］. 中国经济报告，2015（5）：23－26.

［142］张忠国. 城市成长管理的空间策略研究［M］. 南京：东南大学出版社，2006.

［143］赵传君. 投资与贸易自由化仍是中俄的战略选择［J］. 黑龙江对外经贸，2009（4）：19－20.

［144］赵围，张玉侠，宋晓光. 中俄科技合作研究［M］. 哈尔滨：黑龙江大学出版社，2020.

［145］赵欣然.《俄罗斯2011—2016年发展旅游业联邦专项纲要构想》浅析［J］. 西伯利亚研究，2011（20）：24－27.

［146］赵永利，鲁晓东. 中国与周边国家的次区域经济合作［J］. 国际经济合作，2004（1）：51－54.

［147］郑羽，庞昌伟. 俄罗斯能源外交与中俄油气合作［M］. 北京：世界知识出版社，2003.

［148］周彬，钟林生，陈田，等. 基于生态位的黑龙江省中俄界江生态旅游潜力评价［J］. 资源科学，2014（63）：1142－1151.

［149］祝洪章，张林佳. 黑龙江省对俄跨境产业体系发展对策研究［M］. 北京：经济科学出版社，2019.

［150］И. Ю. 祖延科，钟建平. 谁将从丝绸之路经济带货物过境运输中获益［J］. 俄罗斯学刊，2015（63）：65－69.

［151］Ahadi N., Lotfian A., Taghipour A., et al. Russian Federation Geo-Economic Impact and Political Relationship in Shanghai Cooperation Organization and its Influence in the Energy Market［J］. People, 2015, 1（1）：42－51.

［152］Akamatus Kaname. A Historical Pattern of Economic Growth in Developing Countries［J］. The Developing Economies, Preliminary Issue, 1962,

80: 3-25.

[153] Alexseev A. M. Socioeconomic and Security Implications of Chinese Migration in the Russian Far East [J]. Post-Soviet Geography and Economics, 2001, 42: 122-141.

[154] Arase D. China's Two Silk Roads Initiative: What It Means for Southeast Asia [J]. Southeast Asian Affairs, 2015, 1: 25-45.

[155] Axel Dreher. Does Globalization Affect Growth? Evidence from a New Index of Globalization [J]. Applied Economics, 2006, 38 (10): 1091-1110.

[156] Bersager H. China, Russia and Central Asia: the energy dilemma [M]. Fridtjdf Nansens Institute Report, 2012: 16: 18.

[157] Островский А. В. Выход из кризиса: специфика Китая [J]. Проблемы теории и практики управления, 2009, 6: 36-48.

[158] Blank S. Is Russia a Great Power in Asia? Great Powers and Geopolitics [M]. Springer International Publishing, 2015: 161-182.

[159] Cheng J. Y. S. China's Approach to BRICS [J]. Journal of Contemporary China, 2015, 24 (92): 357-375.

[160] Cheng Y. Do National Policies Contribute to Regional Cross-border Integration? The Case of the Program of Cooperation between Northeast China and Russia's Far East and Eastern Siberia (2009-2018) [M]. International Cooperation in the Development of Russia's Far East and Siberia. Palgrave Macmillan UK, 2015: 202-228.

[161] "Convergence process of Central and Eastern European Countries toward the EU as Measured by Macoroeconomic Teragons", Research Projects of "Convergence of the Czech Economy and Other Transitive Countries toward the Level of the EU Member Countries-Current Development and Prospects" [N]. Grant Agency of the Czech Republic, 2002.

[162] Elisa Giuliani, Carlo Pietrobelli, Roberta Rabellotti. Upgrading in Global Value Chains: Lessons from Latin American Clusters [J]. World Development [J]. 2005, 33 (4): 549-573.

[163] Бажанов Е. П, Дацышен В. Г, Денисов А. И, et al. Россия и Китай: четыре века взаимодействия. История, современное состояние и перспективы развития российско-китайских отношений [J]. Экономический журнал Высшей школы экономики, 2015, 19 (1): 45–80.

[164] Feng H. Will China and Russia form An Alliance Against the United States? [M]. The New Geostrategic Game, DIIS Reports, Danish Institute for International Studies, 2015.

[165] F. Perroux. Note Sur La Notion de Pole Croissance [J]. Economic Applique, 1955, 7: 317.

[166] Friedman J. R. Regional development policy: a case study of Venzuela [M]. Cambridge, Mass: MIT Press, 1966.

[167] Friedman J., Wolff G. World City Formation: An Agenda for Research and Action [J]. International Journal of Urban and Regional Research, 1982, 6: 334.

[168] GaryGereffi. Global Value Chains in a Post-Washington Consensus World [J]. Review of International Political Economy, 2014, 21: 9–37.

[169] G. Chuluunbaatar. Policy and Governance Factors for the Economic Corridor Development [A]. Proceedings of China-Mongolia-Russia Think Tank Forum, 2018.

[170] G. Gereffi, M. Korzeniewicz. Commodity Chains and Global Capitalism [M]. Social Forces, 1995.

[171] Guo Rongxing. Cross-Border Management: Theory, Method and Application [M]. Springer, 2015.

[172] Huang Jing, Alexander Korolev. International Cooperation in the Development of Russia's Far East and Siberia [M]. Palgrave Macmillan, 2015.

[173] Hurley J., Morris S., Portelance G. Examining the Debt Implications of the Belt and Road Initiative from a Policy Perspective [J]. Journal of Infrastructure Policy and Development, 2019, 3 (1): 139.

[174] Абрамова Н. А. Китайская культура и ее трансляция в социокультурное пространство России [J]. Гуманитарные социально-экономические науки, 2010, 3: 68 – 75.

[175] Портяков В. О некоторых аспектах совершенствования российско-китайского стратегического партнерства [J]. Проблемы Дальнего Востока, 2007, 5: 18 – 31.

[176] Петров М., Плисецкий Д. Трансформация глобальных финансов [J]. Мировая экономика и международные отношения, 2010 (7).

[177] Портяков В. Видение многополярности в России и Китае и международные вызовы [J]. Проблемы Дальнего Востока, 2010, 4: 93 – 104.

[178] J. Esteban. Regional Convergence in Europe and the Industry Mix: A Shift Share Analysis [J]. Regional Science and Urban Economics, 2000, 30 (3): 353 – 364.

[179] Khitakhunov A., Mukhamediyev B. Eurasian Economic Union: present and future perspectives [M]. Economic Change and Restructuring, 2016: 1 – 19.

[180] Kim Y., Indeo F. The New Great Game in Central Asia post 2014: The US "New Silk Road" strategy and Sino-Russian rivalry [J]. Communist and Post-Communist Studies, 2013, 46 (2): 275 – 286.

[181] Kiyoshi Kojima. Direct Foreign Investment: A Japanese Model of Multinational Business Operations [M]. NewYork: Praeger, 1978.

[182] Lanteigne M. One of Three Roads: The Role of the Northern Sea Route in Evolving Sino-Russian Strategic Relations [M]. Norwegian Institute of International Affairs Policy Brief, 2015.

[183] Luzianin S., Matveev V., Smirnova L. Shanghai Cooperation Organization: Model 2014 – 2015 [M]. Russian International Affairs Council Working Papers Series, 2015.

[184] Кузык Б., Титаренко М. Л. Китай—Россия 2050: стратегия соразвития [M]. Институт економических стратегии РАН., 2006.

[185] Александрова М. В. Китай и Россия: особенности регионального экономического взаимодействия в период реформ [M]. Ин-т Дальнего Востока РАН., 2003

[186] Авшаров А. Г., Государственная внешнеэкономическая политика Российской Федерации: [учебник по направлению подготовки "Экономика и управление"] [M]. Издательский дом "Питер"., 2012.

[187] Кулешов В. В. Российско-китайское сотрудничество: перспективные направления и подводные камни [M]. Наука в Сибири, 2010.

[188] Mankoff J. Russia's Asia Pivot: Confrontation or Cooperation? [J]. Asia Policy, 2015, 19 (1): 65 - 87.

[189] Norling N., Swanstrom N. Sino-Russian Relations in Central Asia and the SCO [M]. CACI Analyst, 2007: 10.

[190] Ovcharov A. A. Russia's Tourism Industry: Trends and Risks [J]. Problems of Economic Transition, 2008, 51 (5): 56 - 67.

[191] Paik, Keun-Wook. Sino-Russian Oil and Gas Cooperation: the reality and implications [M]. OUP Catalogue, 2012.

[192] Paik K. W. Sino-Russian Oil and Gas Cooperation: the reality and implications [M]. OUP Catalogue, 2012: 506.

[193] Park Susan, Jonathan R. Strand. Global Economic Governance and the Development Practices of the Multilateral Development Banks [M]. Routledge, 2015.

[194] Pei C., Zheng W. China's Outbound Foreign Direct Investment Promotion System [M]. Springer, 2015,.

[195] Peyrouse S., Raballand G. Central Asia: The New Silk Road Initiative's questionable economic rationality [J]. Eurasian Geography and Economics, 2015, 56 (4): 405 - 420.

[196] R. Anderton, R. Barrell. Macro Economic Convergence in Europe

[J]. National Institute Economic Review, 1991, 138: 51-62.

[197] R. A. Rivera Batiz, P. M. Romer. Econmic Integration and Endogenous Growth [J]. Quarterly Journal of Eoconomics, 1991, 56: 531-555.

[198] Reed H. C. Financial Center Hegemony, Interest Rates and the Global Political Economy [M]. International Banking and Financial Centers. Springer Netherlands, 1989: 247-268.

[199] Rolland N. China's New Silk Road [J]. The National Bureau of Asian Research, 2015: 3.

[200] Ryapukhina V., Shevtsova S. The National Innovation System in Russia: Conditions of Func-Tioning [J]. UDK, 2016, 6 (47): 186-189.

[201] Sands C. Designing an Index of Relative Economic Integration for North American: Theory and Some Practical Considerations [M]. CSIS Discussion Paper, 2003.

[202] Simón L. Europe, the Rise of Asia and the Future of the Transatlantic Relationship [J]. International Affairs, 2015, 91 (5): 969-989.

[203] Spechler M. C., Spechler D. R. Russia's Lost Position in Central Eurasia [J]. Journal of Eurasian Studies, 2013, 4 (1): 1-7.

[204] Stephen K. Wegrena, Alexander M. Nikulinb, Irina Trotsukc. Russia's tilt to Asia and implications for agriculture in the Far East [J]. Eurasian Geography and Economics, 2015, 56 (2): 127-149.

[205] Sussex Matthew, Roger E. Kanet. Russia, Eurasia and the New Geopolitics of Energy: Confrontation and Consolidation [M]. Palgrave Macmillan, 2015.

[206] Szczudlik-Tatar J. China's New Silk Road Diplomacy [J]. Policy Paper, 2013, 34.

[207] Trenin D. From Greater Europe to Greater Asia? [M]. The Sino-Russian Entente, 2015.

[208] Viner J., Oslington P. The Customs Union Issue [M]. Oxford University Press, 2014.

[209] Wilson J. D. Resource powers? Minerals, energy and the rise of the BRICS [J]. Third World Quarterly, 2015, 36 (2): 223-239.

[210] Wilson J. Strategic partners: Russian-Chinese relations in the post-Soviet era [M]. Routledge, 2015.

后　记

本书是在我的博士学位论文基础上修改、充实而成。在深入整理书稿的过程中，倍感思维的不甚严密和知识的匮乏。每当写作遇到困境、迷茫的时候，我总会想起美丽浪漫的财园，重温尖山星海的博学济世之约；想起飞扬逐梦的青春，坚定学术科研的砥砺奋进之路。

对"一带一路"倡议下中俄区域经济合作问题的关注，始于2013年。2013年9月和10月，国家主席习近平出访中亚和东南亚时，提出了与相关国家共同建设"丝绸之路经济带"和"21世纪海上丝绸之路"。此后，国内外学者围绕如何共建"一带一路"展开深入研究。中俄作为"一带一路"沿线的重要大国，如何加强政策沟通与战略对接，如何探索创新性的合作模式、机制与路径，以深化中俄两国区域经济合作？这些问题引发了我的思考，促使我多年来持续跟踪研究中俄区域经济合作问题。在研究与写作过程中，尽管我竭尽全力，但仍然存在不足之处，敬请专家、读者提出宝贵的意见与建议，以使研究更加丰富和完善。

本书的顺利完成，得到了许多老师和同事的大力支持。首先，感谢我的导师——东北财经大学郭连成教授！恩师引领我走上俄罗斯研究之路，带领我参与中国东北地区对俄罗斯经济合作相关调研，激发我对中俄区域经济合作专题的深入探究。郭老师睿智的学识涵养、严谨的治学态度、创新的学术思维、正直的品格，都深深地感染和熏陶着我，是我人生之路的好榜样。恩师从选题、初稿修改到最终定稿，全程悉心指导、精心把关、严肃指正。再次衷心地感谢恩师！其次，感谢黄冈师范学院各位领导和老师的关心与鼓励！以及地旅学院团结拼搏的进取精神、学科团队开拓创新的科学思维，鼓舞激励着我孜孜不倦、创作不息。最后，感谢父母给予我的理解与支持！每当我身陷繁忙的学习与工作之时，他们总会默默地包揽生活的重担，给予我全身心投入科研的勇气和力量！

  谨以"半卷帘笼半卷书，毕生求索毕生学"鞭策自己，坚守初心、砥砺前行，愿岁月静好！

刘彦君

2023年1月